千田嘉博

城郭考古学の冒険

GS
幻冬舎新書
609

はじめに

日本列島の城は三万カ所にもおよびました。すでに失われたものも少なくありませんが、現地に残る城跡《しろあと》のほとんどは森や林、田や畑になって、身近な山や野にひっそりとたたずんでいます。毎日その前を通りかかっていたとしても、気にしなければただの見慣れた風景で、歴史の舞台は見えません。

もちろん五稜郭《ごりょうかく》や弘前《ひろさき》城、松本《まつもと》城や名古屋《なごや》城・大坂《おおさか》城、姫路《ひめじ》城や伊予《いよ》松山《まつやま》城・熊本《くまもと》城をはじめとして、観光地として親しまれている城もたくさんあります。しかしよく知られた城を訪ねてしまえば、城の楽しみが尽きてしまうのではありません。それどころか各地の城を訪ねて、自身の五感で歴史を考えていけばいくほど、最初に訪ねたときには気がつかなかった、それぞれの城の特徴がもっとわかってきます。

本書は、日本各地の美しく整備された城はもちろん、昼なお暗い森に分け入って初めて発見できる忘れられた古城まで具体的に取り上げて、城から歴史を考えていきます。こうした城郭《じょうかく》考古《こうこ》学《がく》の方法は、歴史研究としても考古学としても新しい分野ですが、本書を通じて研究方法の意義と魅力を伝えられたらと願っています。

この新書を手に取ってくださった方の多くは、きっと城に関心をもっておられ、いくつもの城をすでに探訪しておられるかもしれません。城を訪ねて堀《ほり》や石垣《いしがき》、天守《てんしゅ》や櫓《やぐら》を体感して歴史をどう読み解けるのか、「きれいだった」「楽しかった」の先にある知的探険のお手伝いを本書はできると思います。もしそれが叶えば、これほどうれしいことはありません。さあ一緒に城郭考古学の冒険に出かけましょう。

城郭考古学の冒険／目次

図版・DTP　美創

第一章
城へのいざない

城の世界へ

ゲームやマンガをきっかけに渋い中高年層だけでなく、若い世代にも城ファンが増えている。それは数字にも表れていて、各地の城の「入城者」数がとても増えていると聞く。テレビのゴールデンタイムに城の番組が放送されるのも、もうめずらしくない。本書を手に取ってくださったあなたは、すでにいくつもの城を探険しておられるだろうか。それともこれから歩こうかと思案中だろうか。

多くの方がウォーキングなど野外で体を動かす活動を楽しんいる。自然のなかで体を動かすのは本当にすばらしい。しかし自然を感じるだけではもったいない。そこに城を加えれば、知的な活動が組み合わせられて、人生はより豊かになる。

城の探険は適度に体を動かす運動であり、自然と季節の移ろいを感じる体験である。さらに、城を通じて歴史を探究する好奇心に満ちた知的活動である。城ファンのプロファイルをしてみよう。

（一）心身の自己管理ができていて（適度な運動を欠かさない）、（二）自然に親しむ繊細な感性をもち（城は自然のなかにある）、（三）歴史を熟考する知性を備える（なぜここに堀《ほり》があるのか、武将は何を考えたかを城に立って自分で考える）、ということになる。なんと魅力的なことだろうか。

だから城ファンは、ほとんどがすてきな人であるとわたしは主張している。城を深く極めるには現地にただ赴くだけでなく、多くの本を読み進めたくなる。そして博物館に通って、古文書はもちろん刀などの実物資料にも造詣を深めたくなる。アクティブな野外活動が好きであるとともに、読書家で歴史に詳しい城ファンが、すてきにならない方が難しいではないか。

そして城をつくった場所は堅固な山城《やまじろ》であっても、多くは町や村に接した里山だった。城は軍事だけでなく政治の場であり、城主とその家族の生活の場でもあったからである。つまり城は当時の人びとが意識した生活圏内にあって、わたしたちもアイガー北壁に登るような決意なしに、気軽に中・近世の城を訪ねられる。

もちろん里山とはいえ、ハイヒールでは支障がある。ときどき刺《とげ》のある草木も生えているので相応の服装が望ましい。暑い季節であれば、ダニも防がなくてはならない。熊が生息する地域では、ある日、城のなかで熊さんに出会わない備えがいる。事前に地図を読図《どくず》して地形とルートを理解すること、天候を確認することなども大切である。

ひととおりの準備をした上で訪ねた城は魅力に満ちている。城への道中も城そのものも自然と共生して、わたしたちは自然と歴史に包まれる。四季折々の自然に親しみ、本物の堀や土《ど》塁《るい》・石垣《いしがき》、城門《じょうもん》や天守《てんしゅ》にふれて歴史を体感するのが城歩きである。さらに、江戸時代の城であればまわりの城下に、歴史が育んだ名所・名物もある。温泉に入ったり、おいしい料理や菓子を味わったりするのも、城歩きの醍醐味だと思う。

わたしが城ファンになったのには、決定的な出会いがあった。中学一年生の夏休みに、もう中学生だから大人だと誤解して、わたしは友だちと自分たちで計画を立てて小豆《しょうど》島・淡路《あわじ》島への旅に出た。当時、愛知県の名古屋市に住んでいたので、まずは名古屋から新幹線で姫路《ひめじ》を目指した。その後、姫路で船に乗り換えて小豆島に行くという予定だった。

姫路駅に着いて新幹線を降りると、駅の北側に姫路《ひめじ》城がよく見える。想像してほしい。新幹線のホームは高架で高くなっていて、そこからまっすぐ伸びた道の先に建つ姫路城は、まだお昼前の夏の日を浴びて耀《かがや》いていた。訪問する予定がなかった姫路城は何も調べていなかったが、本物が残っていると薄々は知っていた。このときまで城には何の興味ももっていなかったが、姫路城の美しさと強さに完全に圧倒された。

すぐに船に乗り換えなければならなかったので、ホームから姫路城を眺めたのは一分もなかったのではないか。人生にとっては文字通りの一瞬だったが、この一瞬はわたしの人生を決めた。訪ねられなかった姫路城はどうなっていたのだろうかと、旅行から帰って図書館で調べはじめて、わたしはすっかりお城好きになった。そしてそのまま大人になって、城の考古学を研究する人になった。

生きているなかでどれほど感動できる「もの」や「こと」に出会えるかは、とても大切なことだと思う。わたしにとってはそれが城であり、その出会いが姫路城だった。不思議なことに、今のところすべての姫路市民が城郭考古《じょうかくこうこ》学者になっていないので、感動する「もの」や「こと」は人によって違うらしい。もし、あなたが城に関心をもっていて、一歩を踏み出すことができたら、きっとすばらしい世界が広がっていると思う。城は日本だけでなく世界にあるので、城郭考古学の冒険は、尽きない探求になる。

城のシンボルは天守か

さて、城といえばふつう江戸時代の城をイメージする。しかし江戸時代の前の中世に、日本の各地では多くの城を築いた。集落《しゅうらく》の中心にあった館《やかた》や、軍事的要地に築いた臨時の砦《とりで》、村人たちが一致団結して築いた環濠《かんごう》集落、寺院が武装した城郭寺院や寺内《じない》町など、日本列島には三万カ所もの城があった。

そして城は日本列島のすべての地域におよび、それぞれの歴史的特性に結びついた個性的な城が出現した。北海道にはアイヌの人びとが築いたチャシ、本州・四国・九州などには武士などが築いた城館《じょうかん》、沖縄には琉球《りゅうきゅう》王国に結実していったグスクがあった。日本列島の城は多様性をもち、世界と比べても、同時期に三種類の城があったのは大きな特色といってよい。

多種多様な城や館、砦が地域に重層的に存在した中世社会は、城を築いた権力の多様性を反映した。それに対して江戸時代になると大名だけが築城権をもったので、城は圧倒的に集約されて、およそ三〇〇城ほどになった。ただし一つひとつの城は、中世の城と比べて一般論として巨大化した。

城のシンボルは天守と考える方も多いだろう。もしかすると、城＝天守と思っている方もいるかもしれない。天守は今、ニュースでも新聞でも「天守閣《かく》」と呼び、記す。しかし「天守閣」という名称は、近代以降の俗称で、史料用語としては「天守」あるいは「天主」が正しい。「天守」は「天守閣」の略称ではないのである。江戸時代の古文書や絵図《えず》が記したのは「天守」で、天守に閣をつけるようになったのは、近代以降に通天閣《つうてんかく》のように高い建物に閣を付して呼ぶようになってからである。

現在、城の復元がさかんである。二〇二〇年に文化庁は、従来の厳格な史跡の城の復元基準に加え、復元的建物の新基準を設けた。これによって従来の基準では文化庁が復元を許可しなかった天守が、今後復元できる可能性が出てきた。

復元的天守を建設して城を整備し、地域の歴史的シンボルとして活かしていくのは、わたしも賛成である。しかし本当は天守がなかったのに天守を新築したり、本来の姿とは違う意匠《いしょう》や、違う位置に天守を建てたりするのは望ましくないと思う。そして何より天守を建てるために本物の石垣を壊したりするのは、絶対に避けるべきである。

現在、江戸時代に建てた本物が残るのは一二天守だけである。青森県の弘前《ひろさき》城天守、長野県の松本《まつもと》城天守、愛知県の犬山《いぬやま》城天守、福井県の丸岡《まるおか》城天守、滋賀県の彦根《ひこね》城天守、兵庫県の姫路城天守、香川県の丸亀《まるがめ》城天守、高知県の高知《こうち》城天守、愛媛県の伊予《いよ》松山《まつやま》城天守・宇和島《うわじま》城天守、岡山県の備中松山《びっちゅうまつやま》城天守、島根県の松江《まつえ》城天守である。このうち松本城、犬山城、彦根城、姫路城、松江城の天守が国宝に指定されている。さらに姫路城の天守は世界文化遺産にも登録されていて、日本を代表する文化財になっている。

城を訪ねるというと、天守を見る、天守に登るというイメージをもつ方も多い。だから天守のない城は面白くない。天守が復元されていないのは城が残っていないのと同じといわれることもある。確かに人びとは、天守を最初から見られることを意識してつくり、美しくなるよう工夫していて、城の見どころのひとつである。

しかし城の見どころは天守だけではない。城はそもそも天守や櫓《やぐら》などの建造物だけでなく、堀や土塁・石垣といった土木工事でできた部分と組み合わせて、はじめて城になった。だから城の建物だけでなく、城が備えた堀や土塁・石垣などにも注目していくと、城の魅力は一気に広がる。

天守ほど派手ではないが、城の堀や土塁・石垣の面白さに気がつくと、天守のない城の魅力も見えてくる。先にもふれた城の整備や復元だが、なくなってしまった天守を建てて魅力をアップすることだけを考えたのでは不十分である。残っている堀や土塁・石垣を保護して活かしていく視点と組み合わせて、はじめて城の本当の魅力を引き出せると思う。

なぜ今、城郭考古学なのか

わたしが城に興味をもったのは一九七〇年代からだが、その頃の城の研究は、現在とは大きく異なった。何より考古学で城を研究するという学問としての分野が確立していなかった。考古学は文字のない時代を研究するというイメージが強く、中世や近世といった時代は豊富な文字史料から研究するものと考えられていた。

　そのため大学の卒業論文として、考古学的に信長や秀吉・家康の城を究明しようと、各地の城跡《しろあと》を調べて、学芸員の方にごあいさつをすると、「考古学で城の研究ができるはずがない。無理だからやめなさい」と何度も忠告を受けた。城跡を考古学的な遺跡として調べれば、いろいろわかってくるのに、どうしてわからないのだろうと不思議に思った。

　また当時は、城の発掘はまだ珍しく、少なかった。そのため考古学的な調査技術を身につけるため、弥生《やよい》時代や古墳《こふん》時代の遺跡の発掘に参加していた。そんなある日、学芸員の方から「なぜ千田は城なんかしているのか。目の前に広がる古墳のすばらしさが見えないのか」と強く叱《しか》られたりした。考古学的に城を研究することが、いかに異端であったかをよく示している。もちろん最も多くの城を築いた中世や近世といった時代を考えるときに、文字で記した史料が果たす役割は大きい。城の研究をしたからといって、文字からの研究が不要になることは決してない。しかし、それは文字史料だけを調べればよいということを意味しない。

考古学は文字史料のない時代を中心に、建物跡などの遺構《いこう》と、土器《どき》などの遺物《いぶつ》による物質資料を手がかりに歴史と文化を解明する大きな成果をあげてきた。こうした物質資料から歴史と文化を考える方法は、そもそも文字史料の有無に関係なく、すべての時代に適応できる研究方法である。たとえば文字史料のある時代でも、人びとの風習や慣行、祭礼《さいれい》・祭祀《さいし》を調査する民俗学や文化人類学は、独自に大きな成果をあげてきた。

つまり文字史料からわかることが歴史のすべてではなく、物質資料や風習・慣行を調べることによってはじめてわかる歴史や文化があり、文字史料からの研究と物質資料からの研究は対立するものではなく、お互いを補完し合う関係にある。だから中世や近世のようにたくさんの文字史料がある時代でも、考古学的に城を研究していけば、これまでの文字史料からの研究では見落としてきた歴史を、わたしたちはつかめるに違いない。

そうした城を考古学的に調査し研究することの意義は、その後広く認識されるようになって、今日に至っている。だから今では、城の調査や整備といえば、計画的に学術発掘調査を行うの

2016年熊本地震直後の熊本城（右：大天守、左：宇土櫓）

が当たり前になった。本丸《ほんまる》や天守台の石垣の修理が進む青森県の弘前城では、修理範囲について大規模な発掘調査を行って、弘前城がどのように創築され、どのような変遷を経て今の姿になったのかを考古学的な発掘調査によって解明している。

また熊本県の熊本《くまもと》城では二〇一六年の熊本地震で傷ついた石垣や櫓、大・小天守の復興が進んでいる。地震で崩れた石垣を直し、その上の櫓などを建て直すということになるが、それらの修復工事に先立って厳密な発掘調査を行い、石垣や建造物の構造をつかんでいる。こうした発掘調査にもとづく考古学的把握によって、熊本城の一つひとつの石垣や建造物が備えた歴史的価値が明らかになってきた。つまり城を理解するときに考古学的な調査・研究をしないというのは、もう考えられないのである。わたしの若い頃の学問状況と比べると隔世《かくせい》の感がある。

こうして城の考古学的研究は、飛躍的に増えて質も上がったが、城を物質資料として把握するには、考古学的調査だけでは十分ではない。なぜなら一般的に城は大規模な構築物であったため、その全域を発掘するのは不可能だからである。たとえば滋賀県は織田信長が築いた安土《あづち》城を二十年間にわたって学術発掘した。

しかし発掘できたのは本丸や天主、大手《おおて》道《みち》沿いの武家屋敷など、安土城全体から見れば限られた範囲だった。信長の安土城は一五七六年（天正《てんしょう》四）から築城を開始し、一五八二年（天正一〇）の本能寺《ほんのうじ》の変直後に中心部を火災で失ったから、着工から中心部焼失まで六年間しかなかった。二十年間の発掘調査にすべて関わった人は、実は信長の何倍も安土城に通ったことになるが、それでも全貌を明らかにしたとは、とてもいえない。

安土城のように学術調査であればまだしも、多くの城の発掘は開発に先立って行う緊急調査で、系統的・計画的に調査するのはいよいよ難しい。そして緊急調査にもとづいた考古学的成果がまとまって、その城のかけがえのない学術的価値が見えてきたときには、城は道路やビルに姿を変えていて、失われてしまっている。だから城の研究では、考古学的な発掘成果がじっくり蓄積するのを待っていたのでは、城の歴史的価値を市民と共有して、城を保存・活用していく文化的なまちづくりにつながらない。

つまり発掘がおよんでいない部分については、堀や土塁・石垣の痕跡《こんせき》を地表面観察や絵図・地図資料をもとにとらえ、城の全体像を提示していく学融合的な方法が求められているのである。だから城郭考古学とは単に城を考古学的な発掘調査で考えるというのではない。

城の立地や全体像については、測量調査はもちろん、歴史地理学が研究方法として深めてき

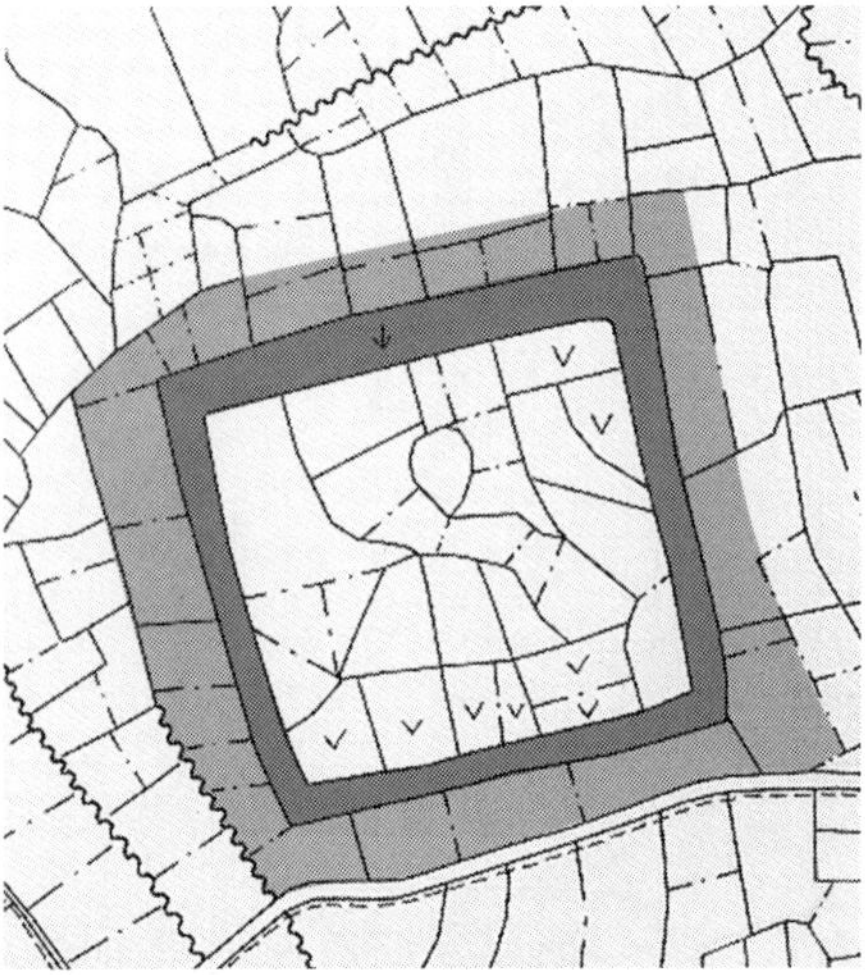
地籍図の例(愛知県本郷城)

た絵図の読み取りや地籍図《ちせきず》（明治の地租改正《ちそかいせい》に際してつくった土地台帳の付図）を駆使してとらえ、城の堀や土塁・石垣の配置については地表面観察によって理解し、曲輪《くるわ》内の空間構成や個々の建物、使用した武器や生活用品については発掘調査でつかむという、重層的な研究方法の総体が城郭考古学なのである。

　このうち城内の門や櫓、御殿《ごてん》などの建物は、従来、現存する建築を基準に建築史の分野として研究を行ってきた。しかし近世城郭でもほとんどの城郭建築は失われ、中世城郭の建築については一棟も現存しない。近世城郭についてはいくつかの設計図（指図《さしず》）があるにせよ、実際に存在した中世・近世の城郭建築の総数を考えれば、現存建物からわかる例はきわめて限定的といわざるを得ない。

　今日に残る城郭建築から考える方法はもちろん有効だが、その一方で、発掘調査で見つかる城郭建築遺構は、ほとんど無限といってよいほど数を増している。しかも、ひとつも伝存しない中世城郭にあったリアルな建物の手がかりが次々と見つかっている。それらは柱を据え付けた柱穴（掘立柱《ほったてばしら》建物）や柱を支えた石の基礎（礎石《そせき》）、軒《のき》から落ちる雨水を受け止めて流した雨落《あまお》ち溝《みぞ》などの遺構群によって構成された物質資料である。

こうした遺構群についても、考古学的情報からいかに城郭建築として理解し、当時の建物を復元していくか、従来の学問のあり方とは異なる考古学発の分析を進めていこうとするのが、城郭考古学である。

さらにこのように学問の壁を超えてつかんだ城の総体は、まさに地域の歴史と文化を物語る、それぞれの地域にとってかけがえのない歴史遺産・文化財になる。研究の成果を学問世界に発信して共有するだけでなく、市民と共有することができれば、城を保存し、整備して、これからのまちづくりに位置づけて活かしていくことができる。そうした要望がたいへん強いことは、城の発掘の現地説明会に多くの市民が参加したり、城を取り上げたテレビ番組が人気になったりしていることからも明らかである。

だから城郭考古学は、過去を究明する学問であるだけでなく、全国で進む城の史跡整備を通じて、未来のより文化的な社会を生み出していく学問であると考えている。従来は、考古学、歴史地理学、建築史、史跡整備などの文理にまたがる多様な学問分野を、城を中心において総合して学融合分野として研究していく新しい研究視角が、城郭考古学である。

城に関しては、このような学問の枠組みは今までなかった。人は研究を志すときに、どうしても文献史学、考古学、歴史地理学、建築史などの分野に区分されて学びはじめる。大学の学部や大学院の専攻科がそうした伝統的な学問の単位にもとづいているからである。

しかしここで俯瞰《ふかん》してきたように、城を総合的に解明し、保存・活用まで実施していこうとすれば、文献史学だけ、考古学だけなどでは達成できない。学問の分野を超え、城を中心に据えた新しい研究視角である城郭考古学が必要なのである。現在、城の整備は各地のまちづくりでたいへん重要な位置を占めている。城郭考古学は城の歴史的価値を明らかにして未来に向けていくために、大きな役割をこれからも果たしていくに違いない。

城跡から歴史を考える

遺跡としての城跡は、どうしたら歴史研究の「史料／資料」に変換できるのか。城跡を歩き、図面を描くことは、城跡の現状を把握する基礎作業として大きな意義をもつ。日本の城郭研究は縄張《なわば》り調査を中心に、民間学としてきわめて大きな成果をあげてきた。適確な縄張り図を描けることは鍛錬の末に習得した技術であり、特別な才能である。世界を見回してもこれほど多くの市民が、これほど高いレベルで城跡の基礎研究を達成した国や地域はなく、まさに賞賛されるべきである。

しかし、いくら巧《たく》みに城跡の図面を描けたとしても、それは城跡から歴史を研究できることを保証していないのを忘れてはいけない。なぜなら現地踏査で直接把握できるのは、基本的に城郭の防御機能に関わる遺構の三次元的配置関係の痕跡であって、いかに守ったか＝いかに攻め手を殺傷したかのくふうをつかむ作業にほかならないからである。

もちろん、堀や土塁からわかる城の軍事機能を把握するのは城郭研究の基本であり、重要な意義をもつ。ただし個々の城の軍事機能を現地で体感することは、軍事機能の差異や共通性を「史料／資料」として、歴史研究を推進することと同義ではない。城跡の図面を描く知識と技術の獲得と、城跡から歴史を研究する知識や技術の獲得は、まったく異なるものだからである。わかりやすい表現をすれば、縄張り図名人だからといって、城から歴史を究明するすぐれた研究者であるとは限らないのである。

それでは城跡の図面を描けることを超えて城跡から歴史を考えるのに、必要なものは何であろうか？　「物質資料」である城跡から歴史を考えるためには、やはり「物質資料」の研究方法の理解が不可欠である。とりわけ考古学の資料操作方法や資料批判方法は、城跡を史料／資料化して歴史研究を行うのに必須の知識である。この点が十分理解されていないことも多いのではないか。

城郭研究は城郭研究であって、考古学とは異なるという主張をしばしば聞く。これは明らかな間違いといわなくてはならない。遺跡としての城跡を「史料／資料」として歴史を研究する学術的行為は、まさに考古学である。そしていわゆる縄張り調査を含む地表面観察の研究方法そのものが、考古学の研究方法のひとつにほかならない。発掘だけが考古学ではない。だから城跡にもとづく歴史研究を深化する人になるためには、そもそも考古学の分類、編年、分布などといった基本的な方法論を身につける必要がある。

たとえば考古学において、ある研究対象を分類し、時代の順序ごとの変化を明らかにする編年は、最も基礎的な分析方法である。土器も銅鐸《どうたく》も分類や編年といった基礎研究がされてこそ、モノから歴史を考える手がかりになる。そうした物質資料の編年を進めるとき、物質資料の違いを読み解く目盛りは、短ければ短いほどよい。百年単位で変化を理解できる編年より、十年単位で理解できる編年の方が一層精緻《せいち》な研究ができるからである。

事例を示す。現代社会を読み解く物質資料として、鉛筆を用いた編年研究と携帯電話を用いた編年研究が、千年後に行われるとして、どちらがより細かい年代決定の目盛りを提供できるだろうか？　きわめてゆるやかな形態変化に留まる鉛筆に対して、毎年のようにバージョンアップして形態が変化する携帯電話を用いた編年研究の方が、より細かな目盛りを提供できることは明らかであろう（ここでは相対年代か絶対年代かは問題にしない）。

このように編年研究を行うという目的のためには、対象の物質資料の構成要素のなかで、最も変化の早い部位を見つけて、それを軸に編年するのが正しい。土器の場合はしばしば口縁《こうえん》部の形状であり、銅鐸では釣手《つりて》の形状であった。だから城郭研究の場合に、城そのもののかたちの変化に着目した編年研究を行うのであれば、ゆるやかな形状変化に留まった館ではなく、軍事機能を高度に備えて急激にかたちが変化した山城を中心にすべきである。それが考古学的な編年研究を行うためには最適の資料分析方法だからである。

城郭の時期ごとの変化を文字史料の有無にかかわらず分析できる城郭編年を、城郭研究がもつことができれば、発掘がおよばない膨大な数の城跡を史料／資料として歴史叙述を進められる。ところがこうした研究の枠組みをあらかじめ提示した上で研究をしても「軍事的な山城に研究を特化して、館などの研究をないがしろにした」というような批判がある。これなどは、いかに考古学の研究方法を理解していないかを示すものといわなくてはならない。

さらに城跡を論じるときに、今日では物質資料からだけで考えるのではなく、文字史料や絵図・地図資料も用いて総合的に研究するのが一般的である。そのため文字史料に関わる史料操作方法や史料批判の仕方、絵図・地図資料の分析方法も、最善の城郭研究には求められるといえる。いくらすぐれた地表面観察を実現しても、疑わしい文字史料と組み合わせて結論を導いたのでは、期待する研究への寄与《きよ》はできない。

そして最終的には、研究者一人ひとりの歴史観が問われる。歴史研究は、研究者が置かれた環境や時代・社会と無関係ではない。城跡を史料／資料に歴史を叙述しようとするときに、叙述者の歴史観が問われる。たとえば城郭研究者の言説のなかに「侵攻」をはじめとして、あまりにも不用意と思われる用語の使い方があるのではないか。織豊《しょくほう》系城郭についても、あたかも「植民地主義」「帝国主義・imperialism」を思わせるような歴史観で説明する人がいるように思う。そうした歴史観にわたしはまったく共感できない。

朝鮮半島の歴史と直接関わる倭城《わじょう》についても、城跡の研究だから歴史観の問題と関わりないとはいうことは許されない。たとえば「征伐《せいばつ》」を史料用語としてではなく、叙述者の言葉として用いることに、やはりわたしは賛成できない。日本の城郭研究において、どのような歴史観のもとに城の軍事機能をあつかうのかは、研究者一人ひとりの問題である。戦時中の城郭研究の誤りをくり返してはならない。

どのような城郭研究を構想するかも、改めて問われていることであろう。わたしは城郭研究を歴史研究のひとつの部門史とのみ位置づけるべきではないと考える。城跡からの歴史研究は、社会や政治を論じられる研究方法であると考えているからである。城郭研究の構造は、城郭遺構から把握できる軍事性を直接、史料／資料化することで分析できる軍事的研究が、基礎研究としてあり、それを学融合的に検討した諸分野の研究と合わせて、社会や政治を分析するその先の研究展開ができると思う。

城の歴史と変遷①——原始・古代の城館

城郭考古学の冒険に出かける前に、日本列島における城の歴史を概観したい。日本列島に堀(濠・壕)や土塁をめぐらして守りを固めた集落が出現したのは、弥生時代早期の環濠集落であった。日本列島で最古の防御集落は福岡市の那珂《なか》遺跡で、楕円形に二重の環濠をめぐらしていた。従来、那珂遺跡の年代は紀元前四世紀とされてきた。しかし国立歴史民俗博物館による炭素《たんそ》一四年代測定法によって紀元前九世紀にさかのぼることが明らかになった。環濠集落は北関東までおよそ五〇〇カ所発見されている。

そうした環濠集落の代表例が佐賀県の吉野《よしの》ヶ里《がり》遺跡である。吉野ヶ里遺跡では紀元前一世紀頃に環濠が最大となり、北内郭・南内郭を備えた南北一キロメートルにも囲郭《いかく》範囲がおよんだ。初期の「国」の実態を示すと考えられる。吉野ヶ里遺跡は復元的に整備されているが、内側から弓矢を射られない、すき間のない板塀《いたべい》など、防御ができない構造になっており、復元の妥当性を改めて検討する必要がある。

古墳時代には集落から分離して古墳などを築いた首長の館、豪族居館《きょかん》をつくった。群馬県の三《み》ツ《つ》寺《でら》Ｉ遺跡が代表例である。古墳時代の館は首長の政治や居住の役割だけでなく、水まつりを中心とした祭祀の場としても重要であった。三ツ寺Ｉ遺跡がわざわざ導水施設と水まつりの

三ツ寺I遺跡の模型（提供：かみつけの里博物館）

施設を内部にもったことは、古墳時代の首長の政治のあり方を具体的に示すといえる。

その後、国家の形成が進むにつれて個別の有力者が城を築くことはなくなった。飛鳥《あすか》時代から奈良時代にかけて東アジアの緊張によって、唐《とう》・新羅《しらぎ》による日本攻撃の恐れが高まると、天智《てんじ》天皇は九州から畿内《きない》にかけて数多くの古代山城を建設させた。百済《くだら》の貴族が指導したと伝えられるように、朝鮮半島の築城方法によった城であった。福岡県の大野《おおの》城、岡山県の鬼ノ《きの》城などが代表例である。

古代山城は土塁や石を基礎に並べた城壁《じょうへき》を尾根《おね》や谷を囲うようにめぐらし、谷には水門を備えた。大野城の城壁は総延長八キロメートル以上におよび、石垣の高さは最大で八メートルにも達した。古代山城の堅固さがうかがわれる。鬼ノ城では出《で》入口《いりぐち》に櫓門を備えたことが発掘で判明した。現地に原寸大で櫓門を復元している。

一方、律令《りつりょう》国家は東北地方の軍事と政治の拠点として、七世紀半ばから城柵《じょうさく》を設置した。宮城県の多《た》賀《が》城、秋田県の払田柵《ほったのさく》などが代表例で、記録にないものも含め二〇カ所以上が知られている。多賀城はおよそ九〇〇メートル四方の範囲に大垣をめぐらし櫓を構えて守りを固めた。城内の中央に政庁があった。一〇世紀中頃に多賀城は廃絶し、丘陵南側の平地にできた町に国《こく》司《し》館が移転した。

鬼ノ城の櫓門

律令国家の支配がおよばなかった東北北部から北海道の渡島《おしま》半島では一〇世紀から一一世紀にかけて、青森市高屋《たかや》敷館《しきだて》をはじめとした堀と土塁を備えた防御集落が多数築かれた。また清原《きよはら》氏などの有力な豪族は、秋田県大鳥井《おおとりい》山《やま》遺跡のような大規模な山城を建設した。大鳥井山遺跡では長大な堀や土塁、竪堀《たてぼり》状の遺構が発掘で検出されており、中世城郭を先取りした構造といえる。同時代の畿内や西日本ではこれほど強固な山城はなく、城の発達に東北が果たした役割が大きかったことを考古学が明らかにした。

こうした東北地方の強固な城づくりは、一二世紀の岩手県

大鳥井山遺跡、二重の堀と土塁（提供：横手市教育委員会）

柳之御所《やなぎのごしょ》へと受け継がれ、堀と土塁で守った館《たて／たち》が築かれた。内部の建物などは畿内の貴族の住まいの影響を受けていたが、強固な防御施設をあわせもった点は大きな特色であった。館跡の整備や博物館が建設されて歴史を体感しやすくなった。福島県の阿津賀志《あつかし》山防塁《やまぼうるい》は一一八九年（文治《ぶんじ》五）に源頼朝《みなもとのよりとも》軍を迎え撃つために奥州藤原《ふじわら》氏が築いた全長三・二キロメートルの長城で、二重の堀と三重の土塁で交通を遮断《しゃだん》した。典型的な防塁の事例といえる。

城の歴史と変遷②——中世前期の城館

中世城館の芽ばえは平安時代にさかのぼる。宮崎県都城《みやこのじょう》市の国指定史跡・大島畠田《おおしまはたけだ》遺跡では九世紀後半に、柵と区画溝・門を構えた有力者の館が発見された。一二世紀以降の鎌倉時代になると各地に武士の館が築かれた。この時期の館の建物は、公家《くげ》の寝殿《しんでん》造りを受け継ぎ、大規模な堀や土塁をもつことはまれであった。鎌倉時代の末期には寝殿造りから主殿《しゅでん》造りが生み出された。神奈川県鎌倉市の今小路西《いまこうじにし》遺跡で発見された武家屋敷は、その典型例である。

館が成立していく系譜とは別に、東北では城の原形になっていくような軍事機能の高い城を生み出した。岩手県の国指定史跡鳥海柵《とのみのさく》は一一世紀の前九年合戦に関わる安倍《あべ》氏の拠点として中世的な城の成立過程を読み解く重要な手がかりである。また秋田県の国史跡大鳥井山遺跡・陣館《じんだて》遺跡は、一一世紀の後三年合戦に関わる清原氏の城と考えられ、文字史料や絵画資料で想定してきた城の実像が、発掘調査によって解明されつつある。

一四世紀の南北朝期になると、全国的な内乱に応じた山城が出現した。楠木正成《くすのきまさしげ》の千早《ちはや》城・赤坂《あかさか》城をはじめとした葛城山《かつらぎさん》系の城郭群が代表例で、包囲されにくく防御に有利な比高《ひこう》差四〇〇メートルもの高山に城を築いた。これらの山城は籠城《ろうじょう》のみを目的とした砦だったので、戦いが終われば城も放棄した。

ただし赤坂城などは戦国時代にも城として用いており、いま地表面で観察できる遺構をそのまま南北朝期の城のものとして評価することはできない。文字史料が記した城が実際に城跡として残っていても、見られる城の遺構がいつのものであるかは、常に注意して考える必要がある。たとえば愛知県の那古野《なごや》城は若き日の信長が城主をつとめて名高いが、いま現地を訪ねて見られるのは一六一〇年（慶長《けいちょう》一五）から徳川家康が工事を進めた名古屋城で、信長時代の城ではない。

一四世紀は沖縄のグスクにとっても大きな画期であり、石垣を用いたグスクがこの頃から出

名護グスクの堀切り

発掘で見つかった浦添グスクの14世紀代の石垣

現しはじめた。グスクはもともと防御集落的なものからはじまり、按司《あじ》層《そう》の拠点に城としてのグスクが発達した。石垣のグスクが成立する前は、中城村《なかぐすくそん》の新《あら》垣《がき》グスクや名護《なご》市の名護《なご》グスクのように、尾根筋を断ち切る堀《ほり》切《き》りを備え、本州の土づくりの城と変わらない考え方のグスクを築いていた。

うるま市の勝連《かつれん》グスクの発掘調査では、石の城壁の前に、尾根筋を断ち切った堀切りを備えて防御していたことが判明している。また浦添《うらそえ》市の浦添《うらそえ》グスクでは、大規模な一四世紀代の石垣を発掘で発見していて、一四世紀代に主要なグスクで石垣化が進んだことを証明している。

日本列島の城のなかで、沖縄のグスクは最も早く石垣化を進めており、その先進性は圧倒的に本土を上回った。東アジアの海による国際的な交易を基盤にした経済発展と先進技術の受容が、最終的には首里《しゅり》城へと結実した壮大な石垣のグスクを生み出した。

城の歴史と変遷③——室町・戦国期の城館

一五世紀の室町時代になると、日頃は平地の館に住み、館に近い里山に山城を築いて両方を維持した「根古屋《ねこや》式」の館と城を広く築いた。整備が進む岐阜県飛驒《ひだ》市の江馬《えま》氏《し》下館《しもやかた》と、詰《つ》め城であった山城の高原諏訪《たかはらすわ》城は、そうしたようすを鮮やかに伝えている。また室町期には主殿に加え、会所《かいしょ》と呼ぶ人間的な関係を構築した宴会・文芸空間が館に加わった。「洛中洛外図屏風《びょうぶ》」が描いた京都の将軍邸に、主殿や会所を見ることができる。

江馬氏下館と背後の山にある高原諏訪城

一六世紀の戦国時代には劇的に城郭が変わった。大名たちは最初、将軍の館を手本にした平地の館城に住んだが、一五三〇年代頃までに山城に大名も家臣も住むように変化した。毛利《もうり》氏の吉田郡山《よしだこおりやま》城（広島県）、六角《ろっかく》氏の観音寺《かんのんじ》城（滋賀県）などが代表で、戦国期拠点城郭と呼ぶ。また防御力も飛躍的に高まり、畝状空堀群《うねじょうからぼりぐん》のように竪堀と土塁を連続して築き並べた防御施設や、城への石垣の導入もはじまった。

洛中洛外図屏風「将軍邸（柳の御所）」（歴博甲本、国立歴史民族博物館所蔵）

戦国期拠点城郭では、山城の御殿が主に日常の住まいとなり、山麓《さんろく》の御殿が主に公式対面の役割を果たした。御殿の山城と山麓の分離は戦国期拠点城郭の特徴であった。先にあげた吉田郡山城や観音寺城、三好長慶《みよしながよし》が畿内政治の本拠にした大阪府高槻《たかつき》市の芥川山《あくたがわさん》城、上杉謙信《けんしん》の新潟県上越《じょうえつ》市の春日山《かすがやま》城などは、その典型であった。

こうして戦国期の大名の拠点を俯瞰してみると、織田信長は一五六三年（永禄《えいろく》六）から築きはじめた愛知県小《こ》牧《まき》市の小《こ》牧山《まきやま》城で、ようやく居城を平地の館城から山城へと変更しており、決して最初から先進的な城づくりをしたのではなかったとわかる。信長は遅れて戦国期拠点城郭を築いたが、本丸を中心にした階層的な城郭プランを志向し、石垣を集中して用いた先進的な城づくりを一気に進めた。特に信長の居所であった山城中心の本丸を山の高さと人工的な石垣によって、山腹以下に配置した家臣屋敷と隔絶させようとした点は特筆される。近世城郭への変化がはじまっていた。

城の歴史と変遷④——近世の城

戦国期拠点城郭から近世城郭への変化を推し進めたのは、織田信長だった。信長の小牧山城、岐阜《ぎふ》城は全体として戦国期拠点城郭の範疇《はんちゅう》と理解すべきだが、各地の大名の城と異なった特色をもった。それは先にも指摘したように信長が住んだ本丸を城全体のなかの特別な至高の空間として設計した点であった。一般に城といえば、本丸・二の丸・三の丸のように、本丸を頂点として階層的につくったと考える。しかし戦国時代には大名の住んだ本丸と家臣が住んだほかの曲輪が、横並びで並立的な設計の城がほとんどであった。

これは大名だけが力をもったのではなく、一族も力を分有し、家臣たちも団結して力をもって大名を規制した戦国期の権力のあり方を、城のかたちが反映したからである。そうしたなかで信長は、はっきりと大名中心の権力を目指し、城のかたちを変えていった。だから信長の城は、いち早く本丸を頂点とした階層的な城郭プランを達成したのだった。

安土城の黒金門

　安土城は山腹までの家臣屋敷に対し、山頂部の中枢部は高《たか》石垣で囲み、複雑な城門を備えて圧倒的な求心性をもった。その中心に信長の御殿の一部として機能した天主がそびえた。人びとの頂点に立ってあたかも信長が君臨するような城郭構造は、信長が目指した社会を象徴した。

　天下人として大きな権力をもった豊臣秀吉や徳川家康の城も、信長の階層的な城郭構造を継承した。そして秀吉や家康の家臣となってそれぞれの領地を治めた大名たちは、天下人の居城を手本に階層的な城郭を日本列島の各地に築いた。つまり戦国期拠点城郭から近世城郭への変化の本質は、階層的・求心的な城郭構造の成立にあった。一般に近世城郭の指標とされる天守の成立や石垣、瓦《かわら》、礎石建物の採用といった理解は一見わかりやすいが、見かけの外形的要素にすぎない。

もし石垣や瓦の使用を近世城郭の根源的な指標とするなら、石材の採取や気候との関係で石垣や瓦葺《ぶ》き建物の導入を進めなかった関東から東北地方は、近世城郭がついに成立しなかったことになる。また一六五七年の明暦《めいれき》の大火以降に天守を失った江戸《えど》城は、近世城郭としての本質を失ったことになる。そうした歴史評価や解釈が誤りであることはいうまでもない。

求心的で階層的な城郭構造が列島規模で大名間に共有されたことは、日本の近世社会の成立を城が示した画期であり、きわめて重要な歴史的意義をもった。戦国時代には、日本列島の各地で並立的で地域差の大きな城を築いた。近世初頭の日本列島で一斉に、大名の居所であった本丸を頂点に階層的に家臣屋敷を配置した城が成立した。

この城の変化に城のかたちが統一されたと読み解くだけでは、城から歴史を読み解く研究としては十分ではない。将軍の居城であり、日本最大の城郭であった江戸城を頂点に、将軍が大名を、大名が家臣を階層的に編成した近世幕藩体制の成立と表裏の関係にあった近世城郭体制の成立は、古墳時代における前方後円墳体制と並んで、きわめて象徴的な画期であったと思う。

付言したいのが、江戸時代以来の軍学にもとづいて、城を連郭《れんかく》式、輪郭《りんかく》式などに分類する考え方である。現在でも城の概説書やネットの記事にこうした分類を掲げるものがあるが、これはほとんど無意味である。戦国期から近世にかけた城郭の変化は、分立的な構造から求心的な構造への変化であった。それを尾根上の地形に合わせて曲輪が並べば連郭式の城になり、平野の平らな場所で本丸を中心に堀や石垣を重ね築けば輪郭式の城になっただけである。

つまりこの伝統的な城郭分類には、城の発達と本質的変化を分析する歴史の視点が欠けており、古典の理解としての意味はあっても、歴史研究の分類としてはまったく意味をもたない。そして地形との組み合わせで城の分類を行うのであれば、わたしたちは正確な地形図も航空写真も、場合によっては詳細な航空レーザー測量の成果をもっていて、伝統的分類のはるか先の研究ができる。連郭式の城などと記して、城の何かがわかったように思うのは、本当にむなしいではないか。

さて、近世城郭の成立を導いた信長・秀吉・家康の城と、その影響を受けてつくられた城を「織豊系城郭」と呼ぶ。「織豊系城郭」の学術用語としての概念は、一九八六年に千田が提唱したものである（千田二〇一七）。日本の近世城郭はここで概観してきたように、織豊系城郭として成立した。

近世城郭のかたちを出入口のかたちで大きく俯瞰すると、ふたつの系統があったとわかる。ひとつが信長の安土城を直接受け継いで、鍵《かぎ》の手形の出入口を主要な城門に採用した外枡形《そとますがた》タイプの城であった。代表例は大阪府の豊臣大坂《とよとみおおさか》城、佐賀県の肥前名護屋《ひぜんなごや》城、熊本県の熊本城、愛媛県の伊予松山城、兵庫県の竹田《たけだ》城、奈良県の高取《たかとり》城、山梨県の甲府《こうふ》城などがあげられる。

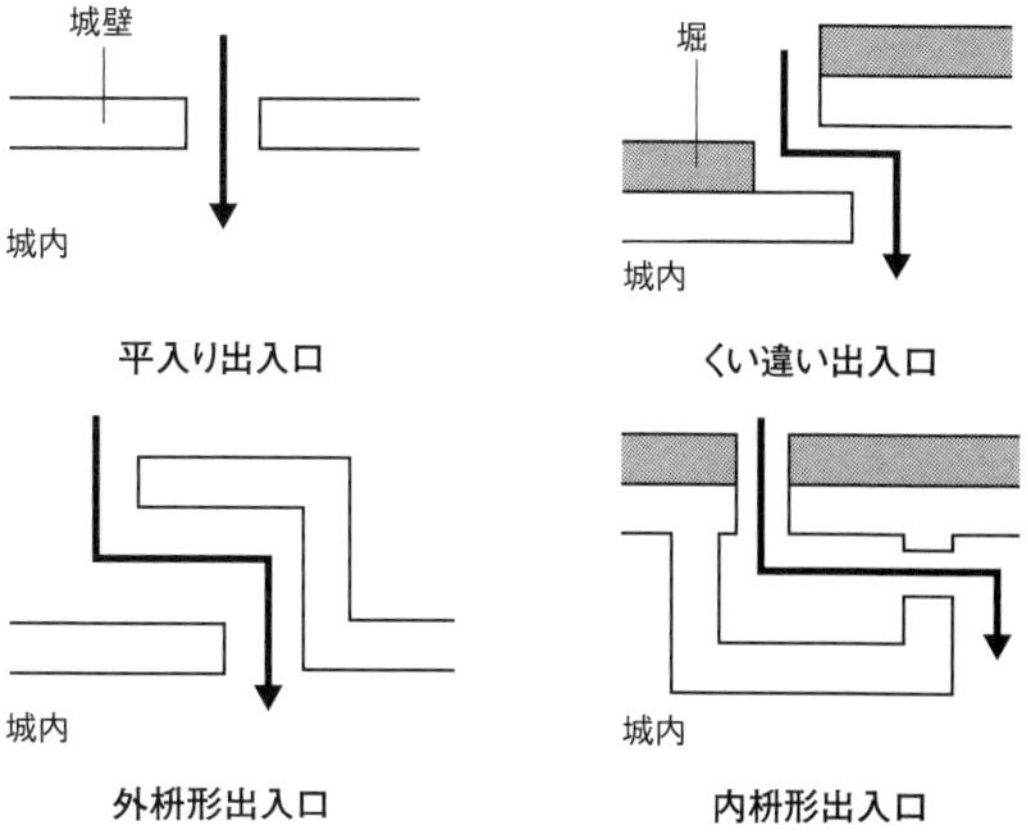

出入口の種類

もうひとつが堀のなかの島のように見える特別な空間を経由する出入口を備えた馬出《うまだ》しタイプの城だった。代表例は広島県の広島《ひろしま》城、愛知県の名古屋城、静岡県の駿府《すんぷ》城、埼玉県の川越《かわごえ》城、群馬県の箕輪《みのわ》城、千葉県の佐倉《さくら》城、新潟県の高田《たかだ》城、福島県の会津《あいづ》若松《わかまつ》城、青森県の弘前城などがあげられる。

一般に城は城主がくふうを凝《こ》らして独創的なものとしてつくったとイメージするが、実は各地の近世城郭は、天下人の城を手本にした系譜性をもち、時期ごとに共通した変化がたどれる。幕府の本拠として一七世紀初頭に徳川家康が築いた慶長期江戸城が、第三章「5　城から見た徳川家康」で検討するように、主に西国で発達した外枡形と主に東国で発達した馬出しの両者をあわせもち、城郭プランとして織豊系城郭の集大成となってい

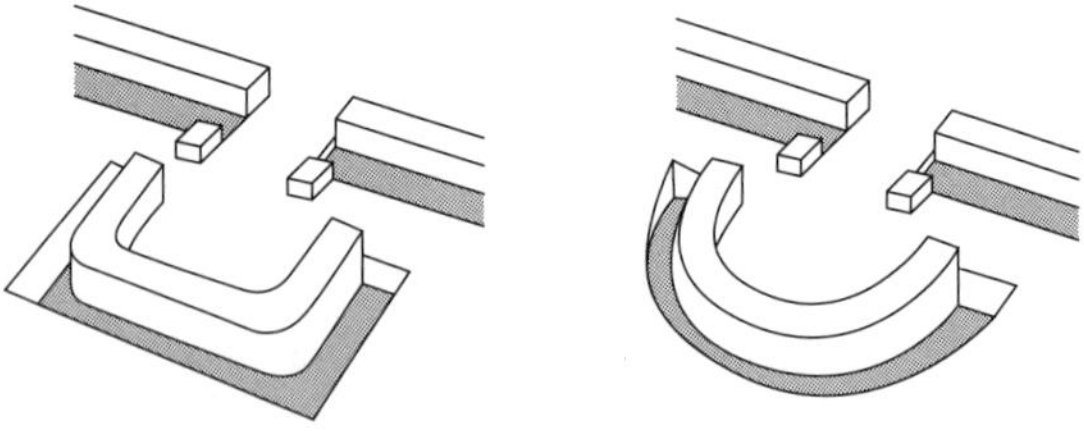

角馬出し　　丸馬出し

馬出しの種類

たのは象徴的である。

こうして一七世紀初頭の慶長期に日本の築城は極相を迎えたが、天下統一をめぐる大名間戦争の終結によって、城は軍事施設としての政治的意義を失った。また一六一四年（慶長一九）の大坂冬の陣、一六三七〜三八年（寛永《かんえい》一四〜一五）の島原・天草一揆の原《はら》城攻防戦が示したように、攻城戦の主力兵器として大砲が大きな役割をもつようになった。そのため高層の天守は防衛の拠点になるどころか砲撃の標的になり、火縄銃には有効だった幅三〇〜四〇メートルの堀も、大砲による長距離射撃には意味がなく、実質的な軍事施設としては十分ではなくなった。

さらに一国一城令に代表される江戸幕府の城郭統制によって、新たな築城そのものがほぼ途絶え、城は政治的にも軍事的にも急速に象徴化していった。もし天下統一の戦いがもう少し長くつづいていれば、日本の城もヨーロッパのように軍事施設は低く分厚い城壁で守った要塞に、政治拠点は都市中心の宮殿に分化しただろう。

日本の城が軍事と政治の機能を兼ね備え、高くそびえた美しい姿で凍結されたのは、日本の歴史にとっても、城ファンのわたしたちにとっても幸せなことだったと思う。幕末にロシアの軍事的脅威に備えて江戸幕府が函館に築いた五稜郭《ごりょうかく》が、伝統的な日本の城のかたちではなく、ヨーロッパの大砲戦に備えた稜堡《りょうほ》を備えたのは必然だった。

五稜郭

北海道を中心にしたアイヌの人びとが築いたチャシは、考古学的には一五世紀頃から出現したと考えられる。そしてチャシが最も発達したのは江戸時代で、アイヌの人びとと松前藩《まつまえ》が戦った一六六九年（寛文《かんぶん》九）のシャクシャインの戦い、一七八九年（寛政《かんせい》元）のクナシリ・メナシの戦いを通じて、チャシは急激に発達した。

クナシリ・メナシの戦いに際して築城したという根室《ねむろ》半島チャシ群には、チャシとしては最も発達したものが見られ、アイヌ社会の編成が進み、最終的に階層的なチャシ構造を実現したのが読みとれる。戦いがなかった江戸時代というイメージが強いが、実は北の大地で激しい戦いを行ったことが、城からわかるのである。北海道陸別《りくべつ》町のユクエピラチャシのように、国史跡として発掘を行い、整備を行ったチャシもある。日本の城の総体を理解するために、ぜひ訪ねたい城である。

ここでは日本の城の歴史を概観してきた。城のかたちの変化は、戦い方・守り方だけでなく、城を生み出した社会と政治とを反映した。そのことに特に留意してほしい。多くの概説書が勧めているように、城の現地を訪ねたときに、どう守ったか、どう攻めたかをイメージして歩くのは、城のかたちの機能を理解する実践的な見方である。決して悪くはない。

しかし城からわかることを、戦いに関わることだけ――攻めて来た敵をいかに効率的に殺傷するか――の技術発達史だけと考えるのは適切ではない。戦いに関わる要素を含め、城を史料／資料として歴史と政治、社会を明らかにしていくのが城郭考古学の目的である。そして実証的な研究にもとづいて、今に残る城を保存し具体的に整備・活用して、より文化的で豊かな未来社会を生み出していくのも城郭考古学の重要な役割である。

城の堀際をのんびり歩いていたら、あの曲輪の張り出しから撃たれて死ぬというのを現地で体感するのも城郭考古学のひとコマであるが、城を歩いて何度も討死シミュレーションするだけが城郭考古学ではないことを、忘れないでほしい。

第二章　城の探険から歴史を読む

戦いの考古学

今や大きく意識は変わったが、ながらく日本の歴史研究は戦いを等閑視してきた。城や合戦は好事家のテーマで、研究者がすべきではないと考えた。一方で、考古学は弥生時代や古墳時代をはじめとして、武器・武具の研究を早くから積み重ねてきた。しかし武器・武具の型式分類や編年は深化しても、戦いそのものや防御施設の分析は十分進んでいない。たとえば佐賀県の吉野ヶ里遺跡は、柵や出入口の理解に大きな問題があると思う。

吉野ヶ里遺跡北内郭の囲郭は、内側に壕、外側に土塁を備えた。内壕土塁の上には間隔が狭いスリット状の柵、外壕土塁の上にはすき間のない板塀を復元した。吉野ヶ里の人びとが壕によって敵との距離を保ちつつ効果的に防衛したなら、弓矢や「つぶて」による戦いが最適であった。しかし現在復元している意匠では、そうした投射《とうしゃ》武器は柵や塀にさえぎられて敵に届かない。吉野ヶ里の人びとは、あれほどの施設を構築した上で、投射武器の有効性を放棄したことになる。戦いの視点から考えれば、木柱の間隔をあけた柵でなければ、つじつまが合わない。

吉野ヶ里の人びとの手元に残った武器は、石剣や銅剣だった。これらの衝撃《しょうげき》武器で守ったとすると、吉野ヶ里の人びとは、敵が土塁、柵と塀を乗り越え、壕底に進入し、壕を登ってきてはじめて、防衛行為を開始したことになる。戦国時代の城の攻防戦と対比すれば、それは落城

吉野ヶ里遺跡のすき間のない板塀

寸前を意味した。現状の柵と塀の意匠から浮かび上がってくる吉野ヶ里の人びとの防衛計画は絶望的である。とても佐賀県がいうように邪馬《やま》台国《たいこく》の盟主が務まったと思えない。

壕・土塁も塀と柵も実際に戦うためではなく、格式を示す象徴だったという解釈もあると聞く。しかし、これほど戦いの本質機能を無視した防御設備の象徴化は奇異である。世界のさまざまな時代の城と宮殿で、射撃のための小穴「狭間《さま》」や城壁上部の凸凹「のこぎり塀」、城壁直下の敵を狙った張り出し「石落《いしお》とし」は、いずれも本来の機能を失っても、容易にもとの機能を想起させる姿で象徴化した。

だから北内郭の柵と塀の復元が正しいとすれば、格式を示した象徴化と解釈するより、吉野ヶ里の人びとは、大規模な囲郭を備えても、戦いの方法を理解できなかったと解釈すべきだと思う。そして、より合理的で蓋然《がいぜん》性が高いのは、考古学者による柵と塀の復元が完全に間違っている可能性である。

このように物質資料から戦いを考古学的に理解するのは容易ではない。象徴性からの解釈は重要だが、防御施設本来の機能の把握を欠いては、象徴化の理解そのものが上滑りする。中近世の城館跡や、近代以降の戦跡を含め、考古学の立場から戦いを考えるときには、まずは防御施設の本来の形状を把握し、機能を理解することからはじめる必要があるだろう。

アメリカの詩人・ジャーナリストで南北戦争を体験したウォルト・ホイットマンは、一八八二年の『Specimen days』（『標本の日々』）で、“the real war will never get in the books”と記した。弥生時代から第二次世界大戦に至る戦いの真実を考古学から解き明かし、歴史を読み解くこと、それぞれの時代の重要な遺跡を保護・活用することが、まさに求められている。城郭考古学が明らかにしていくべき課題は、歴史のなかのいたるところにある。

城の「鑑賞術」①——櫓や門を読み解く

城を歩き、歴史や武将を体感することが大人気である。海外からの観光客にも日本の城は「サムライ」を感じる特別な場所として親しまれている。もはや城はブームではなく、ひとつの趣味として定着した。城ファンのひとりとして本当にうれしい。二十年ほど前までは、城は中年以降の男性の渋い世界だった。それが今や女性の進出・参画が著しい。青春時代に女性と楽しく城を歩くことがなかったわたしは、現状をうらやましく思っている。

女性が城ファンに加わって、城の魅力はもちろん、城探険の楽しさにプラスする情報の発信も飛躍的に増えた。かわいい土産や城グッズ、たとえば「御城印《ごじょういん》」はSNSで発信され、またたく間に全国に広がった。城は全国に三万カ所以上もあって、城を活かした文化観光の可能性は、日本のすべての地域にある。

園路や案内板をはじめとした物理的な整備は、これまでも徐々に進んでいた。現在では「おもてなし武将隊」や熱心なボランティアガイドのみなさんを筆頭に、城を楽しみ、深く理解するのを助けてくれるソフト面も充実してきた。先日、佐賀県の肥前名護屋城や栃木県の唐沢山《からさわやま》城を訪ねたが、ガイドのみなさんの細やかな心遣いと行き届いた案内は、城を訪ねるすべての人に歓迎されるだろうと感心した。

このように城は、むかし連れていかれた悪夢の社会科見学の地ではなく、訪ねて楽しい場所に変わっている。今こそ城を訪ねたことがない方、歴史の話を聞くとなぜか眠くなる人に、城の魅力を発見してほしい。城歩きは自然に親しみながら、五感で歴史を味わうアクティブで知的な趣味である。あなたにぴったりではないか。そこですぐに役立ち、同行者に尊敬される「城の鑑賞術」をお伝えしたい。最初は姫路城を訪ねて、城の守りのくふうを読み解こう。

平成の大修理を終えた姫路城は別称の「白鷺《しらさぎ》城」をもじって「白すぎ城」といわれた。しかしこの白さには意味があった。天守や櫓を白漆喰《しろしっくい》で覆って、当時最高の防火対策を徹底した。つまり純白の姫路城の美しさは、見せかけではなく機能美だった。

姫路城内に入ると、櫓や門が次々と現れる。門の前に立ったら周囲を見てほしい。攻め手の立場で眺めると、自分が絶体絶命のピンチに陥っているのを実感できる。最も絶体絶命感が高いお勧めスポットは「ぬの門」である。正面には三階建ての櫓門があり、二階、三階の窓と壁の銃眼《じゅうがん》（狭間と呼ぶ）から、鉄砲や弓矢であなたを狙えた。

これだけでも絶望的な状況である。しかし本当の絶望はもっと深い。門の前面には高い石垣が張り出していて、屈曲した道を通らなければ門に接近できなくしていた。だから門の前に立つと必然的に正面に門、周囲には高い石垣となって、その石垣上からも狙われたのだ。つまり「ぬの門」前に立って周囲を見渡すと、三方向から同時に鉄砲や弓矢で狙い撃たれるピンチを

姫路城・ぬの門

姫路城・ぬの門の石落とし

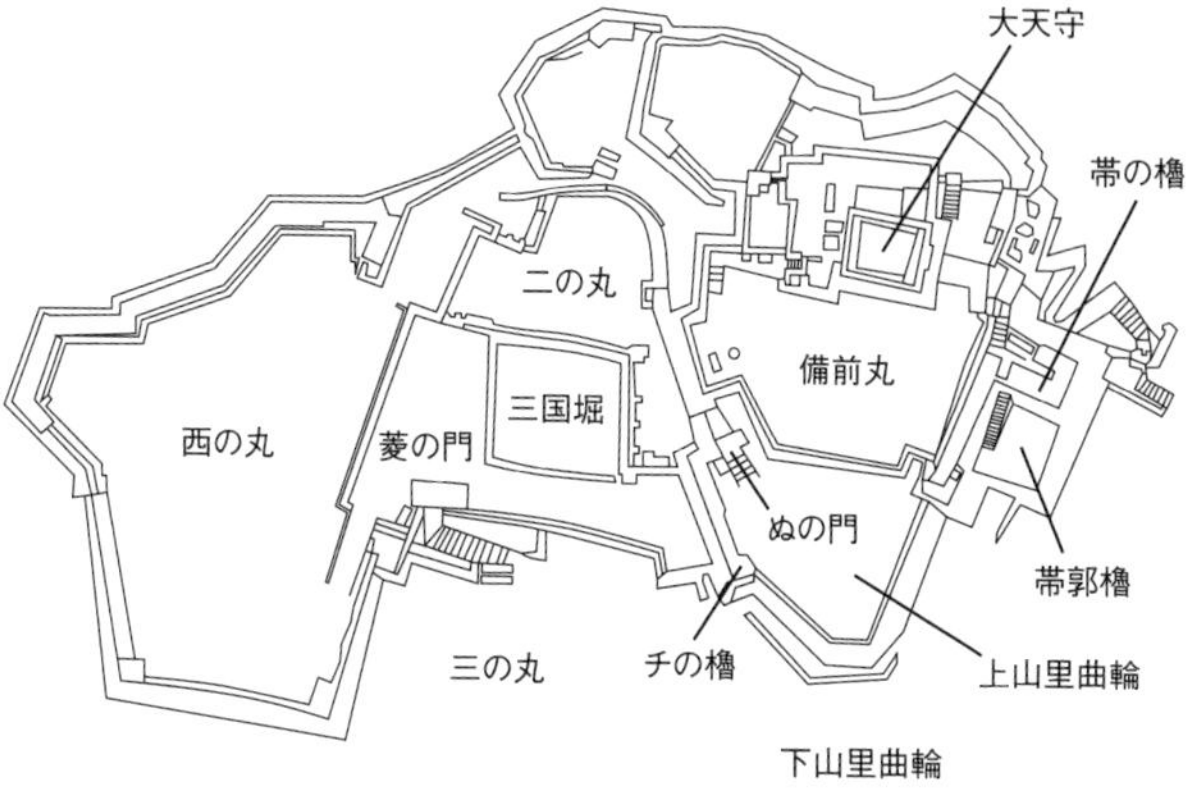

姫路城の中心部

体感できる。とても「ぬの門」を破れるとは思えない。

幸い現在は玉も矢も降り注がないので、安心して櫓門に近づいてみよう。一階の門扉《もんぴ》や柱は黒っぽいが、実はすべてを鉄板で覆っていたとわかる。攻め手の銃撃を跳ね返し、火矢を無力化するくふうだった。門の軒下《のきした》で真上を見上げてほしい。二階が一階よりもわずかに張り出している。

二階の床下を張り出させて、張り出した床の一部を細長く開閉できるようにしていた。これを「石落とし」といい、門扉の閉塞位置を見下ろす二階の床下を開いて、石などを落として攻め手を撃退した。「石落とし」に注目して姫路城の天守や櫓を見ると、壁の隅から外に張り出した「石落とし」を多数発見できる。石垣を登る攻め手を、城兵は死角なく狙い撃ちできた。

姫路城は大天守と小天守が連立した複雑な構造が有名である。しかし天守に登るだけが姫路城の楽しみ方ではない。いかに攻め手を天守にたどり着かせないようにするか、幾重にもめぐらした守りのくふうを体感するのが、姫路城の本当の凄さを理解する鍵になる。そんな視点で姫路城を歩いてみてほしい。

なお攻め手の気持ちで姫路城をめぐると、大天守最上階に到達する前に、何度討ち死にするかわからない。それでは気分も滅入ってしまうかもしれない。そんなときは攻守を入れ替えて、城兵の気持ちで歩いてほしい。姫路城は鉄壁の守りだから、どこでも連戦連勝で攻め手を撃退できる。日ごろのストレスも一気に解消できて痛快である。

城の「鑑賞術」②——石垣が語る歴史

天守や櫓も城の重要な要素だったが、石垣は城の守りの要だったといってよい。何より石垣は全国の城に多く残っていて鑑賞の機会が多い。石垣の鑑賞術を身につければ、一層深く城から歴史を考えられる。そこで今回は、遺跡の国宝である特別史跡・愛知県名古屋城を歩いて、石垣の見方を伝授したい。

名古屋城は徳川家康が豊臣秀頼《ひでより》との決戦に備えて築いた城だった。江戸幕府は一六一〇年

創建期石垣

宝暦の修理石垣

（慶長一五）一月に名古屋築城を発表し、加藤清正《きよまさ》や福島正則《まさのり》などに石垣工事を分担させた。清正たちはすぐに工事をはじめ、同年一二月までに石垣が完成したという。

名古屋城を訪ねて石垣に接すると、清正や正則がすごい石垣を築いたと感動する。名古屋城を案内するたびに、そうした感動の声を聞いてきた。私もその感動を美しい想い出にしてほしいと思うが、石垣鑑賞術を伝える立場からは、その感動の半分は間違いといわなくてはならない。城の石垣は、今日まで不断に大小の修理を経たからである。

たとえば名古屋城の大・小天守台石垣は、加藤清正が単独で築いたと記録から知られる。確かに大天守台石垣の隅石《すみいし》には「加藤肥《ひ》後守《ごのかみ》　内小代《しょうたい》下総《しもうさ》」などの銘文《めいぶん》があって、清正に仕えた重臣たちが工事を担当したのを証明する。しかし築城から百五十年ほど経ると大天守台石垣はゆがみ、石垣の上の大天守は傾《かたむ》くようになった。そこで尾張《おわり》藩は一七五二年（宝暦《ほうれき》二）から四年間にわたって大天守を縄で縛って上げ起こし、大天守台石垣を積み直す大修

名古屋城の石垣から空堀底に抜け落ちた間詰め石

理を実施した。つまり今見る大天守台石垣の多くは清正そのままではなく、宝暦の修理を経た姿なのである。

よく観察すると、清正の銘文石が残る周辺の石垣と、それ以外の石垣の、石材加工度や積み方が異なるのを見つけられる。つまりひとつの石垣のなかに違いを見いだせば、創建期石垣と、宝暦の修理石垣とを見分けられる。石垣をどれも同じと思ったのでは見逃してしまう、石垣が語る歴史を発見できる。

名古屋城大天守台石垣を詳細に観察すると、もともとの天守が名古屋大空襲で焼け落ちた際に石垣が高熱にさらされて、多くの石が割れてしまったのがわかる。石材本来の強度を保っていない可能性が高い。また石垣周囲の空堀底には、大きな石垣の石と石の間に詰めていた石「間《ま》詰《づ》め石」が無数に落ちている。宝暦の大修理から今日までおよそ二百七十年が経ったが、間詰め石が弾き飛ばされてしまうほど石垣の変形が進んでいるのである。急ぎ石垣の健全度を調査し、適切な修理をしなければならない。とりわけ危惧されるのは大天守台北面石垣で、一見してわかるほど激しい変形が進んでいる。

つまり名古屋城大・小天守台石垣は満身創痍である。一つひとつの石垣には歴史があり、そ

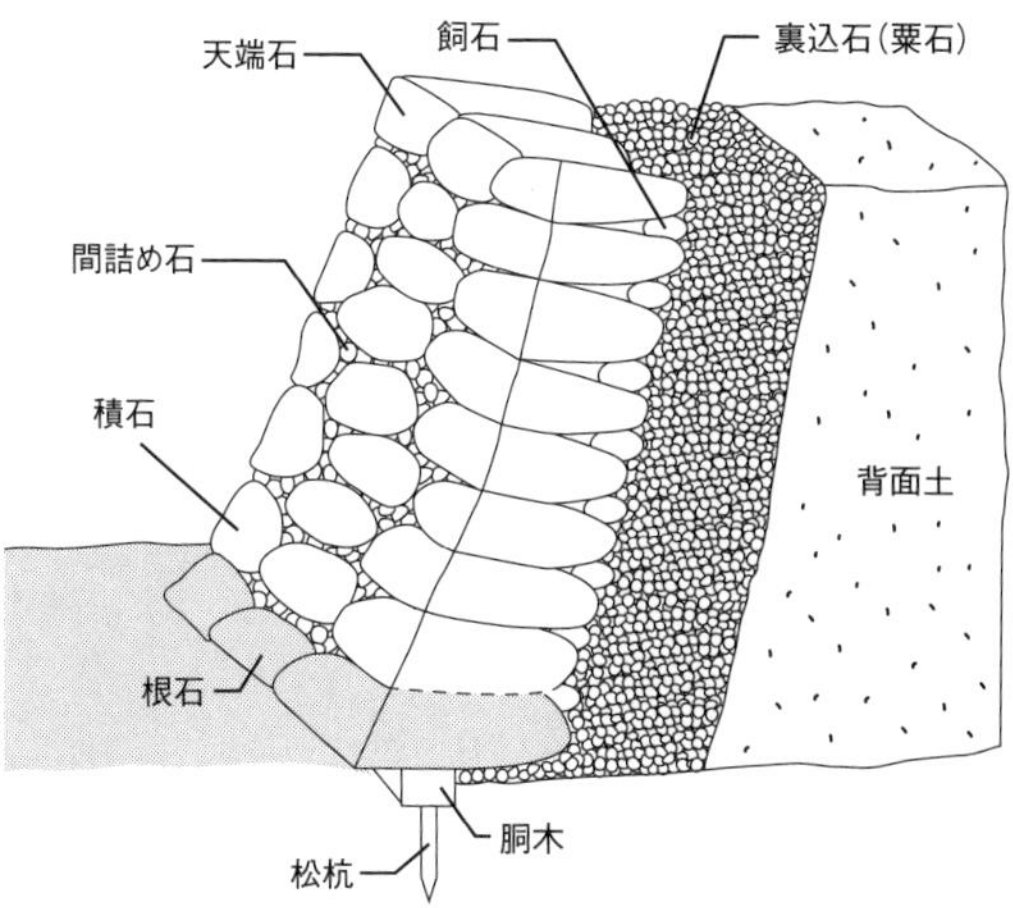

『日本の城辞典』(千田嘉博監修・ナツメ社)をもとに作成

石垣の構造

れぞれの時代の人びとが修理を加えて守ってきたからこそ、今、わたしたちの目の前に名古屋城の石垣はある。城の活用を進めるのは大賛成だが、華々しい復元を喧伝《けんでん》する前に、本物の石垣を守り伝え、安全性を高めることが大切ではないか。

　名古屋城の築城は、多くの大名が工事を分担した。突貫工事の現場で、石切場から運んできた石材が紛《まぎ》れて争いにならないように、各大名は石に目印のマークを刻んだ。それを「刻印《こくいん》」と呼ぶ。まれに工事を分担した大名の名を刻んだものがあったが、大部分は○や△を組み合わせた単純な図柄であった。

　ところが清正が分担した大・小天守台石垣の隅石には、先に記したように「加藤肥後守内小代下総」「加藤肥後守内　新森八左衛門」

など、清正と工事を分担した家臣の名を堂々と刻んでいた。

　豊臣と徳川との戦いとなれば、豊臣に味方するのではないかと疑われる状況で、徳川の城の天守台石垣に堂々と名を刻んだ清正の豪胆さ。そして家臣の労苦に報いるためにその名を石に残した清正の細やかな心情。この石垣を見て、加藤家の武士たちは清正のために身命《しんめい》をかけようと心に誓ったのではないか。城の石垣はただ石を積んだのではなく、そこに歴史があり、武将と人びとの物語があった。名古屋城を訪ねて大・小天守台石垣を実見して、大きく刻んだ銘文から、清正と家臣の思いを体感してほしい。

　大天守台石垣北東隅石の「小代下総」はよく観察できる。しかし大天守台石垣南西隅石の銘文は注意が必要である。空堀の対岸から双眼鏡などを用いて拡大してみると「藤肥後守内　中川太良平《たろべえ》」となっている。銘文の最初は「加藤肥後守……」であるはずが、「加」の文字を失っているのである。これは江戸時代の一七五二（宝暦二）年から尾張藩が行った大天守台石垣の大修理が原因と思われる。

　そのとき南西隅石を一旦外し、もう一度積み直そうとしたが、うまくもとに戻らなくなってしまったらしい。そこでやむなく石を短くして、表面を削って整えたと分析できる。銘文の「加」の欠損が、江戸時代の石垣修理の実像を教えてくれるのである。さすが熊本で「清正《せいしょう》公《こう》」と慕われる清正の石垣は、江戸時代に同じように積むのが難しかった。

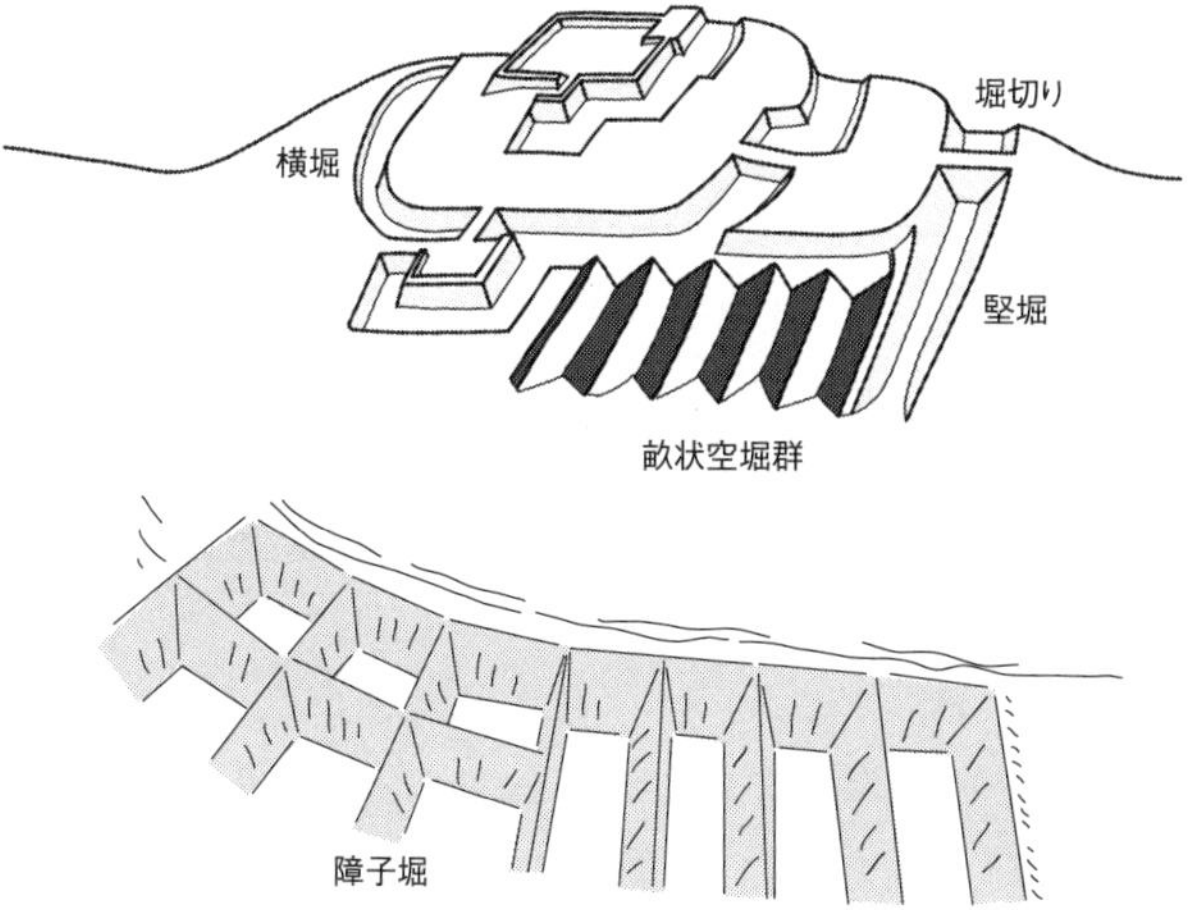

堀の種類

城の「鑑賞術」③——堀を知る

ヨーロッパの城は城壁で、日本の城は堀で守ったというように、わが国の城が最も多く用いた防御施設が堀だった。今回はその堀を読み解く鑑賞術を伝授したい。堀は単独でも機能したが、堀と柵・土塁（防御のための土手）、あるいは石垣を組み合わせて守りの力を強めた。一方で堀は必ず遮断の機能をもったので、堀をつくれば城内を分断して連携を難しくする作用があった。このため城のどこに堀をつくるかは、築城者の腕の見せどころだった。

平地の城では水堀《みずぼり》が多かったが、山城ではほとんどが空堀だった。そして山城では斜面に伸ばした「竪堀」も掘った。斜面を横移動

山中城の障子堀

して城に近づく敵を撃退したのが竪堀だった。さらに竪堀を並べ築き、その間に土塁を積んだ「畝状空堀群」も戦国期に出現し、自然の斜面を人為的な防御空間に変えた。

弓矢が主力兵器のときは、堀の幅は五〜一〇メートルでも機能した。ところが鉄砲の時代になると二〇メートルを超える堀が必要になった。そこで新たな問題が生じた。城の空堀を鉄砲に対処して広げると、敵が堀底を自由に移動できるようになってしまったのである。

空堀の幅は広くしたい。しかし堀底を敵の通路にはしたくない。この難問を解いた城のひとつが、静岡県の山中《やまなか》城だった。この山城は一五九〇年（天正《てんしょう》一八）の豊臣秀吉による小田原《おだわら》城攻めに備えて、北条氏が最前線の要塞として整備した。城は国史跡としてよく整備されている。驚くのは城の中を国道一号が貫通していることで、実は当時も東海道を城内に引き込んでいた。この城がある限り豊臣軍には箱根を越えさせないという、北条氏の強い意志が現地に立つと伝わってくる。

それだけに山中城は北条氏の築城技術をこらしており、とりわけ堀のくふうは見事であった。

空堀のなかに土手の仕切りを設《もう》け、また広い堀底には縦横に土手を設けた「障子堀《しょうじぼり》」をめぐらしたのである。

堀底に複雑な土手を設けた効果は絶大だったと推測される。たとえ豊臣軍が堀底に突入しても、堀のいちばん外側の窪《くぼ》みに落ちただけで、そこから這い上がって次の土手を越えても隣の窪みに落ち、またその先の土手を越えても別の窪みに落ちたという具合に、敵の進軍を遅らせ、移動の自由を奪ったからである。

山中城の西の丸から見た西櫓。この障子堀に本当は木橋を架けていた

ところが山中城はわずか半日の攻撃で落城してしまった。秀吉が率いた四万人もの豊臣主力軍が犠牲をいとわずに強硬に攻めたからだった。圧倒的な兵力の前に、巧みな築城術をもってしても守り切れなかった城兵は、さぞや無念だったに違いない。

山中城の整備はすばらしいのだが、ひとつだけ修正してほしいところがある。城の先端の「西櫓」と「西の丸」との間をつないだ木橋《きばし》を、正しく復元してほしいのである。西櫓は、本当は櫓ではなく、「馬出し」と呼ぶ城の出入口で、西の丸と木橋でつながっていたことを疑う余地はない。現在の整備では、西櫓から後方の西の丸に連絡した橋を欠くので、敵に攻められれば西櫓は必然的に敵中に孤立し、助けられない。

これでは最前線で戦った城兵を北条氏は見殺しにしてよいと考えたことになってしまう。誤った解釈の整備をして、長年そのままにするのは、あまりに北条氏に対して非礼ではないか。山中城が正しく整備され、最前線の城兵を見殺しにした北条氏という濡れ衣が、一日も早く解けるのを願っている。

城の「鑑賞術」④——実践編・栃木県唐沢山城

読者のみなさんに質問。京都府にはいくつ城があったでしょうか。二条《にじょう》城や伏見《ふしみ》城は有名。歴史に詳しい方なら、豊臣政権の「公」の城だった聚楽第《じゆらくてい》、明智《あけち》光秀《みつひで》ゆかりの福知《ふくち》山《やま》城もご存じだろう。それでは正解。京都府にはなんと一二〇〇もの城があった。中世には大名に加えて寺社や町・村も独自に城を構えた。だから中世城郭は圧倒的に多く、今では最も身近な遺跡になっている。

お住まいの地域にも必ず中世の城跡がある。そうした城跡を藪《やぶ》ではなく、保護して整備すれば、この鑑賞術で紹介してきたように、歴史を体感するかけがえのない場所になる。城跡が歩けるようになれば、その楽しみは地域から全国へ広がる。今回は、栃木県佐野市の唐沢山城を訪ねて、城歩きの楽しみ方を伝授する。

　唐沢山城は関東屈指の山城で、山頂には近代に祀られた唐澤山神社が鎮座する。そのため参道がよく整えられて、車で城の中心部まで行ける。車を降りて歩きはじめると、すぐに石垣が現れる。これは近世初頭に城主の佐野氏が豊臣大名になって、秀吉流の石垣を取り入れた証拠である。圧巻なのは高さ八メートルにも達した本丸の高石垣である。関東で近世初頭の石垣を鑑賞できるのは貴重といってよい。本丸出入口脇には、意図して巨石を用いたのに注目してほしい。これは「鏡石《かがみいし》」で、城主の権威を見せつけた。

唐沢山城本丸の高石垣

唐沢山城本丸出入口の鏡石

　本丸周辺からは新宿の高層ビル群や富士山を一望する。眺望は城にとって重要だった。雄大な景色は、城を訪ねる魅力のひとつである。しかし登っても木々が茂って何も見えない山城

唐沢山城の屈曲した堀と土塁上の城道

が全国に多い。眺望も意識して城の整備をしてほしい。
　こうして石垣に触れ、神社にお参りし、景色を眺め、さらに神社周辺でくつろぐ猫たちと遊んで（近年その方面でもこの山城は有名である）、唐沢山城を満喫したと思ってはいけない。本丸から尾根に沿って山道を下ると、もうひとつの唐沢山城が待っている。
　発掘成果によれば、この城は室町時代から本格的に工事し、一六世紀には全山が城郭になった。だから近世初頭に石垣でつくり替えた中心部に対して、山腹・山麓には戦国時代の城の遺構が残っている。そうした遺構のひとつをボランティアの方々が藪払いして、戦国時代のようすが見られるようになった。尾根筋を鍵の手形の空堀で切断し、その空堀の外側に設けた通路を歩かせるようにした守りの遺構である。
　注意して観察すると空堀の奥に城門を設けて、敵を足止めしたとわかる。進めずに空堀の対岸で立ち往生した敵に対して、内側から弓矢や鉄砲を撃って効率的に反撃できた。今は空堀や土塁しか残っていないが、現地で城門や柵をイメージし、尾根を登って迫り来る敵を、城兵がどう封じ込めたかを推理してほしい。守りの意図がわかったとき、尾根の上の凸凹がいかにすごい守りのくふうだったかが、はっきり理解できる。

誰かが書いた小説や論文を通して戦国の人びとを想うのではない。自分自身が現地に立ち、四百年以上前のオリジナルな歴史史料／資料である城跡を読み解いて考える。こんな刺激的な歴史体験の方法がほかにあるだろうか。だから城の探険はやめられない。

第三章　城から考える天下統一の時代

戦国から近世への城郭変化

戦国から近世への城郭変化は多様であり、さまざまな可能性をもっていた。発達のベクトルは、地域や築城主体の差によってそれぞれ異なった方向を指した。そうしたなかで近世につながる城郭変化の軸となったのが織豊系城郭であった。近年の発掘調査の進展によって、信長の城を中心とした織豊系城郭の形成過程は飛躍的に解明が進んだ。

小牧山城—岐阜城—安土城の変遷を概観すると、信長の城に一貫した階層性・求心性の深化を確認できる。すると近世城郭の特質として広く共通した求心的な城郭構造は、信長の城を軸とした織豊系城郭のなかに生み出され、それが結果として近世社会と近世の政治構造そのものを規定していった原動力であったと評価できる。つまり中世から近世にかけた城の変化と近世城郭を、史料／資料として分析すると、中世城郭と近世城郭とを分ける最も重要な指標は、城郭構造の階層性・求心性の貫徹と敷衍《ふえん》にあったといえる。

政治拠点の城と軍事拠点の城とを、城郭研究において同じようにあつかってよいか、異なるものとしてあつかうかは、しばしば論じられる課題のひとつである。しかし築城主体の社会的位置や社会的関係は、城郭プランに色濃く反映した。境目《さかいめ》の城は軍事的な緊張が相対的に高いために、城郭から読み取れる軍事性は軍事拠点の城に一層鮮明であった。ただし臨時的な性格や一過性の性格をもった軍事拠点の城では、そうした特性ゆえに、石垣の不使用や、屋根瓦の有無、掘立柱建物か礎石建物か、しかるべき格式をもった御殿を備えたかなどの諸点に、政治拠点の城との違いがあった。

そうしたなかで軍事性を基盤にした城郭の階層性・求心性は、政治拠点の城と軍事拠点の城で一貫しており、築城主体の分析を深めるには、城郭研究においては両者を合わせて分析すべきである。政治拠点の城と軍事拠点の城を分けて研究するのは、文献史学の政治史中心主義をもとにした考え方である。城郭研究において城の防御機能を史料／資料化して歴史を研究する上では、まさに政治拠点の城と軍事拠点の城を一体的に究明してこそ、それぞれの城の特色も、全体を覆う軍事機能の特質もはじめて解明できる。こうした歴史史料／資料としての城郭の特徴については、城郭研究者が意図して発信していく必要があるだろう。

国際的視点の城郭象徴論へ

近世城郭はその完成と同時に、実際には戦わない象徴・シンボルの城へと変容し、幕末に至った。江戸時代を通じて要塞から宮殿化が進行した江戸城は、その典型例であった。近世城郭の象徴性は、城郭構造、瓦、石垣、御殿などから論じられ、大きな成果をあげている。さらに近世城郭の歴史的意味を究明するには、物質資料にもとづき、国際的な比較を意図した象徴論を展開していく必要がある。

たとえば東洋史の杉山清彦氏は、日本の近世城郭との比較も視野に入れつつ、清代の紫禁《しきん》城の構造を論じ、従来の中華の王都としての位置づけだけでなく、八旗《はっき》制の軍事編成を基盤にした武家政権の拠点としての構造を指摘した。

このように紫禁城の階層的・求心的構造を、日本の近世城郭と比較して、アジアのなかで論じ、研究することが射程に入ってきた。さらにヨーロッパの城郭との比較も、アクセス・アナリシスの分析によって、すでにさまざまな比較研究が可能になっている。近世城郭から歴史を読み解く方法は、東洋における城跡・西洋における城跡研究とも連携しつつ、さらに大きな役割を果たせるよう、意図していくべきだろう。

そうした視角の先に、人類史上の城における日本の城郭の位置や、日本の近世城郭の歴史的な意味を読み解き、国境や言語の縛りから離れた、まったく新しい、城から見た歴史を叙述する可能性がある。

天下人が成し遂げた城革命

石垣や堀を重ね、本丸に天守がそびえるという、誰しもが思い浮かべる日本の城のかたちは、信長・秀吉・家康の時代に成立した。三人の天下人より前に本丸を頂点とした階層的な城はなく、天守も建っていなかった。そして石垣をもつ城さえまれであった。信長・秀吉・家康の時代が成し遂げた城の発達は、まさに革命といってよい。

そうして成立した城のかたちは、江戸時代の三百年間にわたって凍結的に維持され、近代になると本来の機能を失った。だから、わたしたちの城のイメージは、まさに三人の天下人が活躍した一六世紀後半から一七世紀初頭の、わずか六十年間の活動によって定まった。城は現代でも地域のシンボルであり、世界に日本の歴史と文化を印象づけている。天下人とその時代の城は、圧倒的な影響力を、今日なおもちつづけている。

さらに天下人とその時代の城は、歴史的象徴や国際的な文化観光地として意味があるだけでなく、今につづく日本社会の基礎をつくった点に大きな意義がある。たとえば盛岡、仙台、江戸─東京、富山、金沢、名古屋、大阪、和歌山、岡山、広島、松江、徳島、伊予松山、高知、福岡、熊本、鹿児島など、日本列島の主要都市をあげていくと、いずれの都市も直接の起源は近世城下町にあった。

まさに天下人の城革命は、四百年後のわたしたちの社会も歴史的に規定する力をもちつづけている。だから城を考えることは、過ぎ去った時代を明らかにするだけでなく、地域の今と未来を考えることでもある。だから城郭考古学の楽しさは、未来につながる学問であることにもあると思う。

城郭研究は地域の歴史に光を当てる学問

戦国時代から織豊期にかけて城は大きく変化した。その中心にあったのが天下人の城だった。石垣を用い、天守を建て、礎石建ち・瓦葺きの建物を備えたのが、近世城郭をかたちづくった信長・秀吉・家康流の城づくり、いわゆる「織豊系城郭」の要件とする意見があると聞く。そもそも「織豊系城郭」は筆者が提唱したものであるが、石垣や天守・瓦を指標として織豊系城郭とする意見は、歴史研究としても城郭研究としても大きな問題をもつと思う。

石垣や天守・瓦などは、確かに目に付く指標ではあった。しかしそれをもって織豊系城郭の要件とし、要素の揃わないものを「未熟な城」として断じる歴史観で、城からの歴史研究はよいか。わたしは、まったくそう思わない。城からの歴史研究は、文字史料の偏在に関わりなく、地域の歴史を現地に残る城跡を通じて究明し、城のかたちに地域の歴史を読み解く学問だと考える。「未熟な城」と見下して評価してよい城は、日本にひとつもない。

どのような城であっても、その城の築城者が、自らの権力と権力を規定した地域社会のなかで真摯に生み出したものであり、たとえ小さくとも、わずかな堀であっても、わたしたちは、その小ささに、そのわずかさに向き合って、そこから歴史を紡ぎ出すことを目指すべきである。小さな城には小ささに、石垣をもたない城にはないことに、築城者の実像と地域の実態を映し出す。

そうした日本列島の城を、天下人の城を基準にして優劣で論じるのは、天下人のような城をつくり出した地域が善であり、できなかった地域を劣ったと断ずるのと同じである。本来の城郭研究は、地域の城を把握し、城郭を史料／資料にしたから解明できた歴史を、独自に叙述しようとするものである。だから城郭研究は「地方史観」に立って、地域の歴史に光を当てる学問である。そうした研究の歴史をふり返ってみても、地方の城を未熟と断じる城の捉《とら》え方は、まったく逆の「中央史観」といわなくてはならない。わたしたちは石垣がないこと、天守がないこと、瓦を葺かなかったことを、「未熟」と見下すような史観に立つのではなく、その城の、ありのままの姿をつかみ、そこから築城者と社会のあり方を、優劣ではない歴史として叙述することを目指そうではないか。

もし石垣や天守・瓦などを本質的な織豊系城郭の要件とすれば、先に記したように明暦の大火以降に天守を再築しなかった江戸城は、城の本質を失ったことになり、寒冷のため瓦を葺かない近世城郭が多かった東北地方は、ついに「正統な」近世社会が成立しなかったことになる。そもそも城は多様な築城主体によってつくられ、一つひとつの城は築城者の権力やその社会を象徴した。だから、それを天下人の城を基準にして優劣をつけていけば、理論的帰結として日本列島のそれぞれの中世社会、戦国・織豊期社会が達成した地域の歴史的豊かさを否定していくしかない。

そうすると城からの歴史研究は、日本列島の各地域が生み出した社会の結晶としての城を、いずれも天下人の城より劣ったものとして序列化することに行き着いてしまう。だからわたしは、天下人の城を全国の城との優劣で捉えることは、はっきり間違っていると考えている。

天下人の城革命は近世的社会への転換

それでは天下人とその時代の城の革命的変化の本質的な要件とは、何なのか。わたしは、その謎を解く鍵は、愛知県の清須《きよす》城や信長が生まれた勝幡《しょばた》城など、各地の一六世紀前半の城が分立的・並立的な構造をもち、巨大な館城《やかたじろ》《かんじょう》であれ、日常の拠点を山城に移した「戦国期拠点城郭」であれ、大名を中心とした階層的な城郭構造になっていなかったことにあると思う。

信長が自らの意志で築いた小牧山城を転機に、岐阜城、安土城という城の展開をたどっていくと明らかであるが、信長は並立的な城の構造を廃して、いかに自分中心の城を実現するかを生涯かけて追求していった。その意図の延長に「天主」があり、家臣との差別化を図り、城の求心性を担保するものとして石垣や瓦、金箔瓦《きんぱくがわら》を採用した。

つまり石垣や天守、瓦を備えれば城は近世変郭になったのではなく、大名を頂点とした武士と商職人の階層的な編成を実現した城郭構造（城下町構造）を備えたことが、近世城郭への必要条件だったのである。そうした近世城郭への変革は、安土城の織田政権期には、信長の直接

福井城本丸の堀と石垣

の家臣に留まったが、豊臣政権期に各地の諸大名が豊臣大名化したのが契機になり、急激に全国におよんだ。それによって成立し、諸大名が共有した「織豊系城郭体制」を再編し、江戸城を中心に最終的に仕上げたのが徳川家康だった。

そう考えると、なぜ近世初頭の諸大名が天下人の城のつくり方であった織豊系城郭を選択したかは明らかである。織豊系城郭は、単に防御性にすぐれ、権威性の高い城のかたちだったのではなく、大名を頂点とした近世的社会への転換を図り、地域に定着させるための不可欠な選択だったから、日本中の近世城郭は一斉に織豊系城郭として築かれなくてはならなかったのである。

天下人の城を規範として成立した城の権威を、今でも体感できる場所がある。二一世紀初頭において福井《ふくい》城本丸に高くそびえる福井県庁と福井県警本部である。福井城の本丸の堀と石垣で守られた県庁と県警本部は四百年前に成立した封建権力の象徴性と権威性を一身にまとっている。これほど重武装した県庁と県警本部を街の中心にいただく姿は、二一世紀にあって、もはや貴重である。

物質資料から考える信長・秀吉の時代

織田信長は一五六七年（永禄一〇）に斎藤《さいとう》氏の本拠であった稲葉《いなば》山《やま》城（岐阜県）を攻め落とし、岐阜城と名を改めて居城とした。信長は城下に制札《せいさつ》を掲げ、「楽市場《らくいちば》」に引っ越した者に対して数々の特権を与えた。教科書にも記されて名高い「楽市楽座」の政策であった。幸いなことに信長が岐阜城下の楽市場（加納《かのう》）に下した永禄一〇年と翌一一年の楽市令は、原品が今日まで伝えられ、その文言もよく知られている。

ふたつの「楽市令」は制札と記したように、紙ではなく板に記したものであった。これら制札を観察した日本史家の小島道裕氏は、表面から裏面へ貫通した釘穴《くぎあな》や裏面の日焼け痕跡など、それまで文献史学が注目してこなかった情報があることを指摘し、永禄一〇年制札は野外に実際に掲げられたのに対し、永禄一一年制札は野外に掲げられず、市場の代表者が特権を担保した証拠として保管したと分析した（小島一九九一）。

さらに小島氏は、永禄一〇年と永禄一一年制札下端の木口《こぐち》面には、いずれも「弥四良（郎）」の線刻文字があることを見つけた。その後の研究によって、永禄七年愛知県定光寺宛禁制《じょうこうじあてきんせい》、永禄一一年滋賀県成菩提院《じょうぼだいいん》宛禁制などの制札に、同じ線刻文字があることが判明した（高木ほか二〇〇〇）。「弥四良（郎）」の線刻文字は、制札の制作者を示したと考えられ、楽市令や禁制を布告した制札を、あらかじめ信長が発注して複数枚保管し、必要に応じて文字を記して町や寺社

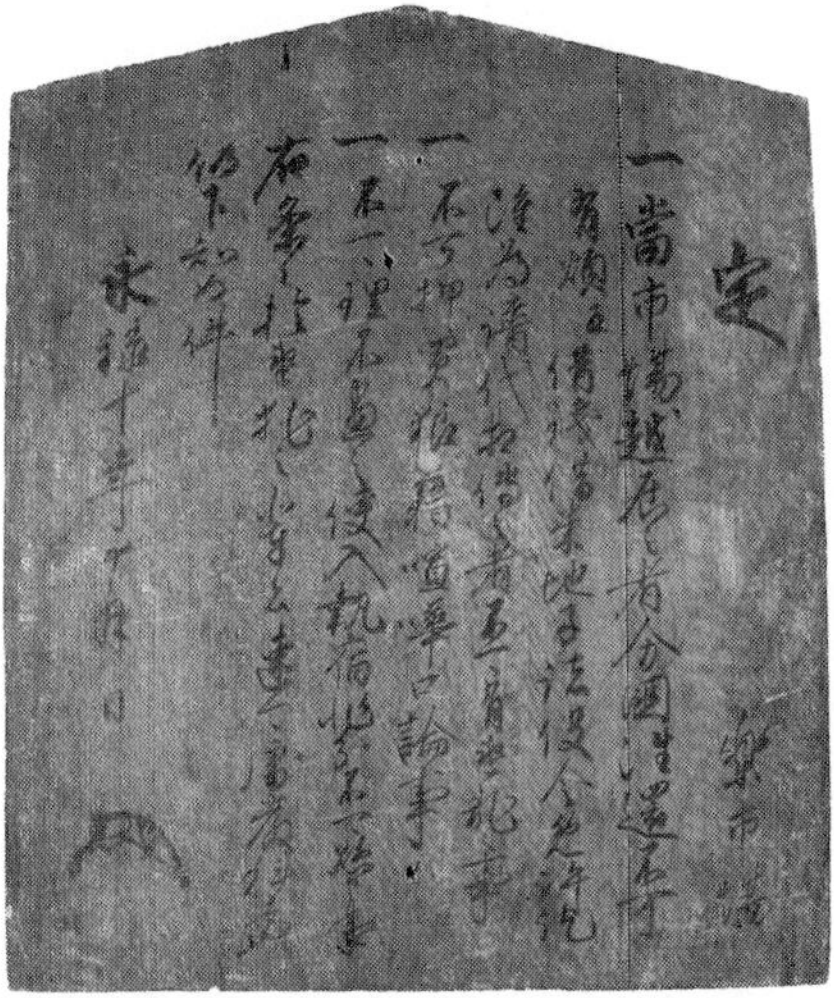

永禄10年（表）

永禄10年（裏）

永禄11年（表）

岐阜楽市場制札（すべて岐阜市神田町　円徳寺蔵）

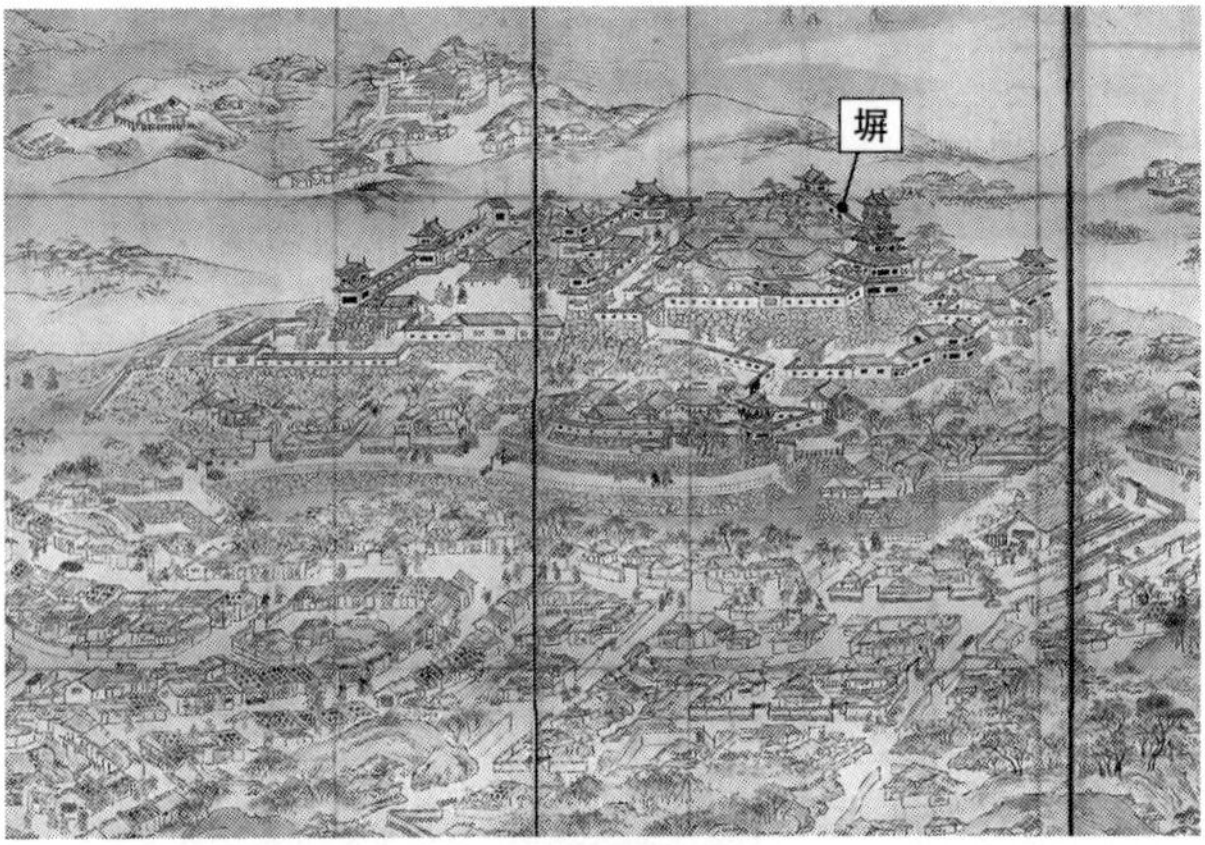

佐賀県重要文化財「肥前名護屋城図屏風」（部分、佐賀県立名護屋城博物館提供）には、多聞櫓ではなく塀が描かれていた

に下した発給プロセスが明らかになった。

物質資料として制札に残された釘穴や日焼け、線刻といった歴史情報は、古文書を史料化するために文献史学者が行う文字情報のみに着目した把握では、通常抜け落ちてしまう。制札は木簡の一種であり、記された文字だけでなく、物質資料としての歴史情報をいかに把握することが重要かを、よく示している。

豊臣秀吉は一五九一年（天正一九）に「唐入《からい》り」を宣言し、肥前名護屋城（佐賀県）の建設をはじめた。翌一五九二年（文禄《ぶんろく》元）から一五九八年（慶長三）まで文禄・慶長の役（壬辰《イムジン》・丁酉《チョウユ》倭《ウェ》乱《ラン》）はつづき、肥前名護屋城は周囲に全国から集まった諸大名の陣を従えた侵攻拠点として機能した。この肥前名護屋城と城下のようすは、「肥前名護屋城図屏風」（佐賀県立名護屋城博物館蔵）が鮮やか

肥前名護屋城本丸に増築した多聞櫓の礎石

に描き出している。

「肥前名護屋城図屏風」は適確な描写から、肥前名護屋を一望する加部島《かべしま》天童岳《てんどうだけ》近辺からの視点を基礎に、現地での写生をもとに描いたと考えられている。このためほとんどの描写は実際の地形や城、陣の姿とよく一致して、きわめて資料性が高い。

ところが現地の肥前名護屋城で確認できる本丸周囲の多聞櫓《たもんやぐら》は、本絵画資料には見えず、かわりに塀を描いた。現地遺構と描写との違いは大きな謎だった。ところが発掘の結果、一旦本丸の工事が完成したのち、本丸を拡張して多聞櫓を建てる幅をつくり出した改修工事があったことが判明した。肥前名護屋城中心部の描写は、創建期の姿を示していたのである。一見疑念の余地がないように思われる絵画資料でも、実際の城跡から見直すことで、得られる成果は大きい。

1　城から見た織田信長

絶対的な超越者としての信長

従来は文献史学による研究分野と一般に認識されてきた戦国・織豊期の研究も、遺跡としての城から多くのことを明らかにできるようになった。たとえば織田信長が初期に居城とした清須城（愛知県）、那古野城（愛知県）は、館型の城が横並びに連結してできており、ゆるやかな階層性を備えた城であった。こうした城郭構造は広く戦国期の城郭に共通したもので、大名と家臣との連合・分立的な権力を反映した。

信長はその後、一貫して自分自身を絶対的な超越者として家臣と人びとに臨むことを目指した。小牧山城（愛知県）↓岐阜城（岐阜県）↓安土城（滋賀県）と、居城を移転するにつれて、城内における信長と家臣の屋敷との隔絶性が深まっていった。信長は、山城への生活・政治・軍事の統合を果たした上で、家臣と横並びの関係を払拭していった。新たな城の築城は軍事的な要請だけではなく、信長が家臣に超越する信長の目指した政治と社会のあり方を具現化し、定着させる手段としての意味をもった。

そうした信長の意図を信長の城はみごとに示した。それは越前《えちぜん》国主にした柴田《しばた》勝家《かついえ》に与えた一五七五年（天正三）の越前国掟にもうかがえる。「とにもかくにも我々を崇敬《すうけい》して、影後《かげうしろ》にてもあだにおもふべからず。我々あるかたへは足をもささざるやうに心もち簡要《かんよう》に候。其分に候へば侍の冥加《みょうが》ありて長久足《ちょうきゅうた》るべく候」と断言した（『信長公記』巻八）。つまり信長は、信長を頂点に武士たちが結集した社会を建設しようとしていた。だから信長の城は、同時代の戦国期拠点城郭と比べて極端に求心性を強く指向した。

信長の城に見られた、信長による石垣の独占使用（小牧山城）、信長と家族との居所であった山城の圧倒的な隔絶（岐阜城）、高石垣の集中使用（安土城）といった特徴は、まさに信長の政治的特性と不可分の関係にあり、信長の城を軸として戦国期拠点城郭のなかから近世城郭が出現したことを物語る。

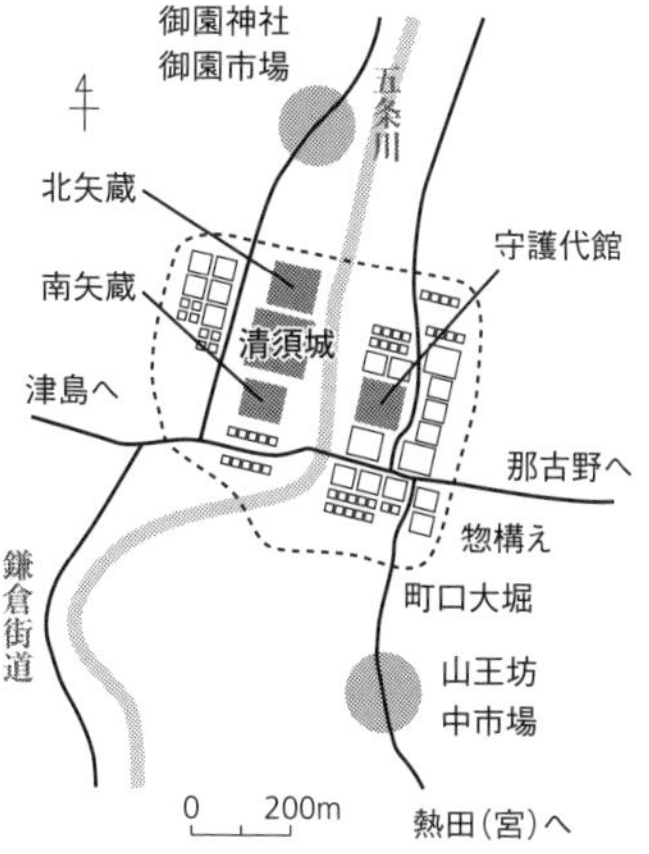

清須城城下町復元図

さらに安土城では、幾重にも重ね築いた石垣で最も守られ、城郭構造としても、安土山の山頂という空間的な位置としても文字通りの頂点に、高層の天主を建てた。信長は天主を御殿の一部としてそこに住むことで、天主を信長と自らの政権が目指すもののシンボルとした。すべ

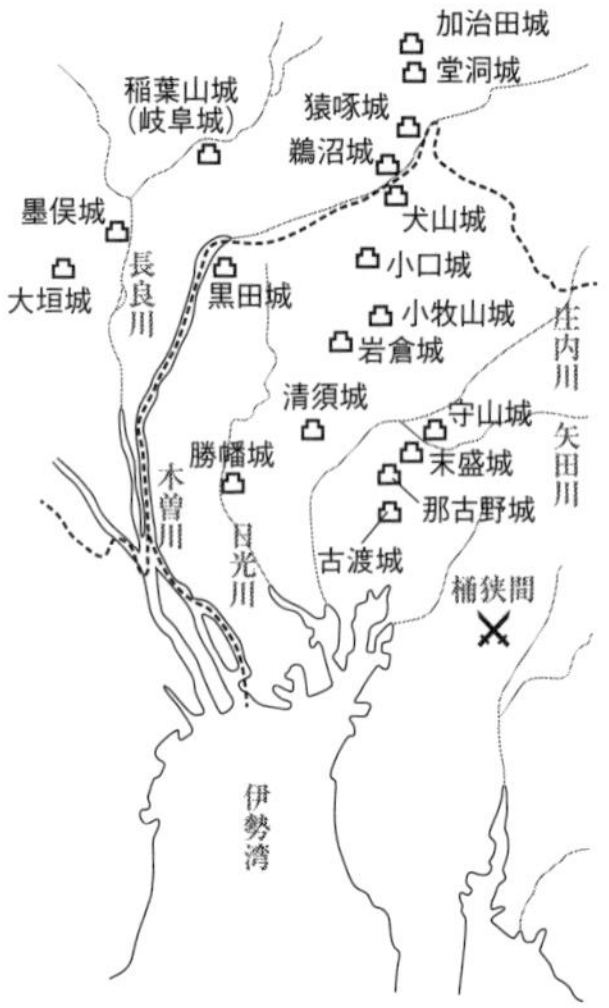

信長関連城館位置図

ての家臣屋敷と城下にくらす人びとの頂点に天主が君臨した。安土城の強力な求心的な城郭構造は、まさに信長を頂点にした新たな社会の構造を象徴した。

信長の城は、もちろん軍事的な要請や戦略目標にもとづいていたが、一貫して家臣を一元的に編成し、社会を変えていく手段であった点に特徴があった。そして、信長の城づくりを豊臣秀吉、徳川家康が受け継ぎ、さらにそれぞれの家臣が自らの居城に取り入れたことで、近世城郭は信長の城に端を発した大名を頂点としたきわめて強い求心構造を、等しく共有することになった。戦国期に日本列島を広く覆っていた横並びの城は、織豊期に一斉に階層的な織豊系城郭へと変化したのである。

つまり大名が住み、天守を備えた本丸を頂点に、二の丸・三の丸と身分に応じて家臣が順次屋敷をもち、その外に町人や商人、寺院を配置した典型的な城下町の全国的な成立であった。今ではあたりまえのように考えられている近世の身分制に照応した城と城下の構造は、信長の城に端を発したといえる。

　そして信長の城は、単に天守や瓦・石垣を用いはじめたという近世城郭の表層の特色を規定しただけでなく、近世の社会のあり方そのものを規定した点に、歴史的意義と画期性があった。だから中世城郭と近世城郭との違いは、天守や石垣、礎石建物、瓦の有無ではなく、社会構造に連動した求心的・階層的な城郭構造の成立に求められる。城郭構造そのものに近世城郭の本質的意義があったから、石垣がなくても、天守を途中で失っても、近世城郭は城としての機能と政治的象徴性を発揮しつづけた。

天下を見据えた小牧山城

二〇一四年に熊本県立美術館で開催された展覧会「信長からの手紙」で、衝撃的な古文書が公開された（熊本県立美術館・永青文庫二〇一四）。新発見の古文書から、一五六六年（永禄九）八月に織田信長が近江《おうみ》に亡命していた将軍足利義秋《よしあき》（のちに義昭）の供として参陣し、上洛する計画があったと判明した。しかし信長が上洛を決意した直後に、近江の守護《しゅご》大名であった六角氏が義昭に離反したため、この計画は実現しなかった。

　実際に信長が義昭とともに上洛を果たしたのは、信長が岐阜城主になったのちの一五六八年（永禄一一）であった。それより一年も前の尾張領主時代の信長の、知られていなかった上洛計画があったのである。当時、信長は尾張をほぼ統一し、美濃《みの》の攻略を目指して斎藤氏と激しく戦っていた。その最中に上洛するのは、信長にとって危険な挑戦であった。

その信長が一五六三年（永禄六）から一五六七年（永禄一〇）まで居城にしていたのが、愛知県小牧市の小牧山城であった。従来の定説では、小牧山城は美濃攻めの砦と考えられてきた。だから小牧山城は本格的な城ではなく、また城下もなかったと考えられた。しかし今から三十年以上前、大学を卒業したばかりのわたしはそうした定説に疑問をもち、古い絵図や地図を手がかりに、小牧は大規模な城下をもった本格的な山城だったとする新説を発表した（千田一九八九）。

幸い新説は、その後行われた小牧市教育委員会の発掘調査によって証明され、小牧城下町の真実に一歩近づくことができた。今では発掘成果をもとに小牧山城の整備が計画的に進められている。その結果、小牧は全国的に見ても、当時最先端の城と町だったとわかってきた。城下には直線道路や基幹排水路を建設し、効率的に町家を配置していた。のちの近世城下町にも受け継がれた計画的な都市設計であった。

小牧山城は、安土城とも共通した山麓から山腹まで駆け登る直線大手道をもち、山腹から山頂の本丸までは、一転して屈曲した大手道になっていた。山麓から山腹までは屋敷地なので合理的な直線大手道とし、山腹より上の中心部は防御のためにジグザグの大手道にしたのである。そして発掘の成果で特筆されるのは、山腹より上の小牧山城中心部が石垣をめぐらした特別な

小牧村地籍図、小牧山部分は縄張り図を書き加えた（千田嘉博作図）

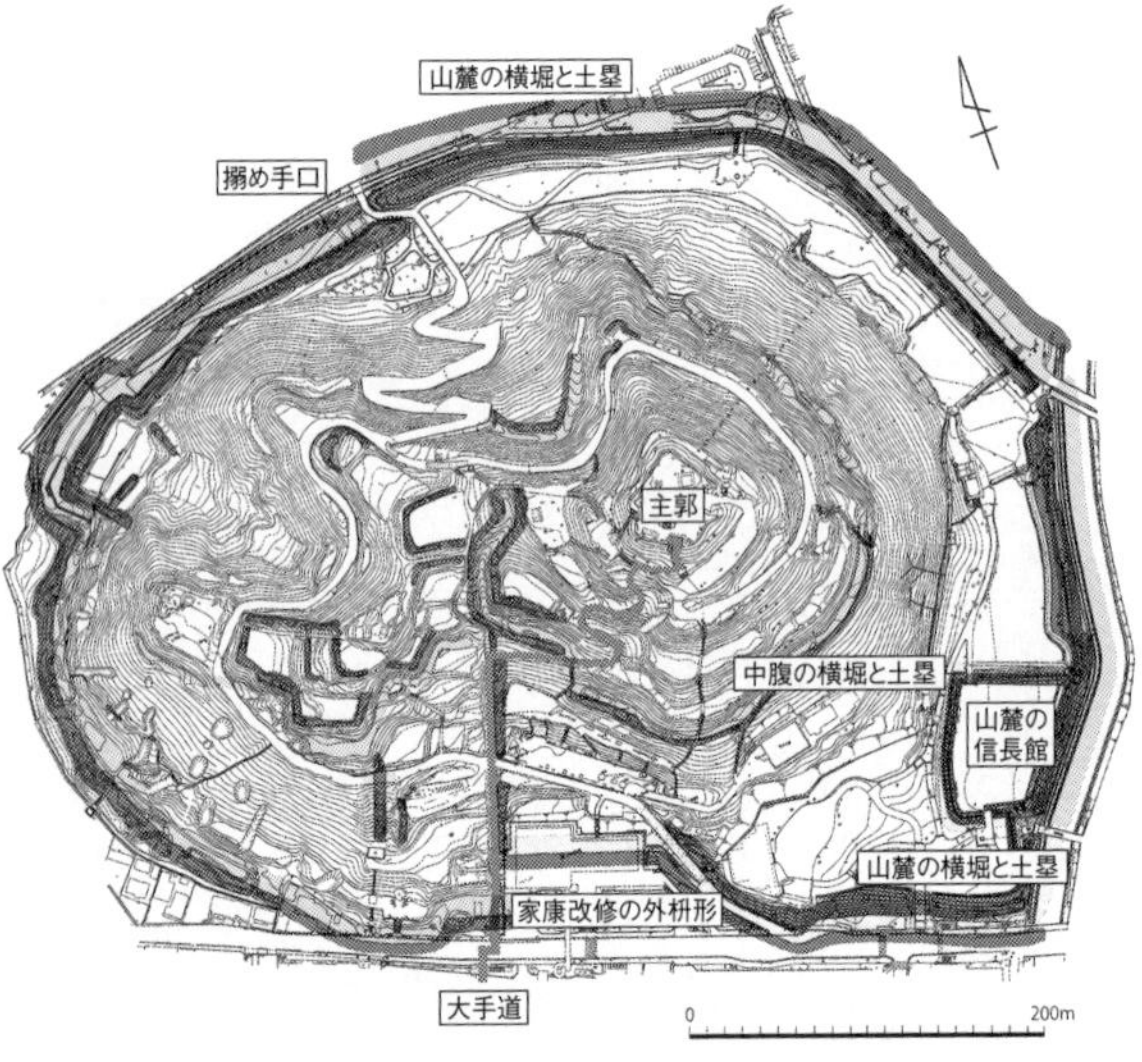

小牧山城（千田嘉博作図）

小牧山城本丸の復元画（富永商太画・千田嘉博監修）

小牧山城本丸の段石垣

空間になっていた点である。高さ三〜四メートルほどの石垣を段々に積み重ねて、堅固な石垣の城を実現した。尾張では小牧山城より前に石垣の城はなかった。小牧山城はそれまでの尾張の城と断絶しただけでなく、日本の城の歴史においても画期的な城であった。

自然石を巧みに活かした小牧山城の石垣の積み方から、信長は石垣の先進地域であった近江の技術を取り入れたとわかる。しかも石垣の完成度の高さから考えて、信長は見よう見まねで積んだのではなく、近江のすぐれた職人を採用して石垣を完成させたと考えられる。能力で人物を評価した信長は、城づくりの職人にもそれを貫徹した。

小牧山城で見つかった石垣は、尾張領主時代の信長が、近江や畿内の情報や技術に、いかに精通していたかを物語る。広く最善の人やモノを集めて、目標を達成していく信長の意識があって、小牧山城の石垣も実現した。そうした信長だからこそ、一五六六年の上洛も決断し得たのではないか。信長は小牧山城ですでに天下を見据えて動きはじめていた。だから小牧山城は尾張の城から突き抜け、信長の思いをわたしたちに伝える城になったのである。小牧山城の歴史的意義は、もっと評価されてよい。

岐阜城の山城御殿と山麓御殿

全国に数多い山城のなかでも岐阜城は、典型的な戦国の山城といってよい。市民の方は見慣れているかもしれないが、わたしは街に近づく電車や車の車窓から徐々に大きくなってくる岐阜城の、美しく厳しい山容にいつも胸がときめく。いかにも戦国の城らしい凜としたたたずまい。そして麓の岐阜市歴史博物館には史上名高い信長の楽市制札を含む関連史料やくふうを凝らした総合展示があって見どころ豊富である。岐阜城に登れば斎藤道三《どうさん》や織田信長も眺めたであろう雄大な景色が眼下に広がる。こうした歴史的・文化的景観を保護してきた岐阜市民の方々に感謝したい。

さて一五六七年（永禄一〇）に斎藤氏を追放した信長は、斎藤氏時代の稲葉山城に大規模な改修を加えて新たな居城を築いた。最近の岐阜城に関わる大きな成果として、信長の山麓御殿の発掘があげられる。わたしは、山麓の傾斜地に石垣で段々の曲輪を構築し、複合的な御殿群を築いたと推測している（千田二〇一三）。現在もつづけられる発掘の成果を岐阜市が正しく理解して史跡整備が進むことを祈りたい。

岐阜城の山麓で信長の居館が発見されたとなれば、ふつう信長は岐阜城の麓に住んでいた、と思う。しかし戦国時代の山城では大名は山城の麓でなく、山上の山城に住むのが一般的であった。岐阜城ではどうだったのか、信長時代の岐阜城を訪ねたふたりの人物の記録を見てみよ

岐阜城の山麓御殿の復元画（富永商太画・千田嘉博監修）

う。

宣教師のルイス・フロイスは一五六九年（永禄一二）五月に岐阜城を訪れた。まず山麓の御殿で信長と正式対面の儀礼を行い、その後、信長の案内で山麓の御殿を見学した。御殿はたいへん巧妙につくられ、迷宮のようで数多くの部屋や庭があったという。翌日フロイスは山に登って山城を見学した。信長は婦人や子供とともに山城の御殿でくらしていたという。

公家《くげ》の山科言継《やましなときつぐ》は一五六九年（永禄一二）七月から岐阜城を訪ねた。言継が岐阜に到着したとき、信長は「城に上がり留守」であった。この記述はフロイスが信長は家族とともに山城の御殿に住んでいたと記したのと合致する。翌日信長から山の上まで来てもらうのは大変なので、「麓之宅」で会う旨《むね》連絡を受けた。

同時代に実際に岐阜城を訪れたふたりの記録によると、岐阜城は山麓と山城に御殿があり、それぞれが御殿の機能を分け合っていたと分析できる。山麓の御殿は主に正式対面の御殿であり、室町期の御殿における主殿の機能を中心にしたと考えられる。もちろん、フロイスの記録にあるように山麓御殿にはさまざまな部屋があり、茶室があったこともわかる。また信長や家族が居住できる機能も備えていた。

しかし山麓御殿は信長が外来の使者や家臣たちと公式に対面する主殿的建物を中核にしたことに大きな意味があり、守護公権を引き継いだ国政的支配（統治権的支配）を担い、表象した。これに対して山城の御殿は、信長と家族が日常的に居住した常《つね》御殿としての機能を中心に、人格的な関係を醸成した会所的建物を備えており、戦国大名としての家政的支配（主従制的支配）を担い、表象したと評価できる。こうした御殿の分立構造こそが、戦国期拠点城郭の特徴であった。だから岐阜城の山麓御殿を江戸時代の城の御殿のようなイメージで捉えてはいけない。

山城―山麓の御殿の分立は、戦国期拠点城郭における一般的な特徴であったと記したが、実はこの点にはもうひとつ注意が必要である。岐阜城と同じように山城の御殿に大名が住んだことが確実な滋賀県の観音寺城や広島県の吉田郡山城では、大名だけでなく家臣たちも山城に住み、少なくとも重臣はさかんに大名の山城御殿に出入りしていたことが記録からわかる。これに対して織田信長の岐阜城では、フロイスや山科言継の記述から、家臣が自由に信長の山城御殿を訪ねることは許されず、山城御殿が家臣の屋敷に対して空間的にも機能的にも隔絶していたことが明らかであった。

信長の居城における信長の山城御殿の隔絶は、すでに愛知県の小牧山城で見られ、岐阜城の後に築いた滋賀県の安土城では、高石垣で囲んだ天主や本丸の中枢部という一層明確な姿をとって観察された。これは城郭の構造を戦国的な並立構造から、近世的な求心・階層構造へと変革していった信長の城づくりが外形的な縄張りだけでなく、御殿のあり方にまで貫徹していたことを物語る。

信長は天下統一を目指して大名中心の権力構造をつくり出していったが、信長にとって城と城下の建設は、信長を頂点にした家臣の編成を空間に表象して具体化する行為であり、だからこそ岐阜城においても家臣の屋敷と信長の居所は横並びでよいわけはなく、隔絶しなくてはならなかった。のちに信長は安土城の天主を御殿の一部に用いたが、それはまさに信長の城づくりの帰結であり、城内で最も高く、最も守られた空間に信長がいることに意味があった。そう考えると信長は自ら目指した理想に向かって、城づくりでも一直線に突き進み、その理想のために苦労をいとわなかったといえるだろう。

岐阜城と豊臣大坂城との比較

このように岐阜城の山城―山麓の御殿の役割を整理すると、城郭史の上での岐阜城の位置だけでなく、戦国大名としての当該期の信長権力の位置も分析できる。城郭の空間構造をどう読むかは、軍事史的な視野を超えて（もちろん軍事史的な分析も重要であるが）、歴史研究としての意義をもつ。ただしフロイスの記録には、山麓御殿に婦人たちの部屋や茶室、「非常に小さく華麗な衣服をまとった小男」の芸を披露させた部屋など、先述のごとく奥向きや会所的な機能を思わせる空間があったことも記している。だから岐阜城に詳しい方は、先のように明快に評価してよいか、疑問に思われる方もいるだろう。

そこで岐阜城の山麓御殿にあった奥空間や会所的空間の位置づけを考える手がかりとして、豊臣秀吉時代の大坂城中心部を描いた絵図を比較してみよう。この絵図は徳川家康に仕えた大工頭の中井家や広島市立中央図書館所蔵の浅野文庫「諸国古城之図《しょこくこじょうのず》」にも採録されて、見ることができる。この絵図は堀や石垣だけでなく、豊臣大坂城の本丸と詰丸《つめのまる》（本丸のさらに内側に石垣で囲った天守を中心とした最上位の曲輪）内部の御殿を詳細に描いた点に特色があった。

この絵図によれば、豊臣大坂城の御殿は、本丸と詰丸とに分立してそれぞれ建っていた。これは江戸時代の城郭における御殿のあり方と根本的に異なっており、豊臣大坂城が戦国期拠点城郭と近世城郭との転換期にあった重要な城なのを示している。さらに興味深いことに、この絵図が描いた本丸と詰丸の御殿は色分けされており、御殿のうち公的空間を黄色に、奥向きの空間を緑色に塗ったことがわかる。

　その御殿の色分けに従うと、豊臣大坂城の御殿のうち、詰丸の御殿（つまり天守直下の最奥部の最上位の曲輪にあった御殿）は大部分が奥向きの殿舎《でんしや》であり、風呂などもあって秀吉と家族の居住スペースで会所的空間を主にしたこと、しかしその奥向きの殿舎の一部に、主殿・広間的な機能を果たした公的空間をもったことが読み取れる。一方の本丸の御殿は、公式対面用の千畳敷《せんじようじき》御殿のように大部分が公的空間で占められていたが、ごく一部に奥向きの空間を備えて風呂もあったと読み取れる。

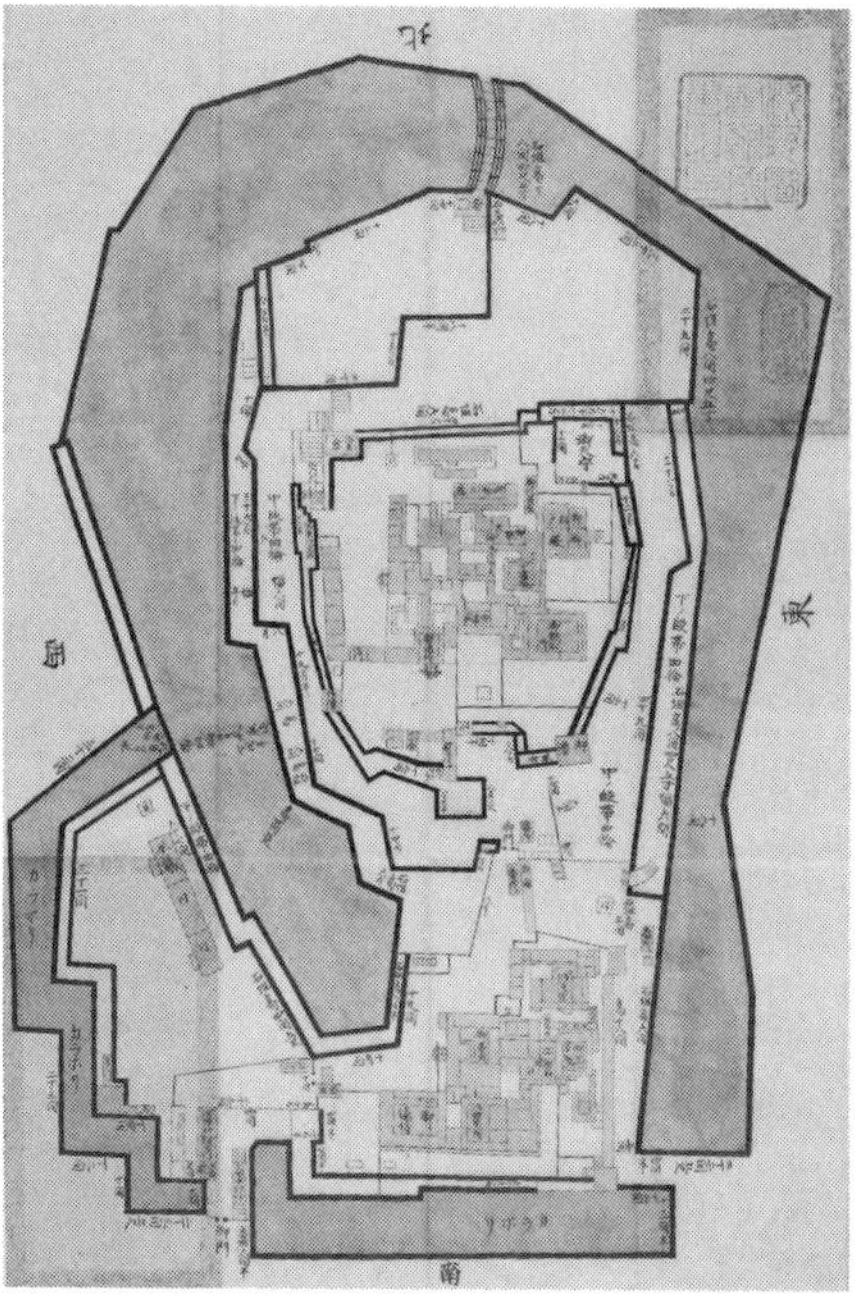

豊臣大坂城（浅野文庫「諸国古城之図」より「摂津　大坂」、広島市立中央図書館所蔵）

　つまり豊臣大坂城の中心部

は、詰丸に日常居住のための常御殿と会所機能を果たした空間が主にあり、本丸に公式対面の機能を果たした空間が主にあって、御殿が分立していたのがわかる。このような一見不可解な御殿の分立構造は、先に指摘した戦国期拠点城郭における山上―山麓の御殿の分立を前提に考えなければ、理解できない。そして豊臣大坂城の詰丸の御殿が、戦国期拠点城郭における山上御殿にあたり、豊臣大坂城の本丸御殿が戦国期拠点城郭における山麓御殿にあたったことは明らかである。

そして豊臣大坂城の御殿構造から分析できるように、それぞれが内向きの空間、表向きの空間機能を果たしたが、各御殿は完全に単一機能で完結したのではなく、日常居住や会所機能の内向きの空間には、一部公式対面空間を付加し、また表の公式対面空間には内向きの居住空間を付加して、運用上の効率化を図ったことも理解される。そうした御殿運用上の実態は、フロイスの記述からうかがえる岐阜城の山上―山麓の御殿のようすと、たいへんよく一致するといえる。残念ながら信長時代の岐阜城御殿の詳細な図面は伝わらず、また発掘でも細かな建物の痕跡はつかめていない。しかし発掘が進む山麓御殿がどのような性格の御殿であったかは、およそ明らかにできたと思う。

一五七六年（天正四）一月から工事をはじめた織田信長の安土城（滋賀県近江八幡《はちまん》市）は、その後の日本の近世城郭のあり方を決定づけた画期的な城郭であった、とわたしは考えている。安土城は城の中心に天主がそびえ、詰丸・本丸を頂点にして、階層的に曲輪を配置した。一般に城ならば当然と思うこれらの特徴は安土城で確立した。そして、これこそが中世城郭と近世城郭とを分けた決定的な違いであった。

前述したように、近年、礎石建物、瓦の使用、石垣をもって近世城郭の成立とする意見があるが、それでは関東や東北の広い範囲で、ついに「完全な」近世城郭は成立しなかったことになってしまう。こうした見方は、城郭の構造をどう理解するのかという城郭研究上の問題をかかえているだけでなく、城から歴史をどう考え捉えるのかという歴史観そのものにも問題をかかえている。

城のかたちはそれぞれの地域の政治と社会とを反映した。だから中世城郭にせよ近世城郭にせよ、一つひとつの城は築城主体とそれを規定した社会のあり方を反映した時代の共通性と、個々の固有性を反映した特性の両者を併せもった。だから礎石建物・瓦・石垣の三点が揃った城が完全であり、それ以外の城は不完全とする見方では、城から個性豊かな地域の歴史を読み取ることを放棄しているのに等しい。

礎石や瓦、石垣の有無は、城を築いた権力と地域社会、気候や地理的環境に関わる特性の反映であり、城郭研究はその差違に歴史を読み解くことが必要である。だからそれを優劣として捉える考え方は問題なのである。つまり安土城の画期性を単に瓦葺きの礎石建物が多くあり、石垣がある点で評価してはいけない。安土城の画期性は、石垣や瓦の有無ということよりも、より深い本質的な部分において近世社会の構造と一体となった城のかたちを創出した点にこそ、見いだすべきだと考えるからである。ここでは安土城を中心に信長の城をたどることで、信長が目指したものを城から読み解いていく。

よみがえった安土城天主の懸け造り

一九八九年から進められた安土城の発掘調査のなかで、安土城天主台の西面石垣の直下から、奇妙な礎石群が発見された。この礎石群は安土城天主が一五八二年（天正一〇）六月の本能寺の変の直後に焼け落ちたことを物語る分厚い火災の瓦礫層に覆われており、天主と同時期に謎の建物が建っていたのが明らかであった。

たいへん興味深いのは、天主台に接して設置された東側の礎石の上には、焼けた柱が炭化して残っていたことである。そして天主台石垣の表面に焼けついた柱の炭化物の痕跡の観察と合わせた検討から、天主台に接して設置された東側礎石の柱は、垂直に伸びていたのではなく、天主台の石垣表面の傾斜に合わせて斜めに伸びていたと考えられた。つまり何らかの建物が、天主台の石垣表面に密着して建っていて、壮大な安土城天主西面の高石垣を覆い隠していたという衝撃的な事実が明らかになったのである。

発掘で明らかになった、この建物の意味はながらく追求されてこなかった。二〇〇六年に建築史家の三浦正幸氏は、この礎石群を詰丸（現在は二の丸と誤って呼んでいる信長廟がある）に連絡した階段の遺構と解釈した。しかし二列の礎石のうち、東側の天主台に密着した柱が垂直ではなく、斜めになっていたこと、この天主台直下にある建物の南側に柱筋を合わせて一直線に建った本丸門があったので門扉と階段を合理的に設置できないことから、この遺構を詰丸への階段と考えることはできない。いったい、この建物は何だったのだろうか。

発掘でわかった礎石の特徴を分析することで、建物の謎に迫っていこう。二列の礎石から構成され

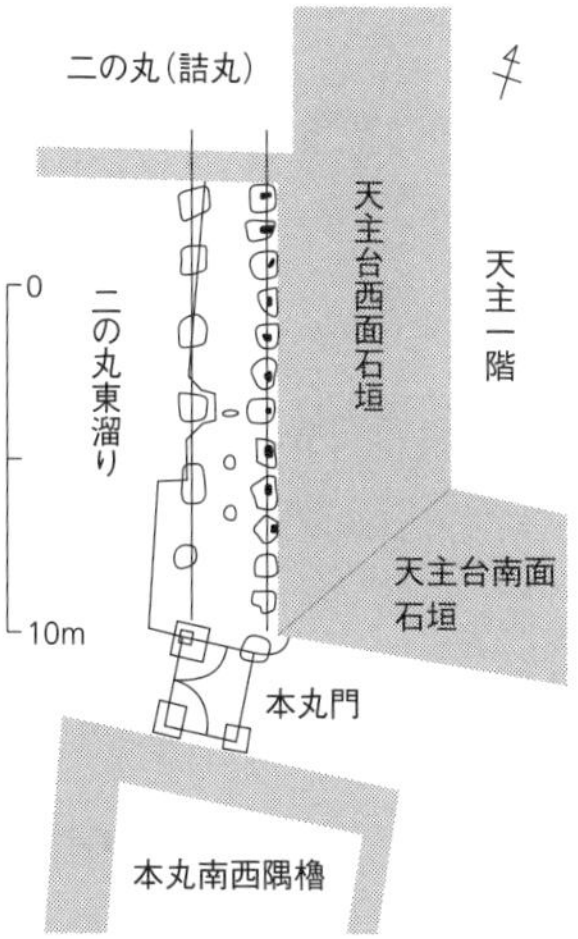

二の丸東溜りで検出された礎石の詳細

天主台直下の礎石（協力：摠見寺、滋賀県提供）

たこの建物は、石垣の直下に接して一列目の礎石を置いていた。そして二列目の西側礎石との間隔は、二・一メートル、つまり一間＝七尺であった。東側一列目の礎石群は南北方向（つまり天主台石垣の裾《すそ》に沿った方向）に対しては、およそ一メートル間隔（半間幅）で礎石を密に並べていた。

つまり、この半間幅で密に並べた礎石の上に立ち、天主台石垣の傾斜に沿って斜めに伸びた柱は、ひじょうに重い建物荷重を受けることを想定して設計されていたのである。この建物はかなりの重層の構造であったと考えなくてはならない。実は安土城内に建った建物は、格式に応じて異なった柱間《はしらま》を用いていた。天主台西側直下で見つかった建物が七尺の柱間であったことはすでに述べたが、安土城の山腹・山麓に建ち並んだ家臣屋敷の柱間は一・九〇九メートル（六尺三寸）や一・九七〇メートル（六尺五寸）、本丸御殿の柱間は二・一八メートル（七尺二寸）、そして天主の石蔵で確認される安土城天主の柱間は二・一メートル（七尺）であった。

こうした柱間から考えると、天主台西側直下で見つかった二列の礎石群によって構成された建物は、天主に隣接し、天主と同一柱間をもったとわかり、天主と密接に関わった建物と分析できるのである。そう考えると、石垣を覆い隠して建っていたこの建物は、天主と一体になるように地上レベルから建ち上がり、外観上、天主と接合しているように見えた懸《か》け造《づく》り建物であったと復元するのが、最も合理的である。

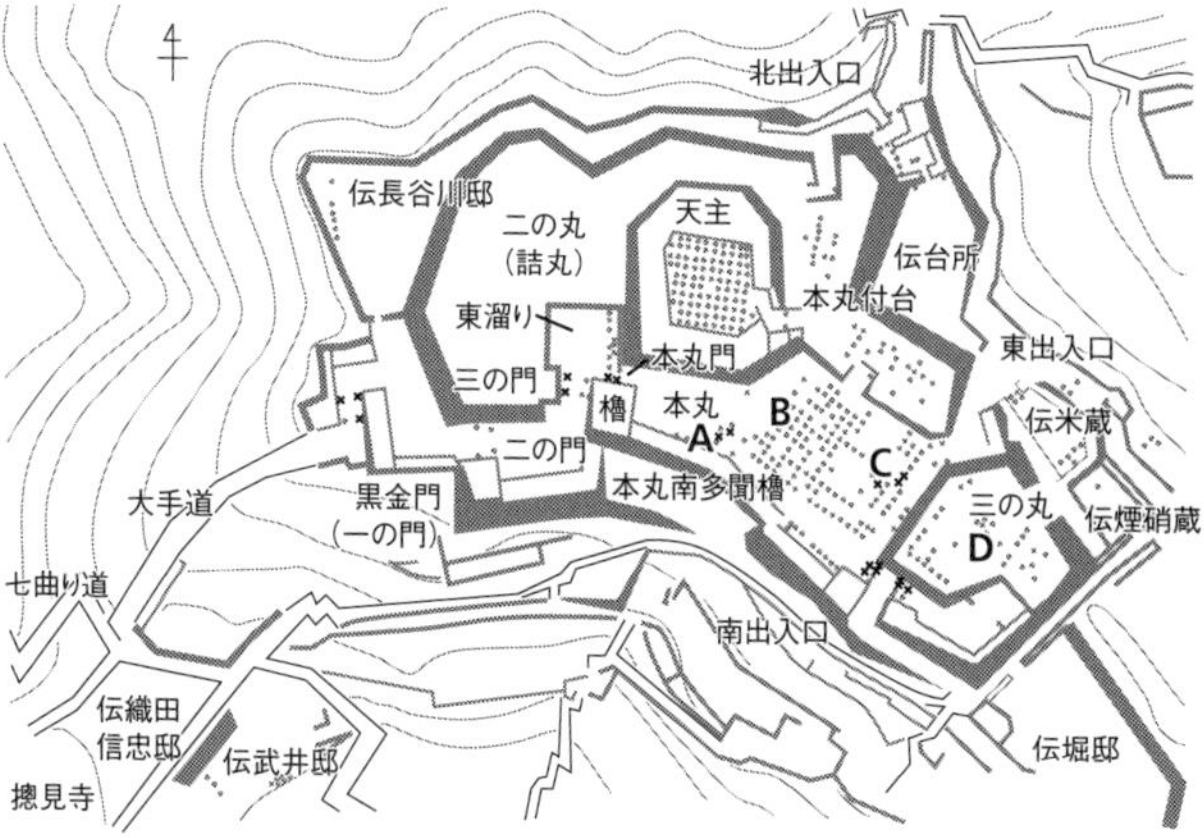

A〜Dは御殿
● は発掘で検出された礎石
× は現状では確認されていないが確実に存在したと思われる礎石
▓ は推定される石垣

0　50m

安土城中心部の復元

　安土城の天主の平面規模は「南北二〇間・東西一七間」だったと伝えられる（『安土日記』『信長公記』）。しかし上半分が崩壊した安土城天主台の石垣をどのように復元しても南北二〇間・東西一七間よりも天主台の天端幅は短く、天主台の上に安土城の天主が収まって建っていたと考える限り、『安土日記』などが記した天主の大きさを実現することはできない。

　これまでの通説とは異なり、天主台西側に懸け造りで石垣からはみ出した部分があったと復元すると、今まで誤記あるいはなんらかの誤りとしてきた安土城天主の規模の記述と、発掘から判明した遺構がみごとに一致する。この点から考えても、従来さまざまな復元がされてきた安土城天主の西側に、懸け造りで接合した拡張部分が存在したとして矛盾しない。しかし残念ながら、安土城天主も一体となった懸け造りも炎上して上屋《うわや》が失われているため、考古学の成果からだけでは、これ以上詳細に懸け造り建物の上部がどのように天主本体と接合し、どのような建物意匠になっていたのかを具体的に復元するのは難しい。

ウィンゲのスケッチが語る安土城天主

ところが、安土城天主の西側に石垣を覆い隠して密着して建った懸け造り建物の具体的な意匠を復元する、重要な手がかりが意外なところに残っていた。それはフランドル人のフィリップス・ファン・ウィンゲが、バチカン宮殿に置かれていた狩野《かのう》永徳《えいとく》の「安土城下町図屏風」の一部を一五九二年（天正二〇）七月に模写したスケッチである。このスケッチは一六二六年（寛永三）に刊行されたピニョリア増補版『古人たちの神々の姿について』に、木版画として採録されて伝えられた。

　ウィンゲの「安土城下町図屏風」のスケッチは二点あり、そのうちの一点が安土城天主を模写したものとされている。この絵を見ると天主の屋根の背後に船が重なって描かれており、天主背後に広がった琵琶湖を進む船が、もともと永徳が描いた「安土城下町図屏風」に描かれていたと推測される。注目されるのは天主の手前に、真に奇妙な細長い建物を描いていることで

懸け造りを備えた安土城天主の復元画（富永商太画・千田嘉博監修）。右上が安土城の天主と懸け造り、左下が安土城の櫓と門（ウィンゲのスケッチ）

ある。建物の壁は大きく開け放たれており、建物の奥行きは一間で床は板敷きか、梁《はり》を渡した表現になっているようである。いずれにせよ安土城天主前面に沿って、細長い特徴的な建物が接続していたと考えなくてはならない。

この細長い一間幅の建物の特異さを際立たせている点はもうひとつあり、上部に弓形にデザインされた中国風の長大な手すりを設けていたと読み取れることである。この手すりと読み取った部分は、長細い建物の屋根と見る可能性も考えられる。しかし手すりのすき間に斜めあるいは縦に走る六本の線が描かれており、これは床板《ゆかいた》の表現と考えるべきである。

さらに背後の天主本体の壁を見ると、窓表現とは異なる明らかに長細い枠を描いた扉の表現が認められ、手前の弓形のテラスに天主から出入りできるようになっていたと考えられる。この点からも上部の弓形の曲線表現は手すりであり、天主本体との間に大規模なテラスがあったと解釈するのが妥当だろう。

この絵画資料だけであれば、安土城天主にテラスが張り出していたと結論するのは、ためらわれたかもしれない。しかし先に確認してきた安土城天主西側に天主に密着した懸け造り遺構が発掘で発見されていることとあわせて考えると、安土城天主の懸け造りは、ウィンゲの模写とみごとに一致する。狩野永徳の「安土城下町図屛風」の天主のスケッチと、発掘遺構が合致する意味はきわめて大きな意義をもつ。信長が天主の一部を懸け造りにしたのは、ウィンゲの模写を通じて永徳の描いた安土城天主が示すように、大規模なテラスを設けることにあったと考えられるのである。

それでは信長はなぜ安土城天主の西側に大規模なテラスを設けたのであろうか。これを読み解く鍵は、テラスが張り出した天主西側が、『信長公記』等が記した「御《お》白州《しらす》」に向いていたことにある。この「御白州」は、たとえば一五八二年（天正一〇）正月の信長家臣たちの安土城中心部の観覧に際して、本丸の「御《み》幸《ゆき》の間《ま》」（天皇の行幸《ぎょうこう》を迎えるための部屋）を見学する前の集合場所として用いられた。そして、そこに信長が現れて、家臣たちに言葉をかけたという野外の象徴的な謁見空間であった。

つまり信長は、「御白州」で待つ家臣たちに対してはるか上空に位置した懸け造りのテラスの上に現れ、人びとが驚き見上げるなか壮麗な天主をバックに立ち、家臣たちに言葉をかけたと改めてイメージできるのである。その圧倒的なきらびやかさ、畏怖を覚えるほどの権力の演出には、驚くほかない。信長はいかに自分を絶対的な超越者として人びとに印象づけるか、綿密に計算して、天主の懸け造りを建造させたのである。それは信長による石垣使用方法からも、読み取れる。そこで信長の城の発展に大きな役割を果たした石垣に着目して、石垣から信長の城づくりを考えてみよう。

安土城石垣技術の画期性

安土城に隣接した観音寺城（滋賀県）は、近江国の守護であった六角氏の戦国期の本拠・戦国期拠点城郭であった。観音寺城は、安土築城のおよそ四十年前に石垣を用いた山城として成立していた。

だから安土城の石垣を特別なものと考えるべきではないという意見もある。なるほど石垣の有無という点では、安土城は決して日本最初の石垣の城ではなかった。それどころか信長自身、あるいは信長が生まれた尾張は、城郭石垣の使用の遅れた地域であった。信長が若き日に城主となった那古野城や清須城（愛知県）は、発掘調査の成果から、信長段階には石垣を使用しなかったのが明らかである。信長は城郭石垣の先駆者では決してなく、「遅れてきた人」であった。

信長が最初に石垣を築かせたのは、一五六三年（永禄六）から居城にした小牧山城（愛知県）であった。近年の発掘によって、信長の山城の御殿があった本丸など、山城の中心部だけを石垣で囲って、ほかと差別化していたことが判明した。石垣の高さは三～四メートルの段石《だんいし》垣《がき》であった。

その次に一五六七年（永禄一〇）から居城にした岐阜城（岐阜県）では、山麓の館と山頂の山城中枢部にかなり大規模に石垣を用いたと推測される。発掘が進む山麓の館では、随所に巨石を用いた石垣を築いたことがわかってきた。一度に高い石垣を築けなかったため、巨石によって石垣の高さを実現するとともに、権威を演出しようとしたものと思われる。

この段階でも信長は、家臣の屋敷に対して石垣を独占的に使用していた可能性がある。岐阜城以前の小牧山城では、発掘によって信長が石垣を独占したことは明らかで、石垣を信長と家臣とを区別して、自らを優位にする装置として意識したとみて間違いない。青春をすごした尾張時代に泥沼の一族間の争いや家臣の離反に苦しんだ信長は、家臣の顔色をうかがう連合的な権力の限界を悟り、家臣に対する絶対的な権力を目指した。それは小牧山城、岐阜城、安土城と移していった居城において、移転のたびに自らの城のかたちを本丸を頂点としたより強固で求心的な構造に発達させていった点に、明確に現れている。

そうして信長は、安土城で高さ一〇メートルを超える高石垣を、城の中心部に連続して築くことを実現した。それまでの城郭石垣は、先述した小牧山城だけでなく、各地の城でひとつの石垣がせいぜい高さ三～四メートルのものであり、それをセットバックしながら上下に連ねて、ひとまとまりの石垣としての高さを確保した。観音寺城内にも一段の高さが三～四メートルを超える石垣も存在したが例外的であった。だから安土城が実現した城郭の中心部を完全に囲う高石垣は、まず純粋な石垣技術の画期として評価すべきである。

安土城の高石垣

安土城では最初に地形のおよその造成《ぞうせい》を行った上で、石垣を築く予定地の最上部に石垣石材を運び上げるための石曳き道を造成したと推測される。石曳き道を利用して石垣石材を上に持ち上げてから、丸太を組んで石材をつり上げる「三叉《みつまた》」あるいは「二叉《ふたまた》」を適宜用いて、上部から石をつり下げて降ろしていったのであろう。そして、石積み地点まで降ろした石材をウインチであるロクロによって引っ張り、適切な位置に石材を巧みに移動させて石を積む工事を複数回くり返したと石積み工程を復元できる。

そして、こうした表面に見える石積み作業と合わせて、石垣

安土城天主台の石垣

江戸城大手門の石垣

背後の人工地盤の造成も石積みと連動して行うことで強固な高石垣を実現したと考えられる。

また石垣を構成した石材は、一石で高さと幅をかせぐ巨石ではなく、ある程度の法量に収まる自然石を選んだ。安土城の石垣はただ現場での石積み技術の革新だったのではなく、石の選択、運搬をも含んだ変革であった。当時、これほどの石垣を積むことができたのは、近江を拠点とした石工集団・穴太衆《あのうしゅう》をおいてほかにはなかったであろう。

安土城の石垣は、一般に「穴太積《あのうづ》み」と呼ぶ、自然石もしくは自然石の荒割石を用いた。つまり、その後の近世城郭に見られるような加工石材を主にしたものではなかった。だから石の積み上げには「石の行きたいように積む」、卓越した石垣職人の技術力を必要とした。膨大な可能性のなかから、石材の上下左右の適合性やバランス、石垣傾斜角度の維持といった三次元的な調整を完璧に満たす一石を選び出して積む石垣技術者の技は、なんとすごいことだろう。

　ひとつ留意したい点は、こうした野《の》面《づら》積《づ》みの石垣が、加工石材を積んだ、たとえば布《ぬの》積《づ》みの石垣に強固さや耐久性で劣っていたわけではないことである。それどころか野面積みの石垣は、相対的にすき間が多かったため、土砂による目詰まりがしにくく、石垣背後に回り込んだ水の排水も容易であった。そのため野面積みの石垣は水圧による石垣の変形や崩壊によく耐えた。安土城の石垣も廃城後およそ四百年を経て、なお比較的健全な状態を保っているのは、穴太衆の傑出した技術力とともに、野面積みの石垣の堅牢さがあったからである。石垣ひとつをとっても、単純に後出のものがすぐれているという視点だけで評価してはならない、と思う。

　また穴太衆は、その後技術を発展させて切石の石垣を築いた。つまり穴太衆の石垣＝野面積み石垣ではないことにも留意したい。

信長は何を目指していたのか

　実は安土城の石垣の画期性は、純粋な石垣技術の画期性だけではなかった。城として石垣をどう使うかという発想から、根本的に異なっていたと考えられる。それは安土城に先立つ石垣の城、観音寺城の石垣と安土城の石垣とを比べれば明らかである。観音寺城のものは、個々の曲輪（屋敷）を囲い込んだ石垣の集合体であった。石垣は基本的に個々の屋敷を単位として完結しており、一貫した連続性や、石垣の規模に対応した城郭の求心的な階層性を見いだせない。

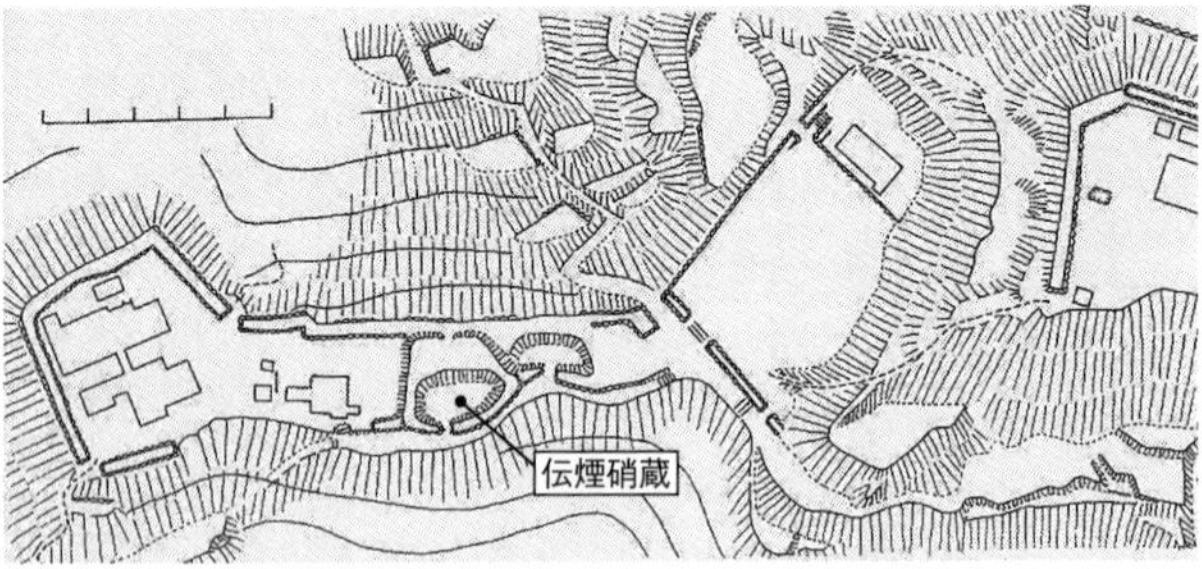

観音寺城中心部（千田嘉博作図）

それに対して安土城の石垣は、中心部のいくつもの曲輪群をひとつづきの石垣の城壁として囲い込む、連続石垣群として築いていた。とりわけ本丸、二の丸、三の丸など、「黒金門《くろがねもん》」より上の中心部の石垣のみごとさは、安土城内でも他の部分を圧倒しており、隔絶といってよいほどの求心性と中心性の高さは特筆される。同時代の城郭では、安土城のように高石垣を階層的な城郭構造を実現する不可欠な要素として位置づけて、全面的に使用して、それを実現したものはまだなかった。

つまり同じ石垣を用いていても、城郭としての明確な中心核を生み出すという安土城の考え方は、個別の屋敷を囲んだ石垣の集合体であった観音寺城とは、決定的に違ったのである。そして安土城の高石垣を用いて実現した階層的な城郭構造は、その後の近世城郭のプランに決定的な影響を与え、近世城郭の基本要件として受け継がれていったのである。

つまり安土城では、信長と家族の住まいであり、信長政権の中枢であった城郭中心部を圧倒的な求心核として機能させ、そのほかの城内空間と隔絶して特別な空間とするために、高石垣を選択したと評価できる。安土城に先立つ信長の居城であった岐阜城では、石垣も用いたが城郭中枢部（山城部分）の隔絶性は、比高三〇〇メートルを超える自然の山の高さに頼っていた。平山城《ひらやまじろ》の安土城では自然地形を頼りようがなかった。そうしたなかで城郭中枢部の圧倒的な求心性を実現するには、高石垣が不可欠だった。

だから安土築城に際して、たまたま高い石垣が築けるようになったと考えるべきではないだろう。隔絶した信長の空間を山頂に人為的につくり出すという信長のビジョンを実現するために、これまでは不可能であった高石垣を連続して積み上げ、中心部を高石垣で囲い込むという飛躍的な技術革新が、安土城で成し遂げられたと考えるべきである。すべては信長のビジョンをいかに実現するのか、穴太衆を筆頭にした石垣技術者が信長の発想に応えた結果が、わたしたちも今、目にすることができる安土城の高石垣に結実したのである。

こうした安土城の強固な求心性は、一般的な戦国期拠点城郭とは大きく異なっていた。室町期の武士たちは、平時は館に住んで政治を行い、その一方で戦いに備えて砦の山城を常備した。ところが一六世紀の戦国後期になると、各地の大名は自力で領国を治め、地域の武士たちを家臣として編成し戦った。このため生活と政治の拠点であった館と、軍事的拠点であった砦の機能を、山城に統合する動きが各地で起き、生活・政治・軍事の三機能を統合した新しいタイプの城が出現した。これが戦国期拠点城郭であった。

先に紹介した観音寺城や、同じく浅井《あざい》長政《ながまさ》の小《お》谷《だに》城（滋賀県）、上杉謙信の春日山《かすがやま》城（新潟県）、畠山義総《はたけやまよしふさ》の七尾《ななお》城（石川県）、毛利元就《もとなり》の吉田郡山城（広島県）などは、いずれも典型的な戦国期拠点城郭といえる。信長が安土城の前に築いた岐阜城（岐阜県）や小牧山城（愛知県）も、戦国期拠点城郭のひとつであった。

こうした戦国期拠点城郭では、大名も家臣も城内や城の周囲に屋敷をつくって住むことが多かった。城内にあった大名の屋敷は、相対的には優位な場所にあったが、重臣たちの屋敷も大名の城内屋敷と同様に自己完結的に防御しており、大名を頂点とした城郭構造というより、大名と家臣たちとの連合政権的権力構造を色濃く反映した。

そうしたなかで信長は、山城への生活・政治・軍事の統合という点では同じでも、常に家臣と横並びの関係ではなく、超越していくことを意識し、実行していった。信長の意図は、先に掲げた越前の国主になった柴田勝家に与えた掟からもうかがえる。そこには「信長を崇敬し、足をもささざるようにすれば、侍の冥加がある」と断言していた（『信長公記』巻八）。

つまり信長は戦国の世に終止符を打つために、既存の権威に取り入るのではなく、信長を頂点に武士たちが結集した新たな社会を目指した。だからこそ信長は、自らを絶対的な超越者として人びとに見せつける必要があった。信長の城に見られる、信長による石垣の独占使用あるいは高石垣の集中使用、安土城天主に懸け造りのテラスを設け、ヨーロッパの君主や法王のように自らを見せることで権威者として意識を植えつけるといった、信長が城に込めた自身の絶対性は、信長が目指し、つくろうとした新たな世界の姿そのものだったのである。

この点、信長の城は、そのときそのときの戦略目標を意識しながら、一貫して家臣を一元的に編成していく装置でもあった。そうした信長の城を規範とした近世城郭が、大名が住み、天守を備えた本丸を頂点に、二の丸・三の丸と身分に応じて家臣が住む構造を取り、その外に町人や商人、寺院を配置して、大名を頂点とした階層的な社会構造と近世の身分制をそのまま投影することになったのは、当然の帰結であった。

つまり信長の城は、単に天守や瓦・石垣を用いるという近世城郭の表層を規定しただけでなく、近世の社会のあり方そのものを規定していった点に、より深く本質的な画期性があったのである。信長の城がもった同時代の戦国期拠点城郭と比べて異端といわなくてはならないほど極端に求心性を指向した城であった。もし信長の天下統一がもっと早く挫折していたら、その後の近世社会は大きく違ったものになったといえるだろう。

記録のなかの安土城

織田信長の安土城は多くの謎に包まれている。安土城は中世城郭から近世城郭への転換の端緒を開いた城で、日本城郭史において最も重要な城のひとつである。また天主を頂点として階層的な城郭構造を実現した安土城のプランは、信長が目指した城づくりを物語るだけでなく、織田政権の目指した世界を読み解く手がかりである。

文字史料からわかる安土城の基礎構造を改めて整理することは、ともすれば自由な解釈が先行しがちな安土城を史実にもとづいて考え直すのに重要である。そこで『信長公記』、ルイス・フロイスの『日本史』の記述をもとに安土城の基本的な構造と機能を考え、その分析を進める。安土城がそれ以前の中世城郭の何を受け継ぎ、その後の近世城郭にどのような影響を与えたのか、各地で中・近世城郭の調査と整備・活用が活発に行われている現在、安土城を考える意義は大きいと思われる。

安土城は一五七六年（天正四）正月中旬から土木工事をはじめた。二月二三日に信長は「御《ご》座《ざ》」を安土に移し、「御普請御意に相ひ」として、普請《ふしん》奉行を務めた惟住《これずみ》五郎左衛門《ごろうざえもん》（丹羽《にわ》長《なが》秀《ひで》）に名物の珠光《しゅこう》の茶碗を与えた。そして一五七六年四月一日に「当山（安土山）大石を以て御構の方に石垣を築かせられ、又其内に天主を仰付けらるべきの旨にて」とあり（『信長公記』巻九）、信長は石垣工事に着手するとともに、安土城の基本的な設計方針を公式に表明した。石垣工事の開始が、重要な画期と信長が認識していたことを示す。

当然のことながらこうした一連の土木工事の着手以前に城の平面設計（縄張り）は完成して

いたのは確実である。また天主や御殿など主要な建物の基本構想や設計もできていただろう。そして石垣石材の調達、採集した石材の搬出・輸送方法、建築木材や瓦・金物の計画と製作準備、障壁画をはじめとした内装計画など、巨大プロジェクトとしての安土築城は、一五七六年四月の着工前にいずれも動き出していたと思われる。

　ところで現場では着工からおよそ三カ月の間、石垣工事の前提になる曲輪造成の切土《きりど》・盛土《もりど》工事を行ったことになる。もちろん三カ月で安土城内のすべての切土・盛土工事が終わったとは考えられない。だから三月末までに完了した切土・盛土工事は、天主や詰丸（現在、二の丸と呼んでいる）といった山頂周辺の中心部工事だったと推測される。

　城の石垣をどこからつくりはじめたかは大きな問題である。安土城では具体的な着工順番を伝えた史料はない。しかし山城では先述したように石垣石材を麓から引き上げるための傾斜路「石曳き道」を、計画的に布設する必要があった。石曳き道は終点より上方の石積み工事が終了すれば撤去し、順次その周辺を城内空間として整えた。そのため山城では石垣工事を上方の山頂から開始し、下方の山麓へと進めるのが効率的だった。だから『信長公記』が記した四月一日着工の石垣は、天主とその周辺だったと考えてよい。

　もちろん実際の工事にあたっては、垂直方向に伸びた石曳き道は、天主台の直下や詰丸に到達した純粋な単線としてあっただけではないだろう。石曳き道は曲輪の配置計画に合わせ、適宜、等高線に沿った水平方向へ分岐し、上方の曲輪の石垣構築の支障にならず、工事の出戻りもない部分について、同時に併行して石垣構築を進めたと推定されるからである。

「安土城の工事は尾張、美濃、伊勢《いせ》、三河《みかわ》、越前、若狭《わかさ》、畿内に所領をもつ家臣たちに助役《すけやく》を命じ、京都、奈良、堺の大工と諸職人を安土に召し寄せて進めた」（『信長公記』巻九）。瓦については「瓦焼唐人の一観相添へられ、唐様に仰付けらる」（『信長公記』巻九）とあり、また天主の内外について記した箇所に「瓦、唐人の一観に仰付られ、奈良衆焼き申すなり」（『信長公記』巻九）とあって、唐様にするため唐人の一観の助言を受けて奈良の瓦職人が製作したと判明する。実際に安土城出土の瓦は、同時代の奈良の瓦の製作技法と共通することが指摘されており、『信長公記』の記述を裏付けている。

七月一日、信長は重ねて安土城の土木工事を命じた。そして着工以来の家臣たちの働きを賞し、褒美《ほうび》を与えた。「七月朔日より重て安土御普請仰付けられ、何れも粉骨の働きに依つて、或は御服、或は金銀・唐物拝領其数を知らず。今度名物市絵《いちのえ》、惟住五郎左衛門上意を以てめし置き申され、大軸の絵、羽柴筑前取求められ、両人名物取持仕られ候事、御威光あり難き次第なり」（『信長公記』巻九）。

フロイスが記した「特別のひとつの石」

安土城が石垣に用いた石材は湖東流紋岩《ことうりゅうもんがん》を主体にしたことが確認され、「観音寺山・長命寺山・長光寺山・伊庭山、所々の大石を引下し、千・弐千・三千宛《づつ》にて安土山へ上《のぼ》せられ候」(『信長公記』巻九)とあるように、安土城の近隣から調達した。

石奉行は「西尾小左衛門・小沢六郎三郎・吉田平内・大西」が務め、「大石を撰《えらび》取り、小石を撰退けられ」たとする(『信長公記』巻九)。安土城は天主や詰丸、本丸などの中心部、大手道など、信長に関わる公的な施設・空間に用いた石垣石材が相対的に大きく、個々の家臣が普請した武家屋敷の石垣石材は相対的に小さい(千田一九八七)。これは『信長公記』が記した石材規格による選択を裏付けるといえる。その後も江戸幕府による徳川大坂城の築城に際して、幕府が諸大名の集めた石垣石材の大きさを点検したことが知られる。築城にあたって石垣石材の大きさを一定基準に整えることは、より厳格に行われていったのである。

石垣普請に関わって、蛇石《じゃいし》の一件はよく知られている。「爰《ここ》に津田坊、大石御山の麓迄寄せられ候といへども、蛇石と云ふ名石にて勝《すぐれ》たる大石に候間、羽柴筑前(羽柴秀吉)・滝川右近(滝川一益《かずます》)・惟住五郎左衛門(丹羽長秀)三人として助勢一万余の人数を以て、夜日三日に上せられ候。信長公御巧を以て輙《たやすく》御天主へ上させられ、昼夜山も谷も動くばかりに候キ」(『信長公記』巻九)。

『信長公記』によれば、蛇石は天主台石垣に用いた巨石と考えるのが妥当である。しかし現在

大坂城本丸枡形の鏡石「蛸石」

のところ一万人余で運び上げるほどの巨石と思われる石材は観察されない。ただし安土城の天主台石垣は上部三分の一程度が崩落しており、また天守台石垣の立面の詳細調査も行われていないので、『信長公記』の記述を否定する証拠はない。記述から推測される蛇石は特に記すほどの巨石なので、こうした石材を城主の権威を示した「鏡石」として使用した可能性がある。巨石を立てかけるように用いた鏡石は徳川大坂城の「蛸石《たこいし》」が著名だが、石垣として安定した工法ではなく、もし安土城でも蛇石を鏡石として用いたとすれば、すでに崩れて天主台周辺に埋没しているのだろう。

　残存する天主台石垣の観察では、天主台南面石垣、東面石垣にそうした巨石をはめ込んだ痕跡は見当たらず、北面は城としては背面に当たったので、象徴的な巨石をわざわざこの方向に向いた石垣に用いたとは考えにくい。すると信長が日常的に生活した奥御殿があった詰丸（千田二〇〇〇）に面した天主台西面石垣に、蛇石を用いた蓋然性《がいぜんせい》が残る。そう考えてよければ、蛇石は詰丸（一般呼称 二の丸）の崩落した天主台石垣石材のなかに埋没している可能性がある。

安土城の二の丸と一般的に呼称している曲輪は、本丸よりも一段高く、天主がそこから建ち上がったことから、城郭構造上の評価としては詰丸とすべき空間である。従ってここでは詰丸と呼称する。織田信長の百回忌を記念してつくった「貞享安土城絵図」は、すでにこの曲輪を二の丸とした。この絵図成立のときに、城郭構造を適切に理解できず、絵図に城内の構成を描くにあたって良質な根拠史料を欠いていたのは明らかである。

この絵図が記した「徳川殿」「羽柴秀吉」などの城内武家屋敷の比定にも、疑うべき点は多い。たとえば安土城内に屋敷をもたなかった徳川家康邸が羽柴秀吉屋邸よりも上位にあったとしたのは、江戸時代の徳川家を頂点とした序列意識を反映したもので、到底信じることはできない。

現在の安土城では、信憑性に問題がある「貞享安土城絵図」に加え、近代に根拠史料がないままに比定した武家屋敷名をそのまま継承した整備を進めている。国特別史跡では史実にもとづいた整備が求められるので、適切とはいえない。

確かに「曲輪一〇三」などと呼ぶより「伝《でん》前田利家《としいえ》邸」などとした方が、親しみがありイメージも湧きやすい。「伝」とするともっともらしいが、それは近代に想像してつけた屋敷名であり、「伝」とすることで、大きな誤解を招いているように思う。そもそも「伝羽柴秀吉邸」の向かいに「伝前田利家邸」があったと考えること自体が、信長政権末期に重臣のひとりだった秀吉と、柴田勝家の与力《よりき》大名だった利家の格差を無視し、清須城での軽輩時代の伝説やのちの豊臣政権期における秀吉と利家の関係にもとづいた想像の産物ではないか。

いくらイメージが湧くとしても、史実と異なる誤ったイメージを与えるのは問題である。近代に設置した屋敷名を刻んだ石柱は城跡整備の歴史的な経緯を示すものではあっても、学術的な問題があることを、ていねいに市民に示していくべきだろう。なお現在二の丸と誤って呼称されている詰丸には、信長廟がある。この場所に信長廟を設けたのも、この曲輪が信長の奥御殿があった場所だったのを、間接的に裏付けるといえよう。

ルイス・フロイスは安土城の石垣普請について、次のような出来事を記した。「すべては裁断せぬ石から成り、ひじょうに高く厚い壁の上に建ち、なかにはそのもっとも高い建物へ運び上げるのに、四、五〇〇〇人を必要とする石も数個あり、特別のひとつの石は六、七〇〇〇人が引いた。そして人びとが確言したところによれば、坂を少し下へ滑り出たときに、その下で百五十人以上が下敷きとなり、ただちに圧し潰され、砕かれてしまったということであった」(『完訳フロイス日本史』第三二章)。

フロイスが記した「特別のひとつの石」を蛇石と断定できないが、その可能性は高いと思う。『信長公記』が「信長公御巧を以て輒御天主へ上させられ」たことを特筆したのに対し、『フロイス日本史』が「一五〇人以上が下敷きとなり、ただちに圧し潰され、砕かれてしまった」ことを特筆したのは、あまりに対照的である。

安土城に限らず築城にあたっては、『信長公記』が記したように羽柴秀吉など大名に仕えた重臣たちの苦心があり、その秀吉たち重臣に仕えた家臣たちの苦労は深かった。さらに普請人足として動員された数え切れない人びとのなかには、『フロイス日本史』が記したように事故に遭い、深刻な怪我を負い、生命を失う人もいた。そうした人びとの苦悩や犠牲の上に城はできた。そして、できてしまえば大名の「御巧みをもって」と伝えられていく。わたしたちは「織田信長が築いた安土城」と表現してしまうが、その背景をいかに見つめられるかは、城郭研究にとって大切な視点である。

越前から切石を運ばせた理由

石材を引き降ろした山々のひとつ伊庭山では一五八〇年（天正八）四月に、丹羽右近の家臣たちが山から大石を落としたところ、鷹狩りに出かけて伊庭山の麓を通っていた信長の先に落下する事故がおきた。「伊庭山御鷹狩野へ御出。丹羽右近者共普請仕《つかまつり》候とて、山より大石を、信長公御通り候御先へ落し懸け候。此中条々相届かざる道理の旨仰聞けられ、其内年寄り候者を召寄せられ、一人御手打にさせられ候」（『信長公記』巻十三、四月二四日条）。

伊庭山は安土城から北東一・五キロメートルの距離にある標高三三六メートルの山で、観音寺城のある繖山《きぬがさやま》とは尾根つづきになっていた。当時は伊庭内湖に面していたので水運を用いて石材を安土に運ぶのに便利だった。このときの石材調達は、母岩《ぼがん》に矢穴《やあな》を掘ってくさびで切断するという方法ではなく、露頭した適当な大きさとかたちの石を見つけて、山から引き落とす方法だったと考えられる。

こうした丁場《ちょうば》であった場合、石の採集地としての痕跡を遺跡として見つけるのはきわめて難しい。またその後に矢穴で石を割って取り出す石切丁場として継続して使用した場合は、石切丁場遺跡として認識できても、矢穴による石割を伴う丁場をさかのぼる採石地の歴史を証明するのは難しい。つまり明確な石切丁場遺跡を指標にしたのでは、見落とす歴史があるのを留意しなくてはならない。ルイス・フロイスが「裁断せぬ石」と記した野面積み石垣の石材調達のシステムを、理論的な復元に加えて、遺跡から実証していくのは今後の課題である。

『信長公記』が記した伊庭山の採石落下事件は、事件になったことで記録に留められた希有な事例で、遺跡からの復元が困難な矢穴石割による採石をさかのぼる実態を捉える手がかりである。発見した石材を適宜掘り出した上で石材を滑り落とすのに、必要な石曳き道を布設した可能性が考えられる。ただしまとまった石切丁場から石を切り出していくのではなく、山中に点々と露頭した石材を山麓へ降ろすには、転がり落とすこともあったのだろう。その分、石が落ちる方向を厳密に制御することはできず、不幸にして信長の目の前に石材が落ちてしまったに違いない。

安土城の石材には近傍《きんぼう》の湖東流紋岩ではなく、特に選んで遠隔地の石を運ばせたことも知られる。越前国を信長から任された柴田勝家は一五八一年（天正九）、福井市周辺で産出する笏《しゃく》谷石《だにいし》と思われる切石を信長に献上した。「越前より柴田修理亮黄鷹六連上せ進上。幷《ならびに》切石数百、是又進上申され候なり」（『信長公記』巻十四、七月一日条）。

実際に笏谷石は安土城天主東側の登閣口の敷石などに用いたことが確認できる。信長は足利義昭のために築城した二条城に、足利義満が鹿苑寺《ろくおんじ》金閣の庭に据え、その後、細川管領邸の庭に据えていた名石「藤戸《ふじと》石《いし》」をわざわざ運ばせたように（『信長公記』巻二）、石の来歴がもつ権威を十分意識していた。

越前は信長に敵対した朝倉氏の旧領であり、浅井久政《ひさまさ》・長政とともに朝倉氏の当主であった義景《よしかげ》の髑髏《どくろ》を薄濃《はくだみ》にして「珍奇の御肴」にして正月の酒宴を馬廻《うままわ》りと行ったほど（『信長公記』巻七、正月朔日条）、越前国の領有は信長にとって大きな意義をもった。だから越前の切石をわざわざ安土城へと運ばせたのも、信長にとって特別な意味をもったと考えるべきだろう。

安土城は織田政権の絶対的な城だったか

安土城は城内に多数の家臣屋敷を含んでいた。つまり安土城は信長の居所であり、卓越した求心性と軍事機能を備えた中心部と、階層的に配置した家臣屋敷の集合体が合体してできあがっていた（千田二〇一三）。

ルイス・フロイスの『日本史』には、城内に建設が進む家臣屋敷に関説した記述がある。「信長が異常な満悦をもって宮殿の建設を自慢し、身分ある武将たちが彼に迎合するために、安土の新しい市《まち》に豪華な邸宅を造りたがっていることがいかに信長の意向に沿うものであるか」「身分ある人たちの邸は山に建てられており、その周囲には邸宅が立て込んでいた」（第四七章）。「（高山右近のように）彼ら重だった武将たちは、当時そこに各自の邸を建てていた」（第四七章）。信長に仕えた重臣や主要家臣が、安土城内の山のなかに屋敷をつくったことがわかる。

重臣の屋敷はのちの江戸時代の大名屋敷のような上《かみ》屋敷や下《しも》屋敷に分かれていたと思われる。これは発掘で検出された安土城内の家臣屋敷がいずれもそれほど大きくなく、それぞれの家臣に仕えた陪臣《ばいしん》をとても収容しきれないと思われることと符合した。限られた安土山内に多数の家臣屋敷を配置するために、ひとつの屋敷の面積は限らざるを得ず、結果として安土城内の屋敷が上屋敷のように機能し、有力家臣は城下のよきところに別の屋敷を建てて必要な要員を常駐させたのであろう。フロイスの『日本史』には、「別の裕福で強力な領主が、すべての説教を聴いた。彼は安土に上品な幾つかの邸を持っており」との記述があり（第四七章）、そうした実状を示した。

ただし一五八〇年（天正八）に「中将信忠卿、北畠信雄卿、安土に至って御出。御自分御座《ござ》所《どころ》の御普請仰付けられ候」とあるように、この段階で織田家の家督を継いだ信忠と二男の信雄の城内屋敷の建設が命じられた（『信長公記』巻十三、五月三日条）。この点も従来は大きな問題として指摘されていないが、安土城の位置を考える上で看過できない記述といえる。

信忠や信雄がこれより前に安土を何度も訪れていたことは間違いなく、たとえば一五七八年（天正六）の正月には「五畿内・若州・越州・尾・濃・江・勢州、隣国の面々等在安土候て各御出仕、御礼これあり」（『信長公記』巻十一、正月朔日条）とあるように、信忠や信雄も安土城へ出仕したと考えられる。それは信忠が同日に安土城内の「右勝手六畳布《じき》」の茶室で行った「朝の御茶十二人」に加わっていたことからも確認できる（『信長公記』巻十一、正月朔日条）。こうした滞在では信忠も信雄も、信長の御殿に寝泊まりをしていたと推測される。

それにもかかわらず天正八年まで安土城内に信忠や信雄の屋敷がなかったことは、安土城は信長と、信長に仕えた家臣たちの城であって、織田政権全体をまとめる城としてもともと意図していなかった可能性を示す。安土築城に先立つ一五七五年（天正三）六月に信雄に北畠《きたばたけ》氏の家督を継がせて伊勢に入国させ（『多聞院日記』六月二三日条）、一一月には信忠に織田家の家督と岐阜城を譲り、信長は茶道具だけをもって佐久間右衛門（信盛《のぶもり》）私宅へ移った（『信長公記』巻八、一一月二八日条）。

つまり安土築城の段階で信忠には岐阜城があり、信雄には田丸《たまる》城（三重県玉城《たまき》町）があって、それぞれ家臣を率いた独立した大名になっていた。もし当初から信長が安土城を織田政権全体の本拠の城として築城し、幕府のような政治的中心地としてとらえていたら、家督を譲った信忠と二男信雄の屋敷は、城内の適地に最優先で建てられてしかるべきであった。

もちろん家督を信忠に譲っても信長の権威は絶対的であり、安土城の政治的位置は岐阜城や田丸城をはるかに凌《しの》いだ。そうした意味では安土城こそが織田政権の中心の城であったことは動かない。しかし信長の当初の意図としては、信忠の岐阜城、信雄の田丸城がいずれも織田政権にとっての要《かなめ》の城であり、安土城は信長の城という理解であったのではないだろうか。

この点は安土城の大手道の両脇に並んだ重臣屋敷の意味とも深く関わる。大手道は『信長公記』をはじめとした安土城の記録には登場せず、城郭プラン上の大手道としての評価は確実だが（千田二〇〇〇）、日常的な使用が確認できる百々《どど》橋口《ばしぐち》とはきわめて対照的であった。この大手道沿いの重臣屋敷は、すでに見たように安土城へ出仕した重臣の上屋敷であり、重臣たちは城下に下屋敷に相当したいくつかの屋敷地を分散して所持したと考えられる。

さらに重臣たちは天下統一のための戦いに従事しており、統一の進展とともに戦線は安土城から次第に遠ざかり、安土城への出仕もまれになっていった。そして柴田勝家や羽柴秀吉、丹羽長秀など重臣たちはそれぞれの領地・領国に独自の居城を構えて、陪臣たちはその居城に屋敷をもった。

　こうしたことによって、安土城内の上屋敷には屋敷の管理と信長との連絡を担当したわずかな家臣が常駐しただけであったと推測される。こうした使用実態が、ハレの道ではあっても安土城大手道に関わる記録が希薄になった理由であった。しかしそうした状況は信長が岐阜城を居城にした段階の山麓重臣武家屋敷からはじまっていて、安土城の重臣屋敷もその性格を継承したといえる。

安土城大手道

　安土城に信長が移転すると、重臣たちが屋敷を安土城内に建設したことは『信長公記』をはじめとした記録からわかる。ただしそれは岐阜城山麓にあった重臣屋敷を廃止したことを示したものではない。織田家の家督は信忠がもったのだから、理論的には秀吉や勝家は岐阜城山麓の屋敷を維持し、信忠との連絡調整要員を常駐させた蓋然性が高い。信忠段階に信長期に整備した岐阜城下の重臣屋敷の使用実態を示す史料はないが、もしそう考えてよいなら、織田政権の城のなかで安土城内の重臣屋敷の位置は絶対的なものではなく、きわめて相対的なものだったことになる。こうした分析はなお慎重に進める必要があるが、これまであまりにも安土城を織田政権の絶対的な城として評価しすぎていた可能性を、反省を含めて指摘しておきたい。

権力表象としての瓦葺き

これまで安土城では山頂にそびえた天主や、城内の軍事系建物（櫓・門など）が瓦葺きであったことに加え、山腹の家臣屋敷周辺の塀や門も瓦葺きだったと推測されてきた。ところが滋賀県教育委員会の発掘調査によって、瓦の使用は中心部の軍事系建物に選択集中していて、中心部より下位空間に位置づけた山腹の家臣屋敷などでは瓦を原則使用しなかったことが明らかになった（滋賀県教育委員会二〇〇九）。

もちろん中心部以外の建物に完全に瓦を用いなかったわけではなく、山腹や山麓にあっても信長の権力と権威、城郭全体の軍事機能を担った城門や櫓は瓦葺きであったと復元できる。発掘調査で明らかになった瓦の出土状況からは、瓦を権力表象のツールとして用いた信長の意識が浮かび上がる。フロイスの記録にも同様の意識を記した記述がある。「金の飾りこそ持たなかったが、信長が彼の城に用いたのと同じ瓦の使用を、特別な恩典として我らの修道院に許可したことは、他のいかなる者も〔我らの教会を別として〕瓦で〔屋根を〕掩うことを許さなかった」（第四八章）。

滋賀県教育委員会による安土城の発掘調査では、安土城の軒丸瓦《のきまるがわら》および軒平瓦《のきひらがわら》の瓦当紋様《がとうもんよう》は、安土城のためにデザインした紋様で、細部まで意匠にこだわって貫徹したことがうかがえる。これはのちに秀吉が豊臣大坂城を築いたとき、瓦の使用量では安土城を上回ったが、瓦の瓦当紋様の不揃いをまったく気にしなかったことと、誠に対照的である。信長の性格や美への姿勢を物語るといえよう。

安土城には各地から使者や客人が訪れた。そうした来訪者には、それぞれにふさわしい接待と城内見学ツアーを実施した。一五七九年（天正七）に奥州から鷹を献上して安土を訪れた石田主計《かずえ》と前田薩摩に対して、安土城内にあったと思われる堀久太郎の屋敷にて接待を行い、その後、天主を見物させた。「石田主計、前田薩摩両人召寄せられ、堀久太郎所にて御振舞仰付《おおせつ》けられ候。相伴は津軽の南部宮内少輔なり。御天主見物仕候て、か様に御結構の様、古今承り及ばず、生前の思出忝《かたじけな》きの由候キ」（『信長公記』巻十二、七月二六日条）。

安土城の天主が当時としては驚異の建築であり、信長の権威を象徴するものであったことが、遠来の使者に対する接待のなかに、特別見学を組み込んだことからうかがえる。安土城の天主は信長の御殿の一部を兼ねており、プライベートな空間に属したので、御殿の表での正式な対面行事に加えて、内向きの空間を案内するというのは、室町期の武家儀礼でいえば、会所儀礼に相当と擬することができ、厚礼を示したもてなしだった。

しかし安土城内には一五八二年（天正一〇）に徳川家康を接待した「摠見寺《そうけんじ》」や「江雲寺《こううんじ》御殿」など、会所機能をもった空間や御殿の存在が知られるので、天主を見学させたのを会所儀礼の脈絡だけで理解すべきではないだろう。やはり内向きな空間を見せつつも、決して空間としての会所的な平等性を志向したのではなく、圧倒的な上位者としての権威を見せつける意図が、天主見学の実施にはあったと考えられる。

公的空間と私的空間との境界にあった厩

安土城内には天主をはじめとしてさまざまな建物が建ち並んだ。そうしたなかで信長の厩《うまや》は、信長のプライベートな空間と、多様な人びとが許可を得て入ることができた安土城本丸御殿の表空間との境に位置した。たとえば「連々奇特不思議ある」僧・無辺を信長自らが取り調べたのも厩だった。「其仁躰《そのじんてい》を御覧なされたきの旨仰出され、栄螺坊、無辺を召列れ、安土御山へ参り候。則、御厩へ出御なされ、一々御覧じ、御思案の様体なり」（『信長公記』巻十三、三月二五日条）。

厩といえば、信長にとって最後の正月となった一五八二年（天正一〇）の有料安土城中心部公開において、信長はこの前に立って、百文の「御《お》礼銭《れいせん》」を直接受け取って、後ろへ投げた。「御台所の口へ祗候候へと上意にて、御厩の口に立たせられ、十疋宛の御礼銭、忝くも信長直に御手にとらせられ、御後へ投げさせられ」（『信長公記』巻十五、正月朔日条）。この記述から台所口側に信長の厩があったと判明する。つまり厩は大手筋ではなく搦《から》め手筋側に位置していたと理解できる。

この厩についてはルイス・フロイスが日ごろのようすを伝えている。「上手の方に彼の娯楽用の馬の小屋があるが、そこには五、六頭の馬がいるだけであった。それは厩であるとはいえ、きわめて清潔で、立派な構造であり、馬を休息させるところと言うよりは、むしろ身分の高い人たちの娯楽用の広間に類似していた。同所で（馬の）世話をする四、五名の若者たちは、絹（衣）をまとい、金鞘《さや》の太刀を帯びていた。三十五人の小僧がいて、夜明けの一時間前に、各自が箒《ほうき》を持って、それらすべての家屋の掃除に従事しているが、それはきわめて完全に注意深く行われていた。彼らはこの几帳面な外部の掃除のことだけに気を配り、いつもそのことを眼前に（思い浮かべて）いたので、まるで毎日が盛大な祭日であるかのようだった」（ルイス・フロイス『日本史』第五三章）。

安土城内の信長の厩は、当時の武家儀礼に従って、馬を収用した馬立て場とともに、座敷を備えたつくりになっていたと記述から判明する。そして信長の馬を世話した若侍には絹の衣装を与え金の鞘の太刀を差させて、特別きらびやかな出で立ちに装《よそお》わせていた。公式に面会すべきでない者との面談の場となり、物資搬入路であった台所口筋に位置したように、公的空間と私的空間との境界にあった厩は、やはり信長の馬とともに権威を演出すべき場所であった。

フロイスは厩の位置を「上手」と記した。フロイスが一般的に城を語るときに用いる位置関係である、大手道側から城をとらえる空間認識をもとに記述したとすれば、現在、「伝台所」とするところはまさに城の「上手」にあたる。そうすると信長の厩は、およそ天主の東側に位置して、現在は「伝米蔵」としている本丸東出入口脇が厩だったと考えてよいと思う。

安土城内では、しばしば相撲が催《もよお》された。たとえば一五七九年（天正七）に「安土御山にて御相撲これあり」（『信長公記』巻十二、七月六・七日条）。一五八〇年（天正八）には「国中の相撲取り召寄せられ、安土御山にて御相撲これあり。御馬廻衆御見物」（『信長公記』巻十三、五月七日条）。「国中の相撲取召寄せられ、御山にて御相撲あり。払暁より夜に入り、挑灯にてこれあり」（『信長公記』巻十三、六月二四日条）。

具体的に安土城内で相撲を取った広場がどこなのかを確定するのは難しい。現状で可能性が指摘できるのは、天主南西直下の「御白州」と摠見寺の境内である。「御白州」は一五八二年（天正一〇）正月の安土城中心部有料公開に際して、家臣たちが待機した空間であった。ここは黒金門を経由して本丸に至る大手道筋に属しており、天主下で本丸手前という象徴的な空間になっていた。

一方の摠見寺境内は、やはり一五八二年五月の徳川家康来訪に際して、舞台を設けたことがわかり（『信長公記』巻十五、五月一九日条）、相撲を取るのにふさわしい空間であった。記して後考を

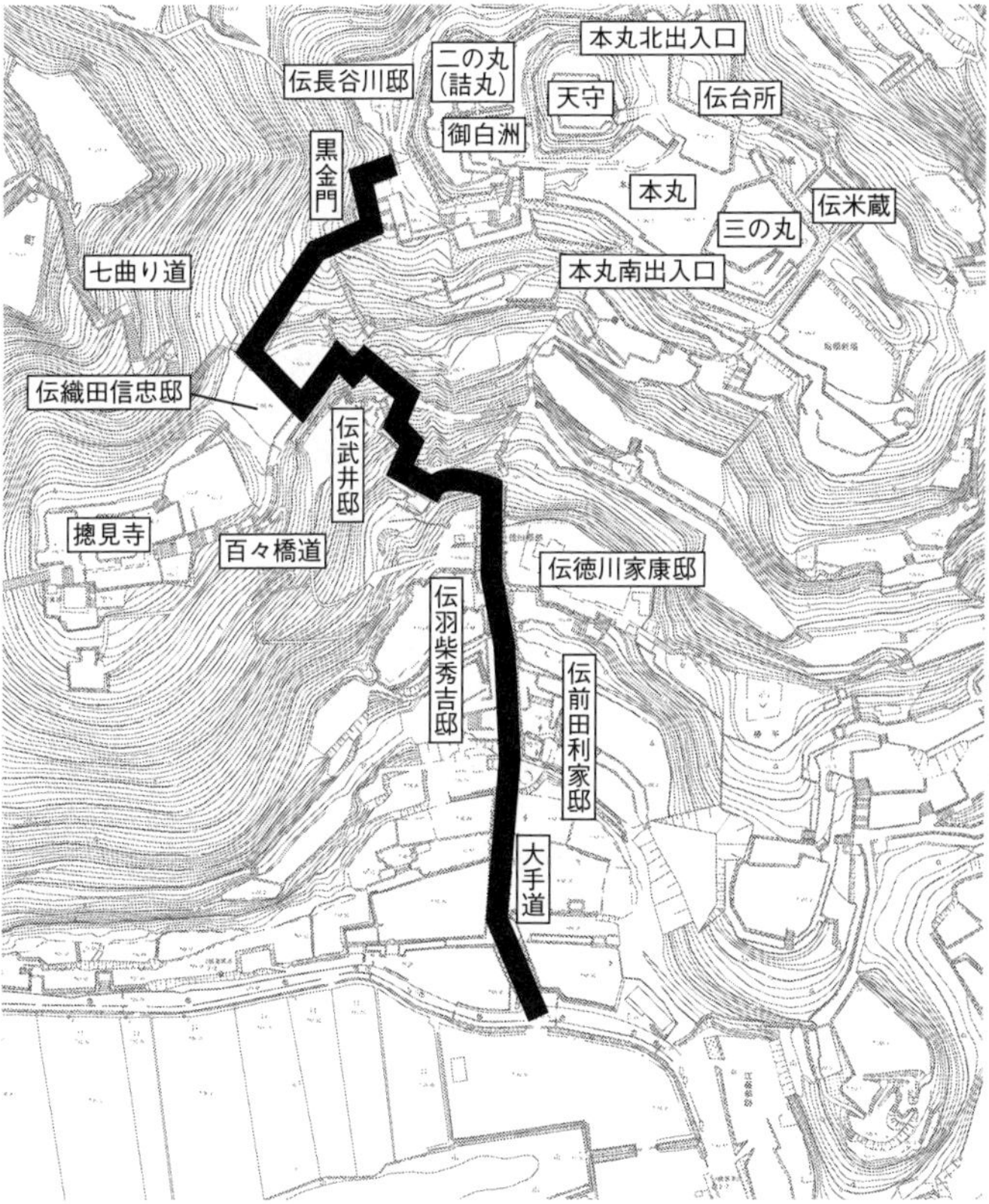

安土城大手道と主要道（滋賀県提供の図に加筆）

待ちたい。

安土城完成の祝い

一五七九年（天正七）五月一一日、信長は正式に安土城天主を使用しはじめた。「吉日に付いて、信長御天主へ御移徙《わたまし》」（『信長公記』巻十二、五月一一日条）。そして一五八〇年（天正八）に「江堀・舟入・道築、何れも御普請出来申すに付いて、惟住五郎左衛門長秀（丹羽長秀）、織田七兵衛信澄、永々辛労仕候間、御暇下され、両人在所へ罷越し用事申付け候て、頓《とみ》て罷帰るべきの旨、忝くも上意にて」（『信長公記』巻十三、五月七日条）とあり、城下を含む土木工事が完成し、長秀と信澄の労苦に謝した。

一五七九年五月に天主を使用しはじめた信長だったが、内装工事や城内の建設工事はまだつづいていた。信長が普請関係者を集めて謝意を示したのは、一五八一年（天正九）九月だった。「賀《か》藤《とう》与十郎・万見《まんみ》仙千代・猪子《いのこ》・安西《あんざい》、四人召出だされ、御知行分々《ぶんぶん》に仰付けられ、忝き次第なり。御小袖皆々に下さる、人数の事、狩野永徳・息右京助、木村次郎左衛門、木村源五、岡部又右衛門・同息、遊佐衛門・子息、竹尾源七、松村、後藤平四郎、刑部《ぎょうぶ》、新七、奈良大工、諸職人頭々へ御小袖余多《あまた》拝領せられ、何れも何れも忝き次第なり」（『信長公記』巻十四、九月八日条）。

狩野永徳は、狩野派の絵師であり、安土城天主などの障壁画を描いた。木村次郎左衛門は安

（右）唐物茶壺　銘　松花／（左）唐物茶壺　銘　金花（徳川美術館所蔵、©徳川美術館イメージアーカイブ／ DNPartcom）

土城の普請奉行で安土町奉行も務め、近江の職人を統括した人物であった（小島一九九七・二〇一八再刊）。岡部又右衛門は信長に早くから仕えた熱田の大工で、大工棟梁として天主の建設に当たった。遊佐衛門は宮西遊佐衛門のことで白金の大工。後藤平四郎（光乗）は、装飾金細工の名工、刑部は漆塗りの首《かしら》であった。

一五八二年（天正一〇）六月二日に起きた本能寺の変は、もう九カ月後に迫っていた。つまり安土城が完全な姿で存在したのは、わずか九カ月ほどだったということになる。『信長公記』は安土城天主の間取りと合わせて一五七六年（天正四）の部分に記述したが、安土城の完成の祝いとして堺の豪商・医師で茶人の北向道陳《きたむきどうちん》が信長に、唐物茶壺《からものちゃつぼ》銘《めい》「松花《しょうか》」と唐物茶壺　銘「金花《きんか》」を献上した。「せいくわの壺・きんくわの壺とて隠れなき名物参り、御機嫌斜めならず」（『信長公記』巻九）。

おそらく「松花」「金花」の茶壺は、一五七九年（天正七）の信長の天主移徙を祝して送られたものと考えられる。「松花」「金花」の茶壺が天主の座敷の床《とこ》を飾ったこともあったのではないだろうか。安土城も安土城の天主も失われてその姿を見ることはできないが、「松花」「金花」の茶壺は不思議な運命をたどって徳川美術館に伝えられている。「松花」「金花」は、どのような安土城を見たのだろうか。

安土城炎上の謎

一五八二年（天正一〇）六月二日に起きた本能寺の変の知らせは、同日中に安土に伝わった。明智光秀の謀反《むほん》によって信長と息子の信忠は亡くなって、安土は大混乱に陥った。その日の夜に現在の滋賀県彦根市に領地をもった山崎源太左衛門《げんたざえもん》が、安土城下の屋敷を焼いて逃げた。翌三日には城の留守役の蒲生賢秀《がもうかたひで》が、信長の妻たちとともに退去した。退去の際に信長の妻たちは、城を焼くように意見した。しかし賢秀は、信長が心を尽くした城に火をかけられないと断った。

そのため六月五日に光秀は無傷の安土城に入城した。これは光秀が正統性を確保し天下人の権威をまとうのに不可欠だった。そして光秀は人心をつかむために、安土城内の金銀を家臣や公家、京都の寺院に配った。『信長公記』によれば、信長は金銀を天主に保管していたと記した。「御天主にこれある金銀・太刀・刀を取り」（『信長公記』巻十五、六月三日条）とあってわかる。

だから光秀が配った金銀も天主にあったものだろう。

光秀の天下は長くつづかず、六月一三日に山崎の戦いに破れると、安土城を守備した明智秀《ひで》満《みつ》は秀吉軍の進撃に備えて翌一四日に出陣した。このとき秀満が安土城に火をつけたと伝える史料がある（『惟任《これとう》退治記』）。しかし安土城天主が焼けたのは六月一五日で（『兼見《かねみ》卿記《きょうき》』）、秀満が放火犯だったとすれば日が合わない。さらにその一五日には秀満は坂本《さかもと》城（滋賀県大津市）で秀吉方の軍勢と戦っていたのだから、秀満放火説は成り立たない。

次に放火犯と名指しされたのは織田信雄だった。ルイス・フロイスは、信雄が城と屋敷を焼くように命じ、さらに城下も焼かせたと記した（『イエズス会日本年報 追加』）。しかし、この信雄犯人説にも疑問がある。安土城の発掘調査によって、炎上したのは天主や城の中心部だけだったと判明していて、フロイスの記述と矛盾した。そもそもこの記述をフロイスがまとめたのは、安土から遠く離れた口之《くちの》津《つ》（長崎県南島原市）で、本能寺の変から四カ月も後の一〇月だった。

安土のイエズス会関係者も六月四日には避難したので、安土にいた宣教師も炎上を直接は見ていなかった。フロイスの記録は四カ月後に長崎まで伝えられた風聞を、本報告に急ぎ追記したもので、信憑《しんぴょう》性に疑問が残る。実は六月一五日に信雄が安土にいたのかも確かではなく、一五日にはまだ信雄は安土に到達していなかったと見るのが、前後の関係から考えて自然である。だから信雄放火説も成り立たない。

こうして史・資料を横断的に見ていくと安土城天主の火災は、明智軍が城を出て、蒲生賢秀と織田信雄が再び城を掌握する間に起きたと整理できる。守備・管理する人のいなくなった安土城天主や中心部には、なお金品や書画が残されていた。それを狙った侵入者による破壊のなかで、安土城天主は焼かれたと考えて間違いないと思う。安土城天主は信長の目指す世界を象徴した華麗な建物だったが、その内部に金銀や宝物が多数あったがゆえに、狙われ失われることになった。

2　城から見た明智光秀

光秀が伝えたセイソ散——田中城

本能寺の変によって織田信長に謀反した明智光秀は謎の多い人物である。そもそもいつ、どこで生まれたのかも定かでない。通説では一五二八年（享禄《きょうろく》元）に生まれたとする。しかしその根拠は、江戸時代中期に成立した『明智軍記』で信憑性は高くない。一方で江戸時代はじめに成立した『当代記』は、光秀は六七歳で死去したと記したので、生年は一五一六年（永正《えいしょう》一三）となる。『当代記』が正しければ、光秀は信長より一八歳も年上であった。

そして光秀は一般に美濃（現在の岐阜県）で生まれ、守護土岐《とき》氏一族の明智氏であったとする。二〇二〇年のNHK大河ドラマ『麒麟がくる』もこの説に従っている。しかしこれもすっきりしない。土岐氏一門の明智氏は、名前に頼貞《よりさだ》のように代々「頼」の字を用い、「光」は基本的に使わなかった。つまり実名から考えると、光秀は土岐氏と関係なかったか、早くに分かれた庶家であった可能性が高い。

その点で注目されるのが滋賀県多賀《たが》町の「十兵衛《じゅうべえ》屋敷」である。江戸時代はじめに成立した『淡海《おうみ》温故《おんこ》録《ろく》』は、光秀の二〜三代前の先祖が美濃で土岐氏に背いて多賀町に移住し、光秀は多賀町で育ったとした。光秀の初期の活動が確認できるのは滋賀県であり、光秀滋賀県出生説は、簡単に退けられない重みをもつ。

光秀が確実な同時代史料に姿を現したのは一五六六年（永禄九）。光秀は滋賀県高島《たかしま》市の田《た》中《なか》城に籠城していた。これは熊本の細川家の家老米田《こめだ》家に伝わった『針薬方《しんやくほう》』という医術書の奥書に「明智十兵衛光秀が高島田中城に籠城したときに口伝《くでん》で伝えた」とあることで判明した。

前後の政治状況を勘案すると、光秀は足利義昭を将軍にしようと奔走する細川藤孝《ふじたか》らの軍勢に加わっていたとわかる。光秀は敵対した三好《みよし》軍が湖西を北進し、義昭を捕捉するのを防ぐため田中城で防衛線を構成したのだろう。光秀が具体的にどう戦ったかはわからない。しかしケガなどの治療法を教えたのだから、知性派であったことは確かである。

そしてもうひとつ確かなのは、若くはない光秀が立身の手がかりを求めて奮闘していたことである。田中城は山の寺を改造した城だったが、光秀にとっては忘れられない転機の城だったに違いない。

滋賀県高島市の田中城に籠城していた光秀が治療法を口伝で伝えたことを、一五六六年（永禄九）に書き留めた『針薬方』は光秀が信頼できる史料に登場した初見例であった。そして細川氏家臣の家に伝来したので、光秀がこの頃までにのちに将軍になる足利義昭や、その側近の細川藤孝との関係を築いていたと証明した。

光秀が伝えたのは、合戦で外傷を負ったときの治療法で、さまざまな薬の調合方法だった。そのなかで特に注目されたのが「セイソ（生蘇）散」であった。光秀の口伝によれば、

> 疵付薬　セイソ（生蘇）散　越州朝倉家之薬也　芭蕉ノ巻葉霜　スイカツラ（忍藤）霜　黄檗霜　山桃実　同皮各霜　右四色等分　山桃ノ皮四季ニ加減アリ、春秋ハ各等分、夏ハ多く加え入れる也　□葉少ニテモ苦しからず、油にて付けるべき也　一説妙薬之とアリ二星散同方　□キツ（疵）ニ先付薬　□ヘキ（□は史料欠損で判読不能）

漢方では、芭蕉の葉は解熱・解毒などに、スイカズラ（忍藤）は解熱・消炎などに、黄檗は消炎、解毒などに、山桃の実や皮から採った楊梅皮は、打ち身などの湿布薬に用いたとのこと

で（大阪府医師協同組合の薬剤師のご教示による）、生蘇散は効きそうに思う。

光秀は十年ほど越前朝倉氏のもとでくらしたと伝えられるので、「越州朝倉家之薬」を教えたのは伝承とうまく符合する。当時、名医として名高く、将軍や天皇の脈をとった曲直瀬《まなせ》道三《どうさん》をはじめ、各地の城下町や門前町で多くの医師が活躍しており、朝倉氏の城下町一乗谷《いちじょうだに》では、医師の診療所を発掘している。

ただし光秀は医師だったと考えるのは適切ではない。戦国時代の武将には医学に関心をもった者も知られ、たとえば徳川家康は壮大な薬コレクションをもち、自身で調合した。光秀の医学知識も武将としての教養範囲内と捉えるべきだろう。後年、信長の重臣として活躍した光秀の書状には、合戦でケガをした家臣を心配し、十分な養生や医者の診察を受けるよう勧めたものがある。その家臣はしばらくたって再び活躍するのをたどれるので、治療が成功したとわかる。

最先端だった光秀の水城——坂本城

一五七〇年（元亀《げんき》元）、将軍足利義昭に仕えつつ、信長の家臣としても頭角を現しつつあった光秀は、反信長勢力との戦いの最前線にいた。敵は、西から迫った三好三人衆（三好長逸《ながやす》・三好宗渭《そうい》・岩成友通《いわなりともみち》）、北から攻めた越前の朝倉義景・北近江の浅井長政、全国に教線を張り巡らした大坂本願寺《ほんがんじ》で、ひと言でいって信長と光秀は大ピンチだった。

八月に朝倉・浅井軍が北近江から大攻勢をかけ、それに比叡山延暦寺《ひえいざんえんりゃくじ》が呼応して近江の坂本に迫った。信長の防衛拠点は大津《おおつ》市の宇佐山《うさやま》城で、この城を森蘭丸《らんまる》の父親・森可成《よしなり》が守った。宇佐山城は山城で琵琶湖とは距離があった。可成は港を守るため山城を出て戦い、華々しく戦死した。城主を失ってかろうじて耐えていた城に、信長は急ぎ駆けつけたが、多方面からの同時攻撃を受けて釘付けになった。

光秀はこのとき朝倉・浅井軍が近江から山を越えて京都に進攻するのを防ぐため、一一月には京都市の勝軍山《しょうぐんやま》城で迎撃態勢をとった。比叡山が朝倉・浅井側についていて、光秀は首都防衛の最後の砦だった。

この絶体絶命の状況を一二月になって足利義昭の調停でしのいだ信長は、光秀を宇佐山城主に任じた。光秀は堅固な山城に一旦入ったが、翌年から琵琶湖に面した坂本城の築城をはじめた。宇佐山城も山城として維持しつつ、居城としては琵琶湖の水運を直接掌握し、経済・流通の要になる坂本を選んだ。

坂本城はその後、廃城になったため、今は城としての名残はほぼ残っていない。そして光秀時代の本丸は、現在ある企業の研修施設の敷地になってふつうは入れない。

しかし特別に敷地から琵琶湖を眺めると、なんと光秀時代の石垣が湖底に並んでいるのがわ

渇水時に湖底から現れた坂本城本丸石垣の遺構（大津市埋蔵文化財調査センター所蔵）

かる。船入跡も確かに見られる。驚くことに光秀は軟弱な地盤が不等沈下するのを防ぐため、胴木《どうぎ》と呼ぶ木の基礎を用いた石垣を築いていた。坂本城は大天守、小天守を備えた当時最先端の城だったが、湖に石垣の城を築く大胆な発想は、最新技術に裏打ちされて実現したのだった。

光秀の特異なところは、築城にあたり、信長から職人を借り受けようとしなかった点である。信長の機嫌を取るにはそれが一番よさそうだが、光秀はあえて独自のルートで職人を集めた。坂本城はそれこそ比叡山の麓だったため、穴太衆など当時最先端の石垣づくりの技術をもつ職人を信長よりもいち早く召し抱えていたのかもしれない。このあたりの事情からは、自分なら信長よりすごい城を築くことができるという自負心というか、信長への強い対抗意識を見て取ることができる。

発掘成果によれば瓦が出土しており、それがのちに信長が採用した奈良系の技術ではなく、京都系の技術であったとわかっており、光秀が独自に把握した職人たちによって新たな城をつくれた存在であったと判明するのである。

城が示した光秀のビジョン――亀山城

明智光秀が坂本城を築いた前年の一五七一年（元亀二）九月に、あの比叡山焼き討ちが起きた。小説では、光秀は信長の延暦寺の焼き討ちを止めようとし、止められずに仕方なく従ったとしてきた。しかし対比叡山戦の最前線にいた光秀は、積極的に戦いを進めたと判明している。つまり非常識な信長、常識的な光秀という対比はわかりやすいが正しくない。

信長のもとでめざましく出世した光秀は知性派だった。ただし負ければ終わりの戦国時代にあって、光秀は冷酷な決断をいとわなかった。光秀がその後、困難な丹波《たんば》攻めを成功したのも、合理的に考え、冷酷に判断したからである。信長は一五八〇年（天正八）に佐久間信盛《のぶもり》・信栄《のぶひで》を追放した際の折檻状で、丹波を平定した光秀を「天下の面目をほどこした」（『信長公記』巻十三）と特に賞したほどだった。

丹波攻略後に光秀は、地域を治める城を建設していった。当時の城は軍事優先で山城が多かったのに、光秀は城と町を一体化できる平山城を選んだ。自然の要害で城を守るのではなく、

明智光秀関連地図

人びとが集まり物資が行き交う豊かさによって城と国を守ろうとしたのである。次の時代を見据えた光秀の発想は、信長と共通した。城づくり、城下町づくりから見ると光秀は、目指す世界のビジョンをもち、それをかたちにした武将だった。

　京都府亀岡《かめおか》市の亀山《かめやま》城は標高一一六メートル、比高一五メートルほどの荒塚山《あらつかやま》の上にあった。ここに城を築いたのは明智光秀。光秀は河川と沼に囲まれた丘の地形に着目して、大軍の攻撃を山城同様に防げると見抜いた。そして丘の上の城は山城と比べて城と一体になった城下を建設しやすい利点があった。軍事拠点としての役割だけでなく、丹波の政治・経済の拠点になる城を築くのに亀山城のよ

亀山城本丸の石垣

黒井城本丸枡形の石垣

うな平山城は最適だった。光秀の選択は、織田信長と同じように中世にあって近世を見いだしていたと評価され、城から見ても光秀の卓越さがわかる。

丹波統一の過程で光秀は京都府福知山城や兵庫県黒井《くろい》城などの支城を築き、亀山城はそれらの本城としても機能した。丹波統一は信長から激賞され、光秀の地位は向上した。近江と丹波に所領をもち、丹後《たんご》や山城《やましろ》・大和《やまと》の大名を与力にした光秀は、信長になくてはならない重臣になった。

一五八二年（天正一〇）に毛利氏と戦っていた羽柴秀吉は、信長に出陣を要請。光秀は信長に先立って中国地方へ出陣することになった。同年六月一日光秀は亀山城を発ち、老ノ《おいの》坂《さか》を越えて六月二日早朝、突如京都本能寺を襲撃した（本能寺の変）。光秀は計画どおり信長を討った。しかし毛利氏と和睦した秀吉が信じられない速さで駆けつけ、山崎の戦いで光秀軍を破り、六月一三日深夜に光秀は土民に討たれて二度と亀山城に戻らなかった。

本来、亀山城は信長に謀反した光秀の心情を考える重要な手がかりになる城である。しかし光秀が見立てたとおり、亀山城は近世に丹波の拠点城下町として受け継がれ発展した。豊臣時代は秀吉の一族などが城主を務め、江戸時代になると徳川家康は譜代《ふだい》大名の岡部《おかべ》長盛《ながもり》を亀山城主とし、西国の諸大名に石垣や堀を築かせた天下普請で城を強化した。一六一〇年（慶長一五）頃には外観五重内部五階の天守も完成した。

つまり亀山城は要地であるがゆえに光秀以降も改修がつづき、残念ながら現在公開されている範囲には光秀を物語る城の痕跡は見当たらない。亀山城は現在、宗教法人大本の施設敷地になっていて、本丸などは神域として立ち入りが制限されている。ただし受付に申し出れば本丸の手前までは宗教行事に支障がなければ見学可能で、石垣や堀などをたどれる。敷地内はみごとに環境整備されていて気持ちよく歩ける。

許可されている範囲で本丸石垣などを観察すると、石垣の隅石は荒割石と切石を用いていて、石材の長短を交互に積み上げた算木《さんぎ》積《づ》みになっている。そして観察できる石垣は全体に近代以降の積み直しが広範囲におよんで年代比定は一筋縄ではいかないが、最も古い部分でも慶長期と思われる。だから現在の亀山城を見て、光秀に想いをめぐらすのはあまりお勧めできない。

光秀がどのような亀山城を築いたのかは、立地の卓越さを除いてわからないというのが、目下の正直な説明である。

最後に秀吉の「中国大返し」はなぜうまくいったのか、ということだが、その謎は神戸市の兵庫《ひょうご》城の発掘調査から見えてくる。

兵庫城に信長の御座所をつくろうとしていたらしく、城の改修が加えられた形跡が見られた。当然、秀吉が準備を進めた工事のひとつだったから、そこを中国大返しのときに大いに利用することができた。信長の御座所とすべき城を秀吉はあらかじめ用意していたので、単に信長を迎える場所というだけではなくて、兵糧や武器、馬など多くの補給ができ、信長の軍勢が宿泊できる陣小屋群を周辺に整えていた。しかも信長を迎えるにあたって前線までの街道も拡張し、整備していた。また備中高松《びっちゅうたかまつ》城の戦いにあった秀吉の最大の関心事といえば、対峙する毛利氏と主君信長の動向であった。各御座所に信長の進軍を伝える連絡要員を配置したに違いない。この情報網が本能寺で信長が光秀に討たれたという報を、いち早く秀吉のところに届けた。だからこそ大返しも実現できた。

戦国の働き方改革——福知山城

そして一五七九年（天正七）から光秀が築いたのが京都府の福知山城だった。この城も江戸時代に城としてつづいた。だから福知山城も大部分は江戸時代の姿だが、天守台石垣の一部に光秀時代のものが残る。その石垣は墓石などを使って、ここでも光秀の冷酷な判断がうかがえる。さきの亀山城とともに福知山城も平山城で、江戸時代につづく城下町になった。次の時代を見据えた光秀の判断が、いかに的確だったかを実感できる。

明智光秀は信長に仕え、信長の天下統一に尽力した武将だったが、先にも記したように出身も生まれた年にも諸説ある。つまり決して名門の出身ではなかった。光秀本人も自身の若い頃を「瓦礫《がれき》のように深く沈んだ身の上」と述べた（「明智光秀家中軍法」）。

中世は一般に個人の能力よりも、どこの誰であるかを重視しがちだった。そうしたなかで、どこの誰かを問わず、能力によって家臣を取り立てて活躍の場を与えた信長は、まさに戦国の「働き方改革」を実行した武将といえる。信長の家臣のなかで、光秀と競うように業績をあげ、重臣に列した羽柴秀吉も出自ははっきりしなかった。信長でなければ、光秀も秀吉も活躍できなかっただろう。

しかし信長の「働き方改革」は苛烈を極めた。出自や家柄を問わなかった分、寝ないで働き、地方への転勤も単身赴任も受け入れ、さまざまなストレスに耐え抜いた者だけが出世した。滋賀県の小谷城攻めでは激しい暴風雨の夜中に、信長本人が出陣して朝倉軍を撃退した。合戦終了後、信長は出遅れた家臣たちの怠慢を厳しく責めた（『信長公記』巻六）。これではまるで台風の

福知山城天守の石垣

福知山城

最中に出勤を迫るどこかの会社と同じではないか。信長の「働き方改革」はあまりにいきすぎていた。

　光秀が築いた京都府福知山城の復元天守は博物館になっている。一九八五年（昭和六〇）に江戸時代の天守の平面図（指図）をもとに建築史家の藤岡通夫氏が外観復元したもので、古式の様相を残す天守は味わい深い。そして二〇二〇年に城郭・古建築模型作家の島充さんが発見した福知山城天守の古写真で、福知山城天守の復元設計がきわめて正確にされたことが証明された。すばらしいことである。

　さて福知山城天守では、先に掲げた「明智光秀家中軍法」のレプリカを展示している。この軍法は光秀による「もうひとつの働き方改革」を物語って興味深い。光秀は家臣一人ひとりの石高に合わせて、どれだけの武器や兵員を合戦に準備するかを明確に定めた。つまり軍事動員の基準を明らかにして、家臣の働きすぎを抑え、過剰動員で地域を疲弊させない持続可能な社会を目指したのだった。

すべての能力に秀でていた武将

福知山には光秀が城をつくるまでは、小さな砦があった現在の中心市街地には、城も町もなかった。そこに光秀は城下町をセットにした福知山城をつくりあげた上、町を囲む惣構《そうがま》えもつくった。信長の城づくりと拮抗《きっこう》した最先端の城をつくりあげた。

この福知山城を考える時に、福井県大野市の越前大野《えちぜんおおの》城が参考になる。越前大野城は一五八〇年（天正八）頃に、信長の家臣金森長近《かなもりながちか》が築いた。現在は復興天守が建つが、当時の本丸にあった望楼《ぼうろう》付き二層三階の大天守はまったく異なっていた。そのようすは一六七九年（延宝七）の江戸時代の絵図「大野城図」（名古屋市蓬左文庫蔵）にみごとに描かれている。

山頂の本丸の一番高いところに天守が建っていて、一階の部分に大きな窓が開いているのが見える。これは御殿の役割を持っていて、上の階は窓が小さくて櫓の役割を果たしていた。だから、安土城の天主が信長の御殿の機能をもっていたように、御殿と天守を融合した建物が山頂に建っていたのがわかる。福知山城のもともとの天守はこの越前大野城の天守と同一系譜の

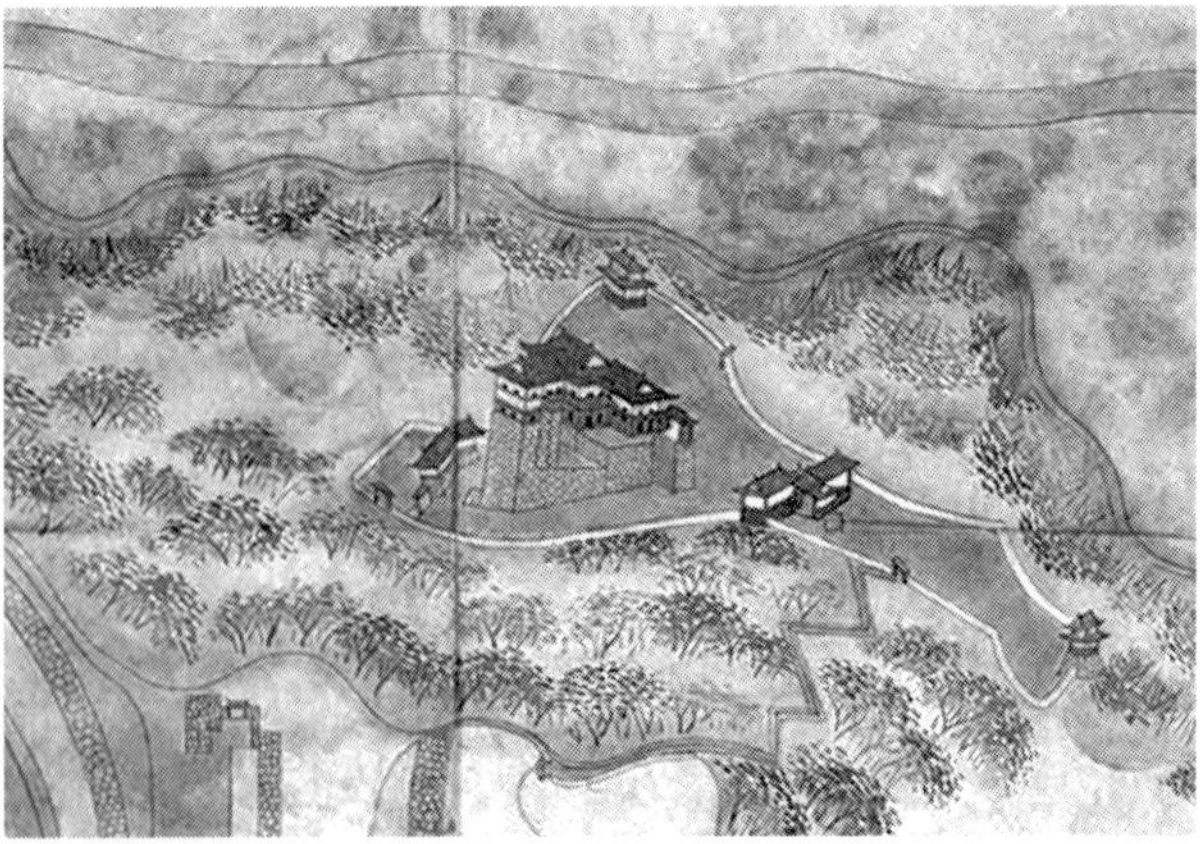

「大野城図」（部分、名古屋市蓬左文庫蔵）

ものだったと思われる。

そして福知山城の天守を支えた石垣だが、石垣の角（隅）部分は重《かさ》ね積《づ》みといわれる積み方を用いていた。重ね積みは大きさやかたちが似た石を選び、下から上へと角石として積んだ工法である。

石垣の角部分は崩れやすかったので、最も強固につくったのだが、多くの場合、長辺と短辺を一段ごとに互い違いになるように積んだ算木積みを用いた。安土城や江戸時代の大坂城も算木積みである。そのため従来の城郭研究では、算木積みこそが正しい積み方で、重ね積みは下手な石垣の積み方だとしてきた。

しかし、近年、各地で城の発掘調査が進んだことで算木積みだけが正しい石組みの仕方であるという解釈が間違っていることがわかった。たとえば、宇喜多《うきた》氏の岡山《おかやま》城や加藤清正の熊本城などの天守の石垣は重ね積みだった。

熊本城は二〇一六年の熊本地震により石垣などが大きな被害を受け、現在、修復が進んでいる。この修復過程で大天守の石垣に新しい知見が得られた。

大天守台石垣の北側の面は小天守の石垣が後で増築されたので、今まで見ることができなかった。その小天守の石垣が地震で壊れてしまったため、解体して修復する過程で小天守台石垣によって隠されてきた清正が積んだままの石垣を見ることができたのである。

熊本地震を耐え抜いた清正の大天守台石垣の角部分は、算木積みではなく、重ね積みだった。

熊本城天守の築城開始は秀吉晩年の時代だが、この時代を代表するような熊本城の石垣が重ね

安土城の算木積み

福知山城の重ね積み

隅石に重ね積みを用いた熊本城大天守台石垣（提供：熊本城総合事務所）

積みの隅石をもったのは、算木積みこそが正しい積み方という解釈の間違いを証明する。重ね積みはもうひとつの正しい積み方だったのである。

このように光秀の城のつくり方や石垣の積み方は、最先端といってよく、改めて城から光秀に注目する必要があるだろう。

明智光秀の「天主」に迫る——周山城

一五八一年（天正九）八月一日、織田信長は八朔《はっさく》の日に五畿内隣国の衆を安土に集めて、軍事パレード・馬揃《うまぞろ》えを行った。信長は深く笠をかぶり、白い装束に虎革の行縢《むかばき》（騎馬の際に用いた腰から下の覆い）の出で立ちで、葦毛《あしげ》の馬で行進した。この軍事パレードには近江と丹波に領地をもった明智光秀も加わっただろう。『信長公記』は、馬揃えの見物者はおびただしかったと伝える（巻十四）。

その馬揃えの見学者のひとりに、堺の豪商で茶人として名高い津田宗及《つだそうぎゅう》がいた。宗及は信長や家臣たちと茶道を通じて深く交流した。一五七四年（天正二）に宗及は岐阜城の信長を訪ねて信長秘蔵の茶道具を一堂に拝見し、茶会でもてなしを受けた。ご飯のおかわりは信長が給仕してくれた。イメージするとちょっと怖い。その後、信長が安土城を築くと城内を何度も見学し、信長は天主を自ら案内もした。信長がいかに宗及を敬愛したかがわかる。

宗及の残した茶会の記録『他所茶湯留』によれば、安土での馬揃えの翌日、信長の側近長谷《はせ》川《がわ》秀一《ひでかず》が宗及の安土の滞在先を訪れて信長の指示を伝えた。子細があって去年取り上げた大名物の茶入「珠光文琳《ぶんりん》」を返却するとの連絡で、その日のうちに宗及は茶入を受け取った。同日、宗及は安土を発して四日に堺に帰着した。

そして宗及は信長への御礼の品を整えて一一日に改めて安土城を訪ねた。信長は、進物は不要として品を返した。八月二日は宗及の父の命日であったので、宗及はそのめぐり合わせの不思議さをよろこんだ。

宗及は安土から京を経て堺ではなく北に進路をとったようで、一四日には京都市右京区京北周山町の周山城に到着した。この城は京都駅の北二三キロメートルにあり、光秀の亀山城（亀岡市）、福知山城（福知山市）と連携する位置にあった。そしてこの周山城に明智光秀がいた。翌日は十五夜の名月にあたったので、山城で「終夜遊覧」した。光秀が「月は穐《あき》　秋はみ山の今宵《こよい》哉《かな》」と発句し、「名は世にも　たかみ山路の　秋の月」と詠んだ。宗及は「宮古人　月と酒とのこよいかな」と詠んだ。

満月を愛でる周山城の酒宴の、光秀と宗及の打ち解けた雰囲気が伝わってくる。宗及は茶入が信長から返されたよろこびをきっと光秀に語ったであろうし、光秀は直前の安土馬揃えの苦心など、信長に仕えるたいへんさをきっと宗及に語ったと思う。その舞台になった周山城は比高二三五メートルの丘陵上にあり、東西一四〇〇メートル・南北五〇〇メートルにもおよぶ巨大な山城だった。一五八〇年（天正八）頃から一五八一年（天正九）にかけて光秀が築いた山城だった。中心部には崩れてはいるが、みごとな石垣が残る。京都市が調査した航空レーザー測量の成果によって、近年ようやくその全貌が見えてきた。

　周山城は石垣で囲んで圧倒的な求心性を発揮した本丸を整えた一方で、派生した尾根上に多数の独立的な曲輪を配置した。こうしたいくつもの尾根にあった半独立的な曲輪には光秀の家臣が屋敷を構えていた（初川家所蔵「周山城絵図」、京都市による航空レーザー測量図による）。こうした光秀の城づくりは、自分だけが頂点に立ち、すべての人を見下ろそうとした信長の安土城と大きく異なり、光秀の中心性を担保しながら、家臣の一定の自立性をも認めた「ほどよい大名と家臣との関係」を模索したことを示す。城づくりから見ると、信長が目指した近世と、光秀が目指した近世は、根本的に異なっていた。

　その周山城の本丸には、天主とされる石垣の段が見られる。破損し半ば埋没しているが、内部は石垣の壁で囲んだ石蔵（穴蔵）になっていたと推測され、特別で巨大な建築物の基礎であったのは確実である。伝承どおり光秀の「天主」と見てよい。この建物基礎を除くと本丸に御殿を建てたと考えるには面積が狭く、周山城の天主は坂本城、安土城同様に御殿と望楼が複合した、現在の天守とはイメージも機能も異なった天主建築であったと思われる。

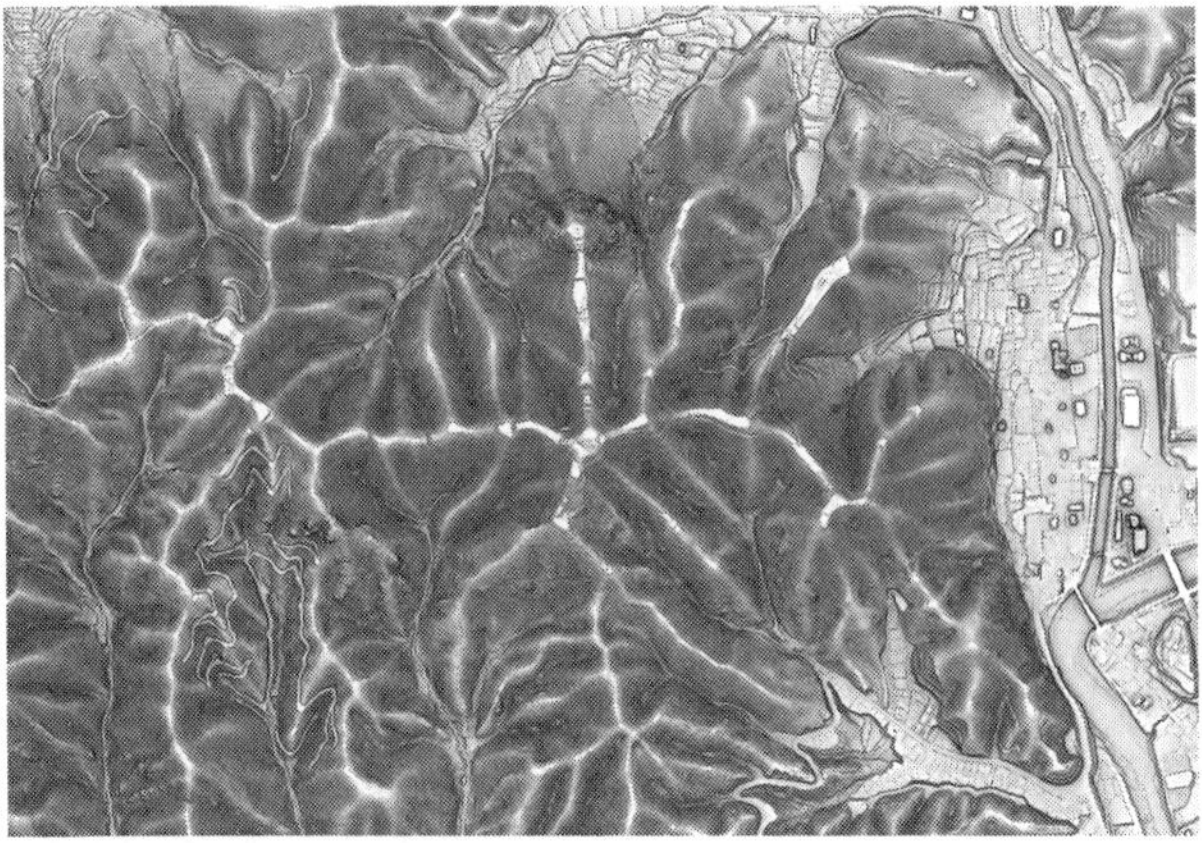

周山城の航空レーザー測量図（京都市蔵）

光秀は坂本城に天主を建てたことが記録からわかるが遺構はなく、その後築いた亀山城、福知山城も改変されて光秀の遺構の詳細は不明になっている。だから周山城は、光秀の城と天主を城郭考古学から読み解く最も重要な手がかりである。

そこで茶人の津田宗及を、一五八一年（天正九）八月一五日に明智光秀がもてなした京都市周山城天主の検討を、さらに進めていきたい。現地を訪ねて本丸に残る天主跡を子細に観察すると、建物への出入口は三カ所あり、いずれも石垣で囲った地下階相当の石蔵階に入ったとわかる。採光をくふうしても石蔵階はうす暗かったので、主要な部屋にはならない。倉庫などとして用いたのだろう。もちろん上階へつながる玄関としての役割もあった。

そこで注目したいのは周山城の天主が出入口を

複数備えたことである。防御のための天主であれば、出入口を少なくして敵の進入を防いだ。江戸時代の天守はおおむねそうしていた。それに対して周山城の天主が複数の出入口をもったのは、この建物が御殿的な役割を担ったことを物語る。たとえば室町から戦国期にかけた将軍の館は、正式対面を行う建物・主殿《しゅでん》を備えた。この主殿は三つの出入口をもち、身分によって出入りできる戸口を分けた。

つまり光秀の周山城の天主は、石蔵階から階段を登った一階が、主殿的な対面空間になっていた蓋然性がきわめて高い。しかし周山城の天主は、それだけではなかったと思う。主殿は公式謁見の場で、生活したり身分を超えて親密な交流をしたりする空間ではなかった。そして、それらを担ったのが主殿空間の上階、天主二階だったと推測できる。天主二階は光秀の奥御殿や、特別な人をもてなした会所空間として機能したと復元できる。

御殿の二階を奥御殿や会所として使ったのが確実な事例に、六角氏の滋賀県観音寺城の山城御殿や、松永久秀《ひさひで》の奈良県多聞《たもん》城御殿があげられる。また信長の安土城天主も内部は信長の執務室を含む御殿として機能した。光秀の周山城天主は、こうした戦国期の城郭建築の系譜に位置づけられる。一般に平面的に展開した御殿群が、天主に集約されるかたちで垂直方向に展開したのが安土城や周山城と考えればよいだろう。

同様の城郭建築は江戸時代の城では傍流になったが、愛媛県の伊予松山城の創建期本壇《ほんだん》（山城の天守群）、先に記した福井県の越前大野城、やはり金森長近が築いた岐阜県の高山《たかやま》城などは、安土城・周山城型天主の後継であった。周山城天主が垂直方向に御殿機能を展開した天主であったという復元は、周山城の本丸が天主空間を除くと狭く、御殿群を建てる場所がないため、天主が御殿機能を兼ねたと考えざるを得ないこととうまく符合する。

そして、ていねいに周山城を歩くと、たとえば本丸の出入口周辺には瓦が集中して散布するようすが確認できる。それに対して天主周辺には瓦の散布は見当たらない。まだ周山城は発掘していないので断定はできないが、軍事的な建築であった塁線《るいせん》際の櫓や門は瓦葺きであった一方で、天主は御殿系の建物系譜に属していて、棟などを除いて檜皮《ひわだ》や柿《こけら》など、植物質の素材で屋根を葺いていたと推測してよいだろう。

一般的には天守こそがいち早く軍事的な建築として瓦葺きになったと考えたくなる。しかし光秀の坂本城と同時期の細川藤孝の勝龍寺《しょうりゅうじ》城が、近年竹中友里代氏が発見された連歌《れんが》師紹巴《じょうは》の書状から（長岡京市教育委員会編『勝龍寺城関係資料集』二〇二〇年）、天主を備え、その天主で連歌会や古《こ》今《きん》伝授を行ったことを考えれば、安土城天主以前に畿内で成立していた天主は、御殿機能を中心にした象徴的な重層建築だったと考えられる。幻の坂本城の天主も、この周山城の天主も、そうした畿内に成立した初期天主の系譜に属したものと位置づけられよう。

そう考えると信長の安土城天主は、畿内で先行して成立していた天主を前提に、御殿機能を継承したと理解できる。そして建築そのものを一気に巨大化させ、屋根を瓦葺きに改めて軍事的機能を加味した。屋根を瓦葺きにしたことで実現した金箔による軒先の華麗な加飾《かしょく》と、城の求心性の階梯《かいてい》の頂点に天主がそびえた城郭構造上の位置によって、天主の象徴的機能を極限にまで高めたとわかる。新たな天主の創造であった。

信長の城の求心性は、城のもった軍事的な機能の中心性に由来したから、その頂点に立つ天主が新たな軍事建築の標準を意味した瓦葺きでなくてはならなかった。そうした信長の城の天主が、強力な規範性を発揮していくなかで、光秀の周山城天主が示した屋根を瓦で葺かない選択は、改めて信長と光秀のそれぞれが目指した社会の違いを浮き彫りにしていると思う。

周山城の天主が何階であったかは断定できないが、地下階に相当した石蔵階、主殿の一階、奥御殿・会所の二階があって、それを覆った大入母屋《おおいりもや》屋根の上に物見の櫓が乗った外観とひとまず想定しておきたい。こうして復元してみると、十五夜に光秀が宗及をもてなしたのは、周山城本丸の天主の三階であったと思う。まだ夜に周山城に登ったことはないが、いつか十五夜に周山城の天主跡から月を眺めたい。

3　城から見た松永久秀

信貴山城と多聞城

松永久秀は謎に満ちた武将であったが、天野忠幸氏の研究によって近年、真実の久秀が見えてきた（天野編二〇一七）。そして同時に中川貴皓氏らの研究によって、久秀が大和に築いた城のようすも判明しつつある（中川二〇一七）。そうしたすぐれた研究に導かれて信貴山《しぎさん》城と多聞城を訪ね、城から松永久秀の実像に迫りたい。

一五五九年（永禄二）に大和に攻め込んだ松永久秀は、翌一五六〇年にすでに城があった信貴山城の修築を開始して大和支配の拠点にした。さらに一五六一年（永禄四）からは多聞城の建設をはじめ、信貴山城と多聞城の二城を軸とする体制を整備した。当時、ひとりの大名がいくつもの城をもつことはよくあったが、本拠クラスの城を複数用いたのは珍しかった。なぜ久秀はふたつの城を拠点にしたのか、その謎を解く鍵は立地にあったと思われる。

まず信貴山城の立地はどうだろうか。久秀は弥生時代以来大和と河内《かわち》を結ぶ交通の要であった大和川を、信貴山城で押さえた。そして大和川を下った先には、瀬戸内の海運の拠点であった摂津《せっつ》・河内があり、大坂や商業都市・堺があった。つまり信貴山城は大和に向いていただけでなくもう一方の河内をにらみ、さらに東アジア世界とつながる海運にアクセスし得た立地だった。実際に信貴山城の本丸、信貴山朝護孫子寺《ちょうごそんしじ》の奥の院になっている雄岳《おだけ》からは、大坂方面も望むことができる。久秀の政治的意図を感じられる眺望である。

次いで多聞城の立地を考えたい。興福寺《こうふくじ》を中心とした南都《なんと》の門前郷《ごう》は、平城京の外京に由緒をもち、大和における中心市街地であった。久秀にとって大和の領国化を進めるためには、南都に拠点を築くのは重要な意味をもった。また敵対した筒井順慶《つついじゅんけい》の動きを封じるために、信貴山城と多聞城の二城体制は有効だったに違いない。興福寺五重塔、元興寺《がんこうじ》五重塔、東大寺大仏殿といった仏教建築と並んで、後述するように真新しい多聞城「四階櫓」がそびえた南都の景観は、さぞや壮観だっただろう。

畿内屈指の文化サロン——多聞城

奈良市にある多聞城の築城は一五六一年（永禄四）からはじまった。翌年には建築工事が進んでいて、一五六二年（永禄五）一〇月二八日付けの久秀の書状によれば（『柳生《やぎゅう》文書』）、多聞城には「詰丸」「西丸」があり、城内の主要な殿舎として「主殿」「会所」「庫裏《くり》」があったとわかる。詰丸は、現在、若草中学校が建つ中心の曲輪に比定でき、西丸は、聖武《しょうむ》天皇陵になっている西側の独立的な丘陵の曲輪と比定してよい。

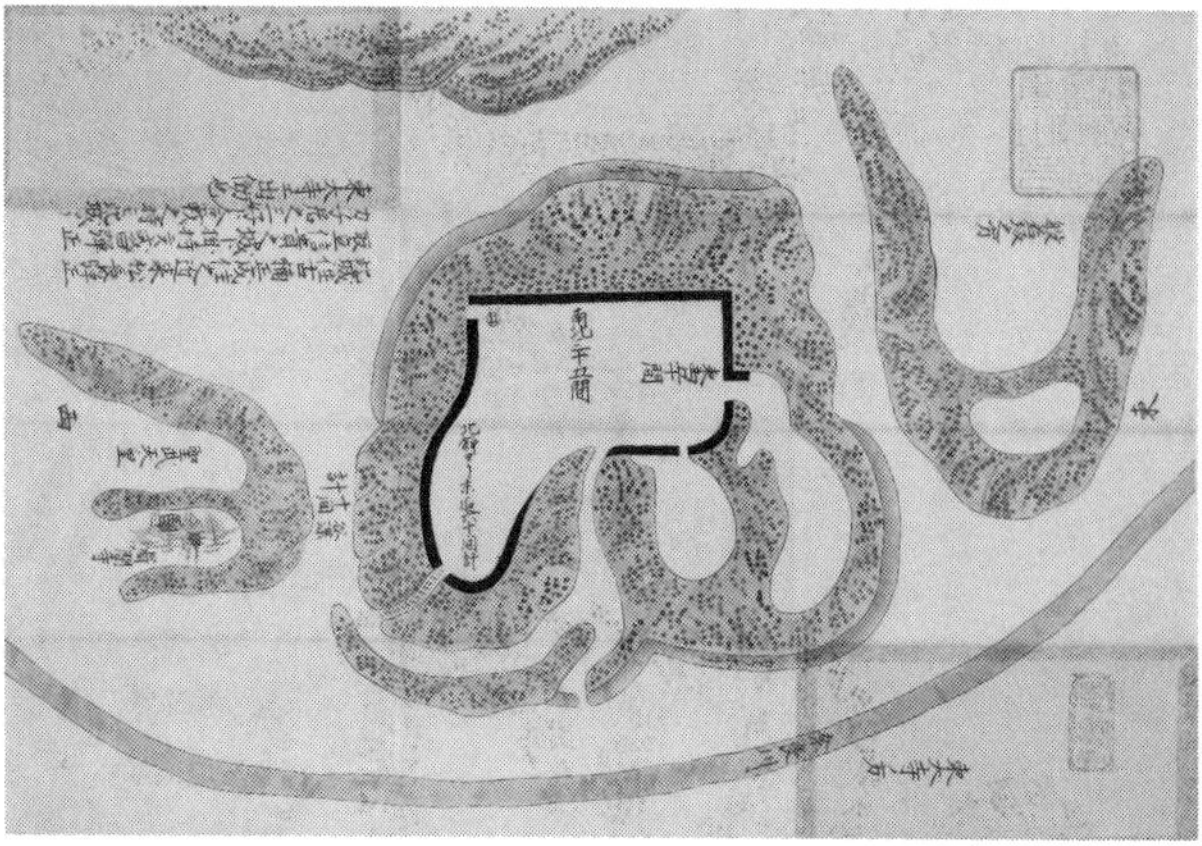

多聞城（浅野文庫「諸国古城之図」より「大和 多聞」、広島市立中央図書館所蔵）

主殿・会所とも、室町・戦国期の城館や公家の屋敷が共有した儀礼のための建物であった。主殿は、正式の対面行事を行うための「ハレ」の建物で、身分に応じて入る扉を違《たが》え、上位者が上座を占めた。それに対して会所は、「貴賤同座」＝身分の高い者も低い者も同じ部屋に座って、連歌や宴会などを行った。主殿の儀礼では太刀だけでなく馬なども贈答したため、主殿と組み合わせた広場（空地）を備えた。一方の会所は、文芸活動の場になったので、庭園を組み合わせたのが原則だった。そして庫裏はこの場合、久秀と家族の日常の住まいを指したと思われ、常御殿と考えられる。

つまり多聞城の主要な曲輪＝詰丸には、広場を備えた主殿と庭園に囲まれた会所が並び建ち、それらと渡り廊下でつないだ常御殿があったと推測される。主殿などに用いた赤銅の引き手は、京都

多聞城の復元画（富永商太画・千田嘉博監修）

の著名な金匠《きんしょう》・太阿《たいあ》弥《み》に命じたのが先述の久秀文書からわかる。この金具づくりの太阿弥は、一五七六年（天正四）から織田信長が工事を進めた安土城天主において「二重めより 京の たい阿弥 かなく（金具）なり」と記したように（『信長公記』巻九）、信長も認めた名匠だった。

また久秀は御殿の障壁画を狩野の絵師に描かせたのもこの文書から判明する。やはり信長の安土城では天主や殿舎の障壁画を狩野永徳が描いた。一五六五年（永禄八）に多聞城を訪ねた宣教師ルイス・デ・アルメイダは、御殿の壁は日本と中国の古い歴史物語を描いていて、絵のないところは金になっていたと記した（『フロイス日本史』）。一五七五年（天正三）に多聞城を訪ねた島津《しまづ》家久《いえひさ》は、御殿のなかに楊貴《ようき》妃《ひ》を画題にした「楊貴妃の間」があり、その御殿が二階建てだったと記した（『中務大輔家久公御上京日記』）。アルメイダが見た古い歴史物語の絵のひとつが、楊貴妃だったと判明する。

また多聞城内には「北向きの六畳敷右構えの茶室」「北向きの四畳半左勝手」の茶室があった。久秀は茶会で「煙寺晩鐘《えんじばんしょう》」の軸、「平蜘蛛《ひらぐも》茶釜《ちゃがま》」「九十九《つくも》髪《かみ》茄子《なす》茶入」などの茶器を用い、千利休《せんのりきゅう》や医師の曲直瀬道三など、当代一級の名士を招いた。多聞城は畿内屈指の文化サロンでもあった。先に紹介した一五六二年（永禄五）一〇月二八日付けの久秀書状には「落天井《おちてんじょう》」の記述があった。落天井とは茶室の亭主の点前座《てまえざ》の天井を、客座に対して一段低くして、亭主の謙そんの心を示した建築意匠だった。久秀はそうした茶室で茶を点《た》てた。

さて、多聞城には一五六二年（永禄五）八月に上棟《じょうとう》式をした「四階櫓」があった（『享禄天文之記』）。従来、この四階櫓を天主の祖型と評価することが多かったが、私は慎重に考えるべきだと思う。畿内には安土城の天主成立以前に「天主」と呼ぶ建物が成立していた（千田二〇二〇）。一般的に天守といえば軍事的な建築をイメージするが、畿内で戦国期に成立していた天主は、細川藤孝が勝龍寺城の天主で古今伝授を受けたように、御殿的機能を強くもっていた。

四階櫓が巨大な櫓であったことは間違いないが、この建物の記録はいずれも「櫓」としたことに留意したい。高層の櫓を実現した建築技術の画期ではあっても、大きな櫓をそのまま天主と評価するのは適切ではない。多聞城の四階櫓は天主ではなく、四階の櫓と位置づけるべきである。

アルメイダの書簡によれば、多聞城内には久秀の重臣や信頼した家臣の屋敷があったとされる。江戸時代の古城絵図や終戦直後の航空写真、中学校建設前の略測量図を見ても、多聞城の詰丸はひとつの大きな平場《ひらば》であったと分析でき、江戸時代の城とは異なって本丸、二の丸、三の丸のような明確な階層性を多聞城がもたなかったのがわかる。多聞城は近世城郭へとつながっていく要素をもちながら、城の構造としては大名と家臣の館を並立的に配置した中世的な城であった。

家臣の心情を思いやる久秀――信貴山城

平群《へぐり》町にある信貴山城は、多聞城築城前から久秀の拠点であった。一五七二年（元亀三）に久秀と子供の久通《ひさみち》が信長に謀反し、翌一五七三年（天正元）に降伏すると、多聞城を信長に明け渡したので、久秀と久通にとって信貴山城の重要性は再び高まった。信貴山城は信貴山朝護孫子寺の境内の山として守られ、中学校建設で主要部を破壊した多聞城とは異なって、遺構がほぼ完存する。歴史性、遺構の保存状況、規模から考えて、信貴山城は国指定史跡になるべき城跡である。

　信貴山城は雄岳を中心として軍事機能が卓越した要害部と、雄岳から北側に手のひらを開いたように放射状に伸びた尾根筋の大規模な武家屋敷群の組み合わせでできた。このうち注目されるのは、放射状に伸びた尾根にある武家屋敷のひとつが「松永屋敷」と伝えられることである。この武家屋敷は近年、平群町と信貴山朝護孫子寺の助力を得た信貴山城址保全研究会が精力的に環境・園路整備を進め、安心して山城を体感できるようになった。

絵図が伝える伝「松永屋敷」の松永を誰に比定するかという問題は残るが、この屋敷は山城内のほかの武家屋敷よりも規模が大きく、土塁や複雑な出入口を備えるなど格式が高いので、松永久秀の屋敷と考えてよいと思う。主要部は上下二段の曲輪から構成していて、尾根先端の上段が奥御殿（会所・常御殿）、出入口に近い手前の曲輪が表御殿（主殿）であったと推測される。現在は深い山中にあるが、御殿群の建築が多聞城に劣ったとは考えられず、壮麗な殿舎が山中に建ち並んだと考えられる。周囲の尾根筋にも多数の武家屋敷跡が残るので、当時は山中に

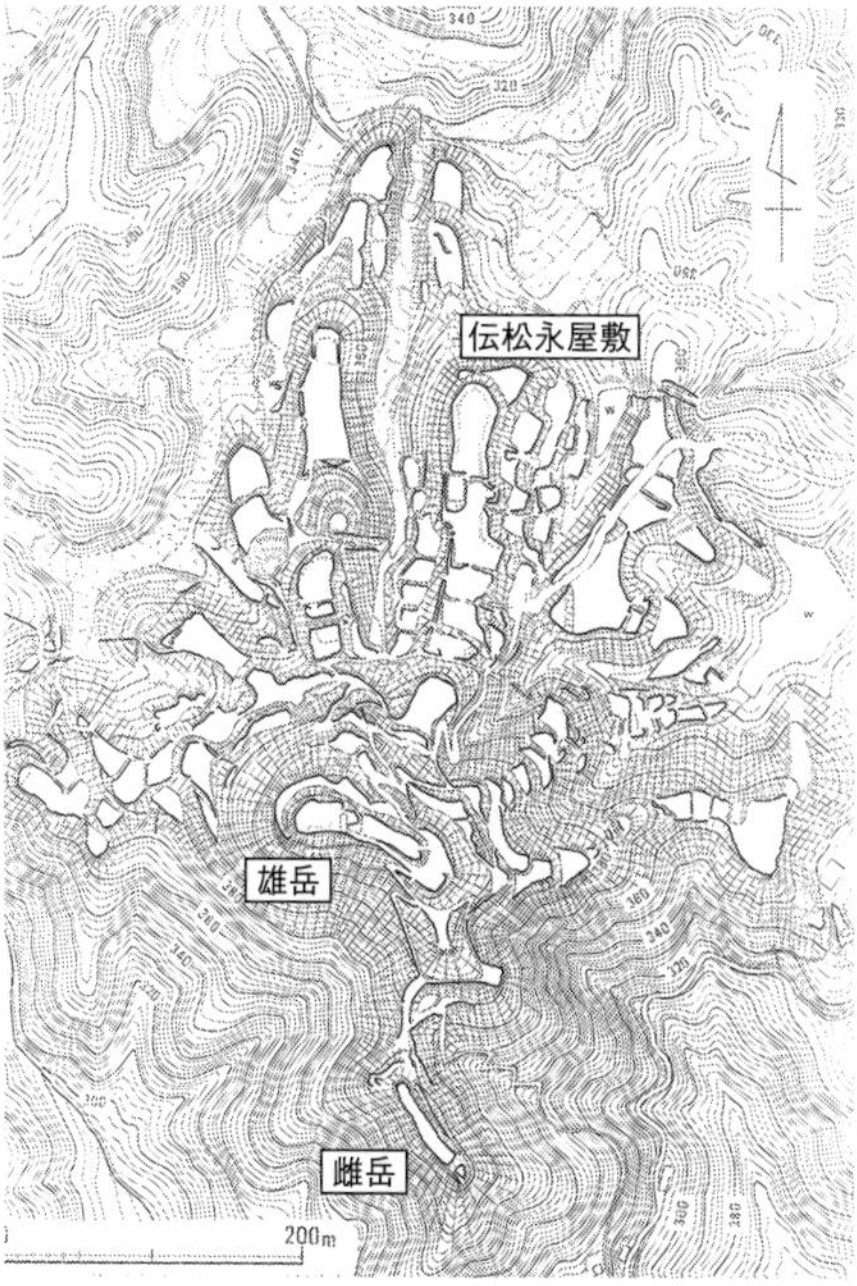

信貴山城の縄張り図（平群町教育委員会提供に加筆）

防御した都市が出現したように見えたのだろう。

先に分析した多聞城では、久秀が重臣や信頼した家臣たちとともに、並んで詰丸などに屋敷をつくって久秀と家臣たちが並立的な関係にあったことが明らかになった。信貴山城でも確かに「松永屋敷」はほかの武家屋敷と比べて規模が大きく、格式もより整ってはいたが、城内での立地はほかの家臣屋敷と比べて特別な優位性はなく、横並びの関係にあった。さらにほかの家臣屋敷とともに「松永屋敷」は雄岳の本丸を共通の要害とした。

多聞城、信貴山城の城郭構造を分析してみると、松永久秀が家臣に強権をもって君臨したのではなく、家臣たちと連合的な性格をもつ関係を築いていたのが見えてくる。「戦国の梟雄《きょうゆう》」のイメージが強い久秀であるが、城から考えると久秀の実像は、家臣の心情を思いやる武将であったと思う。今後、信貴山城の発掘調査が行われると、そうした久秀の姿はより浮き彫りになるに違いない。

久秀を物語る信貴山城の戦い

一五七七年（天正五）に信長に再び背いた久秀は、信貴山城に立て籠もった。信長は嫡男《ちゃくなん》の織田信忠を大将に、佐久間信盛、羽柴秀吉、明智光秀、筒井順慶といった織田の主力軍をさし向けた。最初の激戦は上牧《かんまき》町の片岡《かたおか》城をめぐって一〇月一日に行われ、久秀家臣の森・海老名《えびな》の城将が城を守った。久秀軍は本丸が落ちても「天主」に立て籠もり、弓矢・鉄砲を撃ち尽くすと切って出て、一五〇人余が討死にしたという（『信長公記』巻十）。

片岡城の落城後、大和川を越えた織田軍は信貴山城麓の王寺《おうじ》町の立野《たつの》城を突破し、一〇月三日に信貴山城の周辺を焼き払った。このとき信貴山朝護孫子寺の毘沙門堂《びしゃもんどう》も焼け落ちた。一〇月九日に信貴山城の武家屋敷が落ちて火がつけられ、中心部の一角の雌岳の曲輪にも火が放たれた。残るは雄岳の本丸だけとなった。一〇月一〇日の夜に織田軍は本丸の総攻撃を開始し、松永軍は最後の抵抗をつづけた。

同時代の記録によれば久秀は天主に火をかけて自害したとあり、「平蜘蛛茶釜」とともに爆死はしていない。史料による限り、久秀は信貴山城の雄岳の本丸の天主で自害して亡くなったのが真実である。久秀が自害したときに、（天主の）下ノ重で「屏風《びょうぶ》」「障子《しょうじ》」を取り寄せ「戸」「畳」を引き裂いて火をつけたことを中川氏が紹介しており（中川二〇一七）、信貴山城の天主も御殿的な機能をもつ建物だったと推測できる。

信貴山城の落城には、織田軍の「調略」＝策略で敵を寝返らせたことが効果を発揮したという（『信長公記』巻十）。確かに迫りくる織田軍の前に寝返った久秀の家臣もいた。しかしそれを差し引いても、圧倒的に不利な状況で、多くの久秀の家臣たちが片岡城や信貴山城で最後まで奮戦したのを特筆したい。このことは、いかに家臣たちが久秀と深く結びつき、信頼していたかを示している。久秀のイメージは、最後の戦いから見ても改める必要がある。

4 城から見た豊臣秀吉

秀吉の豊臣大坂城

まず豊臣大坂城がどのような城であったのかを分析したい。ここでは大坂城と「坂」を使った表記をしているが、これは近代以前の歴史的表記にもとづいている。大坂城は国の特別史跡に指定されているが、史跡としての正式な表記も「特別史跡大坂城跡」である。

それなら大坂城に関することはすべて「坂」表記で統一したらよいのだが、近代以降の地名表記は大阪と「阪」の文字を用い、公園としての名称は「大阪城公園」、博物館である復興天守は「大阪城天守閣」が正式名称になっている。天守には本来城が機能した時代には付さなかった「閣」までついていて、ややこしい。しかし、それが正式名称である。ムック本などで、「大坂城」と記すか「大阪城」とするかで、執筆者の歴史理解と版元がどのあたりを目指して出版したかを推し量る指標になると思う。

現在の大坂城は、再建された立派な天守があり、深い堀と高い石垣が囲んでいて、特別史跡にふさわしい堅固な姿を見せる。しかし多くの方がご存じのように現在見られる大坂城は、大坂の陣が終わったあとに、江戸幕府が西国の諸大名に命じて新たにつくったものだった。このため豊臣時代の大坂城は現在の大坂城の地下に埋まって、豊臣大坂城の姿は見られない。

いま大阪の空にそびえる天守は一九三一年（昭和六）に復興し、徳川期の天守台の上に豊臣時代の天守をイメージして建てた「ハイブリッド天守」である。「大坂冬の陣図屏風模本」（東京国立博物館蔵）や「大坂夏の陣図屏風」をはじめとして、絵画資料からわかる豊臣大坂城の天守は黒漆《こくしつ》塗りの下見《したみ》板《いたば》張りで、黒い外観であった。ところが一九三一年に復興した現天守は、白い外観で印象が大きく異なる。

復興天守の設計にあたって、絵画資料の白黒写真しかなかったため、外観を白と認識したという説もあるようだ。現在のように鮮明なカラー画像を簡単に確認できる時代ではなかったのは確かだが、白黒写真でも黒を白と見間違えるのはよほどのことである。実際は大坂城に残っていた櫓や門がすべて徳川期の白漆喰《しろしっくい》総塗り籠《こ》めの外観だったので、それに合わせたというのが実状ではないか。もし復興天守が黒い外観だったら、私たちの大坂城イメージもずいぶん異なったと思う。

豊臣時代の天守は、現在より東側に建っていた。発掘できたらよいのだが、現在は近代になって設けた配水池の下敷きになっていて当面は調査が難しい。また池をつくったときにどの程度掘り込んだかによるが、池の掘削《くっさく》が天守台の遺構に被害を与えた可能性がある。そもそも

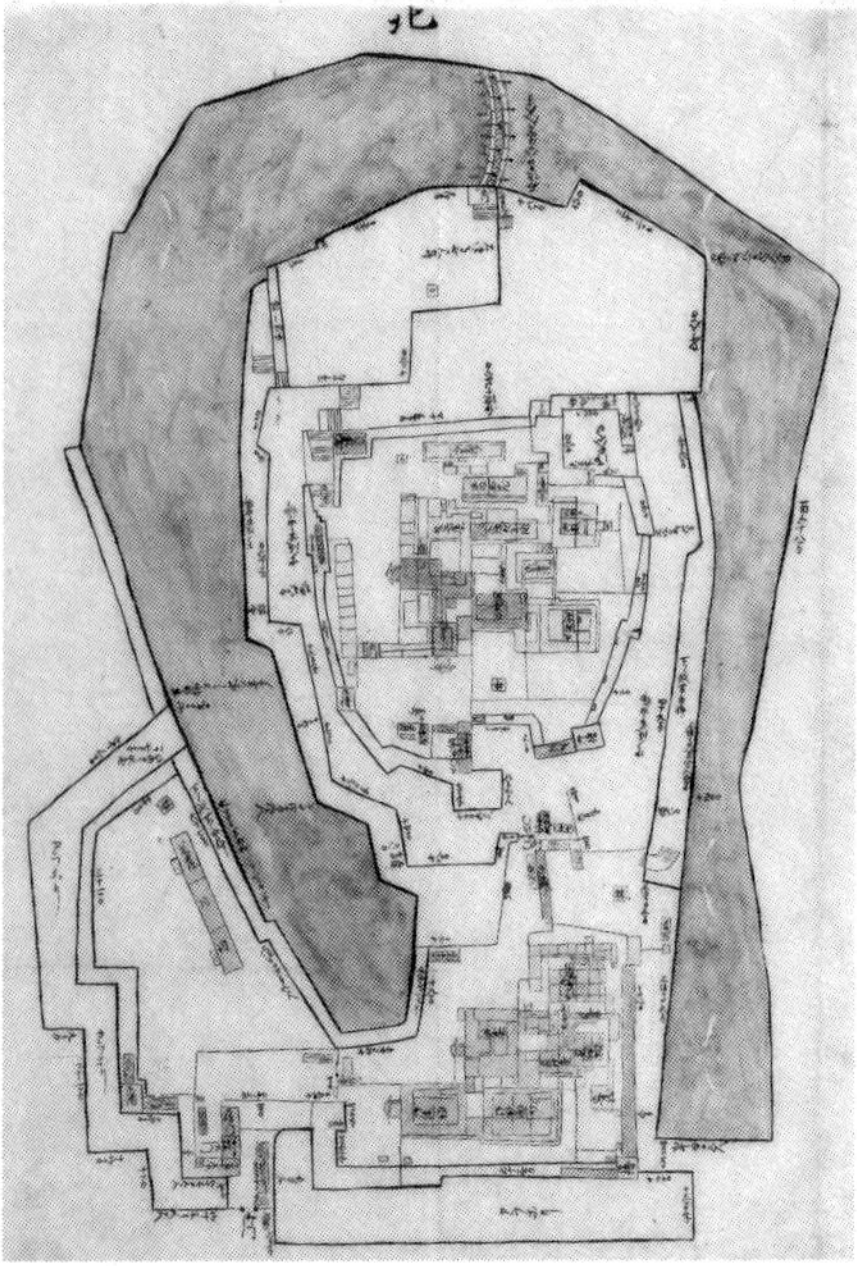

重要文化財　中井家関係資料のうち「豊臣大坂城本丸図」（中井正知氏・正純氏蔵、大阪市立住まいのミュージアム寄託、撮影／京極寛）

れ以前の江戸幕府による豊臣大坂城の破却と埋め戻しによって、天守台の上端部を壊した可能性が高く、残っていても天守台石垣は完全ではないだろう。しかしたとえ基底部だけでも地下に残っていて、それを発掘できれば、さまざまな謎を解き明かせるだろう。いつか大坂城本丸の配水池がなくなる日を期待したい。

さて豊臣大坂城の中心部を知る最も重要な絵図として、徳川家康の大工棟梁を務めた中井《なかい》正清《まさきよ》の家に伝わった「豊臣大坂城本丸図」（中井正知氏・正純氏蔵）二点、広島の浅野家に伝わった「豊臣大坂城本丸図」（『浅野文庫諸国古城之図』所収）などが知られる。細部に異同があるが、およその構造は共通した。

このうち中井正知氏・正純氏蔵の「豊臣大坂城本丸図」は、伝来などから最も資料的価値が

豊臣大坂城の中心部（「大坂冬の陣図屏風」デジタル想定復元、画像提供：凸版印刷）

高い。そしてこの絵図は羽柴秀吉が大坂城を築城した時期に近い姿を描いたものと考えられてきた。ところが中村泰朗氏による研究によって、この絵図が一六一四年（慶長一九）の大坂冬の陣の開戦を前に、徳川家康が中井正清に命じて描かせた豊臣大坂城攻略のための作戦絵図であった蓋然性が高くなった（中村二〇一六）。つまり現在伝えられる豊臣大坂城の本丸絵図は、いずれも豊臣秀頼段階の最終段階の姿を描いたものと位置づけられる。

　こうした指摘をもとに「大坂冬の陣図屏風模本」（東京国立博物館蔵）が描いた豊臣大坂城中心部を詳細に点検してみると、「大坂城本丸図」と「大坂冬の陣図屏風模本」の本丸の空間構成や御殿配置はきわめてよく一致したとわかる。また従来、豊臣秀吉による増改築によって、本丸の石垣から大きく張り出して懸け造りになったと考えられてきた「千畳敷御殿」は、『日本西教史』の想像を史実とした櫻井成廣氏が一九七〇年に発表した研究に端を発したもので、同時代の史料と照合すると「豊臣大坂城本丸図」「大坂冬の陣図屏風模本」が描いた、大規模であるが懸け造りではない千畳敷御殿が真実とすべきである。従来の認識を根本的に改める必要がある。

そして豊臣大坂城の中心部は、本丸よりも上位の空間として石垣で囲った詰丸があり、詰丸は秀吉が家族とくらしたプライベートな空間、つまり奥御殿になっていた。天守はこの詰丸の北東隅にあった。詰丸の南に位置した本丸には、広大な対面用の御殿や秀吉（のちに秀頼）の執務空間があって、いわゆる表御殿を構成したとわかる。豊臣大坂城の中心部は階層的な構造になっていた。

ところが、こうした豊臣大坂城は埋められてしまい、いま見ることはできない。そこで現在、大阪市役所が寄附金によって豊臣大坂城詰丸の南東隅櫓《すみやぐら》が建った場所の石垣を見学する地下展示施設をつくるプロジェクトを進めている。ただし江戸時代の大坂城が特別史跡に指定されているため、江戸時代の大坂城は露出している石垣や堀だけでなく、地下遺構を含めて厳格に守る必要がある。つまり江戸時代の大坂城を壊して、それより地下に残る豊臣大坂城を整備してはいけないのである。だから江戸時代には使わずに空地だったところで、しかも豊臣時代の大坂城を象徴するような石垣が埋まっているところを大阪市は見つけて発掘し、展示施設を計画している。

発掘によって明らかになった大手馬出し

二〇一六年にもプロジェクト実現に向けた発掘を大阪市は行ったので見学させていただいた。調査地点ではみごとに豊臣時代の石垣を検出していた。発掘地点の地下には全体で高さ六メートルに達した石垣が埋まっていて、詰丸の防御の厳重さを体感できた。

発掘で見つかった豊臣時代の石垣は、自然石を用いた野面積みで、現在見ることができる徳川大坂城の石垣のように、四角く人工的に切断して大きさを整えた切石の布積みとは大きく異なった。展示施設ができれば、徳川大坂城と豊臣大坂城の石垣の違いを体感し、城の進化を実感する特色ある博物館施設になるだろう。楽しみに完成を待ちたい。

発掘した石垣は豊臣大坂城の絵図と一致し、その絵図の正しさを証明した。こうして豊臣大坂城中心部の概要はほぼ把握されてきた。ところが中心部以外の豊臣大坂城の実態をつかむのは十分ではない。大坂冬の陣に際して豊臣大坂城を攻めた徳川方の大名が残したさまざまな史料が各地にある。そのひとつに仙台の伊達家が伝えた『僊台武《せんだいぶ》鑑《かん》』が収めた豊臣期の大坂城下町の絵図が知られている。この絵図は、豊臣大坂城中心部の周囲に二の丸があり、その外の南側と西側に巨大な三の丸があったとした。そしてそのさらに外側に城下全体を囲い込んだ都市

発掘された豊臣大坂城詰丸の石垣

囲郭「惣構え」があったと描いた。
　最近まで『僊台武鑑』が描いた四重構造の大坂城下町の姿が、正しいと考えられてきた。豊臣大坂城は、本丸―二の丸―三の丸―惣構えという構造だったと理解してきたわけである。ところが絵図にもとづいた解釈が実は正しくなかったことが、発掘調査によって明らかになった。現在の大坂城大手門の前の堀を渡った先には、大阪府警本部の庁舎が建つ。この大手門は豊臣大坂城の時代にも、およそ大きく変わらない位置にあった。
　大阪府警本部庁舎は、大坂城の大手門の真正面という重要な立地で、大坂城はもちろん、古代の難波宮《なにわのみや》を考えるのにも大切な場所である。そのため建設にあたって発掘を行った。そうするとこの場所から大手門の堀を渡った先の空間を、コ字形に囲い込んだ巨大な堀を検出した（江浦ほか編二〇〇六）。
　こうした出入口の堀の対岸につくった特別な空間を、城では「馬出し」と呼ぶ。豊臣大坂城は大手の出入口の前に、強力な反撃拠点になった「馬出し」を備えたと発掘調査が実証した。そして『僊台武鑑』が描いた巨大な堀を三の丸だと評価してきた従来の認識は、大手の出入口前の「馬出し」の堀が、ページをまたいで間延びしたのを、実態とかけはなれた大きな堀があ

豊臣大坂城の大手門周辺（「大坂冬の陣図屛風」デジタル想定復元、画像提供：凸版印刷）

り、それを三の丸と誤認していたことが決定的になった。

　実は私も参加して凸版印刷株式会社が進めた「大坂冬の陣図屛風模本」のデジタル想定復元に際して、「大坂冬の陣図屛風」が描いた豊臣大坂城の大手門周辺を詳細に検討すると、全体は金雲に隠れているものの、この大手馬出しの堀の南西隅部と、馬出しから外へと出入りした出入口の門を描いたことが判読できた。つまり発掘の成果と「大坂冬の陣図屛風模本」が描いた豊臣大坂城の大手馬出しは完全に一意《いちい》した。もう大阪府警本部庁舎の地下で見つかった堀を三の丸の堀と解釈するのは不可能である。

　そして豊臣大坂城は、大手口だけでなく、北の京橋《きょうばし》口、南東の玉造《たまつくり》口も、門の前に広場があって左右に分かれて出ていくという、戦国後期や江戸時代の城が多く用いた「馬出し」を備えたと評価すべきだと考えられる。京橋口の馬出しについては、オーストリアのエッゲンベルク城で発見された「豊臣期大坂図屏風」がみごとに描いており、その存在を確認できる。

　これら馬出しは、堀の外側にあらかじめ出撃のための陣地を置いたもので、今までは先に記したように巨大な三の丸があってその外に都市囲郭・惣構えをもったと説明されてきた。しかし最新の研究成果から考えると、そうした従来の評価が成り立つ余地はない。豊臣大坂城は、本丸―二の丸、二の丸の出入口にそれぞれ反撃拠点になった「馬出し」を三カ所備えて、その外からは城下だった。そして城下全体を、およそ総延長が八キロメートルを超えた惣構えで囲んだのが、改めて復元できた本当の豊臣期大坂城下町の姿であった。

豊臣政権の本拠はどこか

　秀吉が大坂城の次に築いたのが聚楽第《じゅらくてい》であった。京都内野の平安京大内裏《だいだいり》跡（京都市上京《かみぎょう》区）に建てられた。豪華《ごうか》絢爛《けんらん》で天下に秀吉の威勢を示したといわれている。

　聚楽第は城郭風の「邸宅」と解説されることがあるが、立派な「城」である。

　聚楽第の造営がはじめられたのは、大坂城の着工から三年後、一五八六年（天正一四）のことだった。一五九一年（天正一九）には秀吉の甥秀次《ひでつぐ》の居所となるが、それから四年後の関白

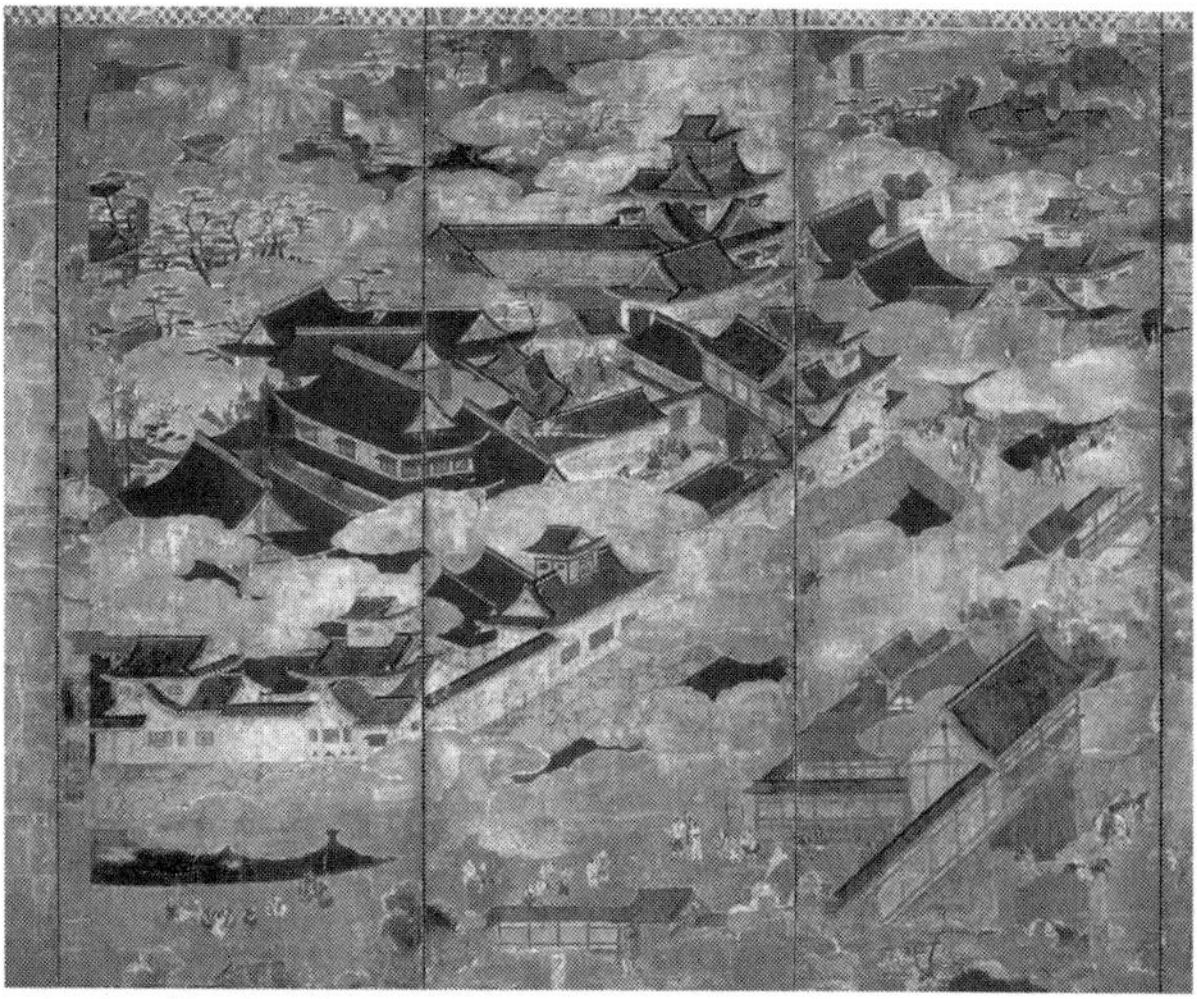

「聚楽第図屏風」（部分、三井記念美術館所蔵）

秀次事件に伴い、破却されている。

一般的に大坂城こそが豊臣政権の本拠というイメージであろう。しかし豊臣政権の本拠は、実は大坂城ではなく、聚楽第または伏見城だった。

豊臣秀吉は毛利氏を屈服させ、四国の長宗我部《ちょうそかべ》氏に攻め入るなど急成長を遂げるなか、天下を治める権威をもつにはそれなりの官位が必要だった。一五八五年（天正一三）、内大臣の官位は得たが、天下人になるためにはまだ不足だった。秀吉は五摂家《ごせつけ》（朝廷）内の争いにつけ入り、五摂家筆頭である近衛《このえ》家の養子（猶子《ゆうし》）になることで関白の座を手に入れた。

関白は令外官《りょうげのかん》で官職ではないのだが、天皇を補佐して天下の政務を行う重職である。つまり事実上、天皇を中心とした朝廷最高の地位で政治上の実権をもった役職である。秀吉は官位によって大名を序列化して、その頂点に秀吉がいるという政治構造を築いた。

だから、天皇を補佐するにしては、大坂城は京都から離れすぎで、政権の本拠とするには適当な城とはいえなかった。そこで秀吉は政権の「公」の城として京都に聚楽第をつくり、その城を関白秀次事件で壊してしまうと、次に伏見城を表向きの政権本拠地とした。その一方の大坂城は豊臣家の「私」の城であった。

実は最初の頃、大坂城には秀吉の家臣の屋敷しかなかった。これは安土城と同じ状況で、全国の諸大名屋敷があったわけではなかったのである。天皇の補佐役として秀吉が京都の聚楽第にいて、そのもとに全国の大名が秀吉を補佐することから、聚楽第の周りに大名屋敷を建設させた。そこから大名の奥方や息子を置くことがはじまっていくのである。

名古屋市博物館寄託の「洛中洛外図屏風」は伏見城を描き、大坂城の極楽橋《ごくらくばし》に類似した関白専用の橋があったことが確認できる。オーストリア第二の都市グラーツのエッゲンベルク城に所蔵されている「大坂屏風全図」には山里丸の堀に架けた極楽橋が確認でき、このふたつの橋には天皇に代わって天下を治める秀吉が特別な橋を渡って大坂と京都を行き来した姿が浮かび上がる。

極楽橋の存在は豊臣秀長《ひでなが》（秀吉の弟）の大和郡山《やまとこおりやま》城や前田利家の金沢《かなざわ》城でも確認される。城

エッゲンベルク城所蔵「大坂屛風全図」の極楽橋（部分、©Erich Lessing ／ PPS通信社）

内の橋に極楽橋と名づけたことの意味はさらに考える必要がある。

聚楽第から浮かび上がる秀次の実像

その聚楽第の破却の原因となった関白秀次事件とは、一五九五年（文禄四）、秀吉の後継者と目されていた豊臣秀次が、秀吉に実子（のちの秀頼）が誕生したことをきっかけに秀吉との関係を悪化させ、数々の乱行と相まって自刃に追い込まれ、秀吉によって側室三四人と子供五人が連座処刑された事件であった。ただし、この事件には不可解な点も多い。

この事件を解く鍵は「聚楽第」にあると思う。わずか九年にしてこの世から姿を消してしまったため、従来その姿については諸説ありの状態だった。

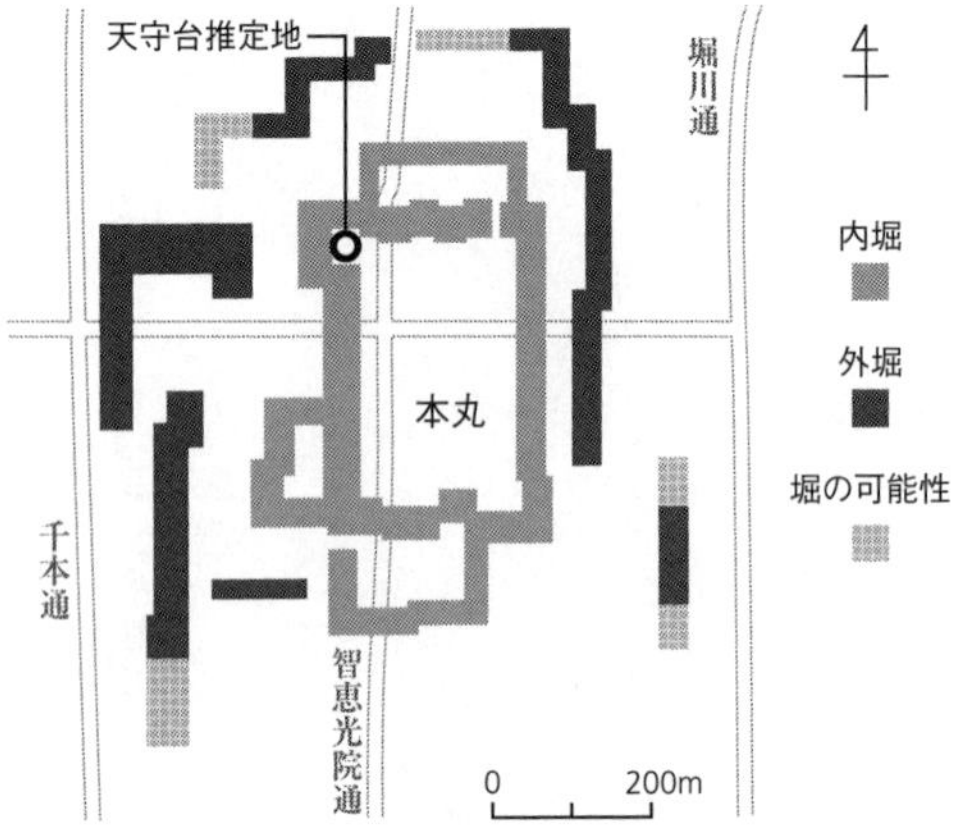

振動波探査による聚楽第の堀の復元図

ところが、近年行われた京都大学防災研究所による振動波を用いたレーダー探査によって、聚楽第の天守のあった場所や堀の位置など全体像がほぼ解明されるところとなった。

京都大学防災研究所による探査では奇妙な事実も浮かび上がった。聚楽第は豊臣政権の正統性を示す拠点として、朝廷のある京都に設けられたもので、京都になくては意味がなかった。そのため秀吉は聚楽第の造営と並行して、それを取り囲むかたちで諸大名の屋敷も建設させたのである。

しかし、振動波探査を行ったところ、大名屋敷が並んでいた場所にまで堀を設けたこと、その堀が各所で寸断していて未完成のまま最終的に埋められたのがわかった。これは、いったいどういうことであろうか。

この振動波探査の結果から考えるなら、秀次は秀吉が朝鮮出兵のため、肥前名護屋城にいる間に、聚楽第をそれまで京都になかった巨大で本格的な城郭に改造しようとしていたとの結論が導き出される。実権の簒奪《さんだつ》を目的とした、秀次の秀吉に対する明らかな反逆行為であった。

秀吉の築いた聚楽第が城郭風の邸宅として扱われてきたのは、本丸や二の丸、馬出しを備えながら周りを取り囲む堀が存在せず、防衛拠点には向かないと判断されてきたからである。

秀次は急ピッチで堀を掘削することにより、聚楽第を大坂城に対抗し得る一大軍事拠点に改造しようとしていた。その完成を待たずして工事は露見し、秀次は秀吉によって自刃に追い込まれ、聚楽第も跡形もなく破却されることとなったという新たな仮説が振動波探査の結果から推測できるのではないか。

これが史実であれば、秀次の人物像を根本から見直さなくてはならない。軽率でわがままという評価は後で貼られたレッテルにすぎず、秀吉に対して不退転の決意を示したその姿勢からは、肝の据わった姿が浮かび上がる。

改めて顧みれば、秀次事件における関係者の処分は異例ずくめだった。処刑された側室のなかには出羽《でわ》国山形《やまがた》城主最上義光《もがみよしあき》の娘駒姫もおり、全員が斬首または切腹させられた秀次の馬廻り衆にしても、秀吉が秀次のために整えた、もとは秀吉子飼《こが》いの者たちであった。

秀吉の権威を傷つけたとの理由で、そこまで粛清範囲を広げたのは常軌を逸《いっ》しており、重大な隠蔽工作の結果と考えざるを得ないのである。

本気で謀反を起こそうとしていた秀次

　時期的に見れば、事件が起きたのは文禄・慶長の役（一五九二〜九三、一五九七〜九八）のさなかだった。中国大陸の明までをも征服しようとする唐入り構想を抱く秀吉は、それに非協力的態度を示した朝鮮への派兵に踏み切ったわけだが、明に勝利した暁《あかつき》には後陽成《ごようぜい》天皇の御所を北京に移して明の帝位につけ、日本の天皇には皇太子かその弟を据える。自身は寧波《ニンポー》に居を定め、秀次には大唐関白を与え、日本国内の統治は秀保《ひでやす》（秀吉の姉の子）や宇喜多秀家《ひでいえ》に日本関白を与えて任せるという、気宇《きう》壮大《そうだい》を通り越した誇大妄想だった。

　緒戦こそ連戦連勝だったが、明の援軍が来て、さらに朝鮮民衆によるゲリラ戦が激しくなると、戦局は泥沼化し、大名の間には厭戦《えんせん》気分が蔓延《まんえん》した。それでなくとも出兵自体に気乗りしない大名がほとんどで、京都の公家も無謀かつ無益な戦いと見なしていた。

　もとより秀吉の構想に反対していた秀次は、こうした気運を目の当たりにして、秀吉から豊臣政権の実権を奪取する決意を固めたのではないだろうか。今なら多くの賛同者が得られて、十分に勝算があると思ったのだろう。

　しかし京都には秀吉や諸大名の留守居《るすい》役が残っていたから、秀次のはじめた聚楽第の突貫工事が秀吉の耳に入らないはずはなかった。秀吉はその意味するところも即座に悟っただろう。明らかな謀反であれば断固として処分を下さないわけにはいかない。とはいえ秀次を支持する者すべてを粛清していては、対象があまりにも広すぎる。そのため粛清の対象を秀次当人とその妻子及び馬廻り衆までに留め、適当な口実で説明したというのが真実ではないだろうか。

以上のことから、秀頼の誕生と事件との間には直接的な因果関係はなかったように思う。秀吉亡き後、安心して秀頼の後見役を託せる人物は秀次しかいなかったのだから、安易に秀次を粛清したとは考え難い。歴史に「ｉｆ」はないのだが、もし秀次が秀吉から実権を奪って秀頼の後見役を務めて政権を維持したら、豊臣家とその後の歴史は大きく変わったのではないだろうか。

秀次事件の痛手と秀吉の選択

大事に至る前に防げたとはいえ、秀次事件が豊臣政権にとって大きな不祥事であることに変わりはなかった。不幸中の幸いだったのは、真相がまだ表立っていなかったことであった。そこで秀吉は秀次の謀反計画自体をなかったことにしようと考えた。せっかくつくった聚楽第を破却したのは、そのためではなかったか。

しかし秀吉にとって困ることがひとつだけあった。京都において豊臣政権の正統性を示す拠点を自らの手で潰してしまったので、早急に代わりを設ける必要が生じたのである。

関白として天皇を補佐する政治体制で成り立った豊臣政権としては、京都に権力の正統性を示す拠点を確保しておくことは最重要課題だった。

当時秀吉は伏見指月《しげつ》に隠居城をつくって、徳川家康をはじめとした諸大名に石垣普請を命じていた。そこで秀吉は、この伏見城を増改築して豊臣政権の「公」の城にすることにした。秀吉は聚楽第の周囲にあった諸大名の屋敷も伏見へ移転させた。

ところが一五九六年（文禄五）閏《うるう》七月に慶長伏見地震が起き、指月伏見《しげつふしみ》城は大破。一命を取り留めた秀吉は地震のわずか二日後に、伏見木幡山《こはたやま》に新たな伏見城を築くよう命じ、諸大名に大規模な石垣普請を再度割り当てた。このとき豊臣政権は対外侵略戦争・文禄の役の戦時下にあった。莫大な戦費と、膨大な人的被害に苦しんでいた諸大名にとって、伏見城建設の負担は一層重かった。

この頃、徳川家康がどのような気持ちで伏見城の石垣工事を分担したかを伝えるのが、一五九四年（文禄三）の「徳川家康伏見城普請中法度《はっと》」（徳川美術館蔵）である。そのなかで家康は、豊臣の武士との工事中のいさかいで家臣が殺されても我慢せよと命じた。太閤秀吉の命には家康であってもひたすら従うしかなく、ほかの大名たちであればなおさらだった。

家康が法度を定めた文禄三年は秀次追放事件の前年だが、最晩年の秀吉は恐怖政治に突き進んでいた。秀次追放と切腹にとどまらず、秀次家族全員の処刑、秀次重臣衆の切腹、聚楽第の破却と、秀吉の命令は冷酷を極めて人びとをふるえ上がらせた。豊臣政権崩壊のカウントダウンは確実にはじまっていた。

豊臣政権の正統性を担保した「公」の城であるから、いかに大急ぎでも手抜きをするわけにはいかない。事実、伏見城は立派な城に仕上がった。それがどれほど堅固な要塞であったかは、関ヶ原合戦の前哨戦で証明された。四万人の大軍からなる西軍相手に家康の家臣鳥居《とりい》元忠《もとただ》が率いるわずか二三〇〇人の東軍が半月余も持ちこたえたのは、籠城側の奮戦だけでは説明できない。伏見城自体の防御力が高かったからである。木幡山伏見城は地震に強いだけでなく、防御にもすぐれた大きな城郭だったのである。

そして秀吉の最晩年、いよいよ自分の死期が近いと感じ取ったとき、秀吉は京都新城・大坂城にいた秀頼を伏見城に移そうとした。もしこれがそのまま完全に実行されていれば、まさに秀吉死後の豊臣政権の本拠と政権が一体化されるので、その後の運命も歴史も大きく変わっていたことだろう。

しかし、秀吉はいったん秀頼を伏見城に移したのだが、なぜかすぐに心変わりして、秀頼を大坂城に置き、傅役《もり》として信頼の厚い前田利家をつけることにした。そして秀頼が成人するまでは天下の公の政治を家康に担わせ、伏見城に置いた。

政権の「公」の城である伏見城に家康が入城し、諸大名が全部家康のもとにこのまま集まっていたのでは、彼らが家康になびいてしまう。そこで秀吉は、もうひとつ策を練った。秀頼がいる大坂城の周りに大名屋敷をつくらせ、そこに家康以外のすべての大名に移ることを命じたのである。「私」の城・大坂城を「公」の城へ一歩変えていく策を繰り出したわけだ。

それが秀吉最晩年の大坂城大改築で、大坂城の周りに大名屋敷ができたのはこれがはじめてだった。

これで秀吉は、家康を孤立化させようともしたのだろう。諸大名がこぞって大坂城の周囲に屋敷をつくっても、家康だけは伏見城に残させた。家康に大きな権限を与えつつ、大坂城にいる石田三成《みつなり》など奉行衆が牽制できるようにしたと思われる。

しかし、これが実行されたのは秀吉が亡くなる直前のことだった。秀吉がもう少し長く生きていれば、伏見城の大名屋敷を壊させたと思うが、大坂城への移転後すぐに秀吉が亡くなってしまったために、伏見城の大名屋敷も残った。

秀吉が最後に繰り出した作戦は、結果としてうまく機能しなかった。繰り返しになるが、伏見城が武家政権の正統性を示す「公」の城だったからである。秀吉が存命中にずっとつくってきたそのイメージが強く残っていたのである。

家康は一見、取り残されたように見えて願ってもない機会になった。家康が伏見城に留まったことで、秀吉の後継者は家康であるとのイメージが、朝廷だけでなく、諸大名の間にも広く認識された。それだけ京都に拠点を維持することは大事だったのである。のちに家康が将軍宣下《せんげ》を受けたのが伏見城であり、後継者の秀忠もやはり伏見城で宣下を受けた。伏見城の城主になることは、天下の政治を領導することを意味したのである。

秀吉が秀頼を伏見城から大坂城へ移したこと、そして家康だけを伏見城に残したことは、結果として豊臣政権にとって大きな選択の誤りになった。

秀吉の願いと無力化の謎——京都新城

京都御苑《ぎょえん》（京都市上京区）の京都仙洞御所《せんとうごしょ》で、京都市埋蔵文化財研究所が二〇二〇年五月一二日、幻の京都新《きょうとしん》城の発見を発表した。これまでわからなかった京都新城が、発掘調査で見えてきた意義は大きい。

豊臣政権は秀吉が関白となり、天皇を頂点にした官位で諸大名を序列化し、権力の正統性を担保した。そのため京都の拠点は豊臣政権として重要で、秀吉は「公」の城として聚楽第を建設した。前述のようにその後、秀吉は聚楽第を破却したので、その後の豊臣政権の「公」の城は伏見城が担った。

今回発見された京都新城は、聚楽第と伏見城との間にあって、京都における豊臣の新拠点になる城だった。一五九七年（慶長二）年正月に京都新城の計画ははじまり、当初「四町四方」とした予定地内を二月、「関東の大名衆」の「人足多数」が地ならしを行った（『言経卿記《ときつねきょうき》』）。四月には内裏の東にあった「ハコ瀬カ池」を城内に取り込み（『左大史孝亮記』）、全体の規模も南北六町・東西三町へと拡大し、計画変更で城域内になった町家の移転を命じた（『言経卿記』）。八月にはさらに城を西南に拡張し（『義《ぎ》演《えん》准后《じゅごう》日記』）、着工からわずか八カ月後の九月、京都新城はひとまず完成した（『言経卿記』）。九月二六日に秀吉と秀頼は、家康や諸大名を従えて城に入城。二八日に天皇の内裏へ参内し、京都新城で秀頼が元服した（『義演准后日記』）。

完成した京都新城は天皇の内裏の南東に接し、その規模は周辺の公家屋敷をはるかに超越し、内裏をも圧倒した。発掘された石垣は東向きで堀に接したので、本丸を囲んだ堀外側の石垣の一部と思われる。このことは京都新城が本丸と外郭の階層的な構造であったことも示す。金箔瓦を用いた壮麗な城だったが、入城から一年に満たない一五九八年（慶長三）八月に秀吉は亡くなった。

秀吉は京都新城によって秀頼の未来をどうしようとしたのか。この城の周囲は公家街になっていて、全国の諸大名の屋敷をもたなかった。聚楽第や伏見城が周囲に大名屋敷を集めて天下人の居城として機能したのと比較すれば、京都新城は秀頼の公家としての性格を強く象徴した。

一方の徳川家康は一五九九年（慶長四）年閏三月に伏見城本丸に入って「天下殿ニなられ

京都仙洞御所の位置

上:菊紋金箔瓦、下:桐紋金箔瓦（〈公財〉京都市埋蔵文化財研究所所蔵）

京都新城の石垣（〈公財〉京都市埋蔵文化財研究所所蔵）

候」と評されたように（『多聞院日記』）、実質的な武家権力のトップとして動いていた。秀頼は公家として豊臣家を存続させ、家康が政権を担って武家をまとめていく構想が、晩年の秀吉にあったのではないか。わたしは秀頼にとってそれが最善の選択だったように思う。

しかし、秀頼が本当に公家になったら、リストラの危機に直面する豊臣の家臣たちは賛成しなかったに違いない。結果として秀吉の構想は実現せず、京都新城も秀頼の住まいにならなかった。その後、京都新城は一六〇〇年（慶長五）八月の関ヶ原の合戦の前哨戦で伏見城が炎上して落城した後、堀も石垣も櫓も壊して軍事機能を失った。

関ヶ原での決戦を前に豊臣が天皇や公家を軍事的に押さえた京都新城を、なぜ豊臣家は自ら無力化したのか。謎は尽きない。

豊臣政権の終焉は大坂城西の丸から見える

秀頼の大坂城で大名屋敷の敷地として確保されていたのは、仙台藩の事歴をまとめた『僊台武鑑』で言うところの三の丸だった。前述したように『僊台武鑑』所収の豊臣大坂城絵図は解釈に問題があって、秀吉期の大坂城には実は三の丸は存在しなかった。

豊臣大坂城にあった大名屋敷地については、二〇一九年に大阪府文化財センターが実施した発掘調査で興味深い事実がわかった。出土した瓦についていた家紋から、大手口馬出しを出てすぐの大手筋に面した一番よい場所に佐竹《さたけ》氏の屋敷があったことがわかったのである。広さは一〇〇メートル四方。佐竹氏がいかに丁重に扱われていたかがうかがえる。

しかし、佐竹氏は常陸《ひたち》（茨城県の大半）の戦国大名。秀吉の小田原攻めの際に帰順した大名のひとりで、秀吉による天下統一に大きな貢献はしていない。そんな佐竹氏が厚遇された理由は、五四万五八〇〇石という大大名で、なんといっても清和源氏《せいわげんじ》の流れを汲《く》む名門であったからと思われる。そうした東国の名門大名・佐竹氏が従っているということを全国の諸大名にアピールするため、大坂城下の一等地を割り当てられたのではないだろうか。

ちなみに大坂城の大名屋敷地は大坂冬の陣に際して、浪人たちの駐屯地とされた。一〇万人もの軍勢を収容できたのは、そうしたスペースが確保されていたからである。

伏見城で政治を担っていた家康も、さすがに大坂城に全大名が集まっていたのでは都合が悪いため秀頼に正月の挨拶をすると号して、大坂入城を果たした。そして黒田長政《ながまさ》など気脈を通じた大名に、家康の大坂在城を懇願させたのである。

しかし家康の屋敷は大坂城にはなかった。さあ、どうするかというときに、秀吉の正室であるおね（高台院《こうだいいん》）が西の丸に持っていた広大な屋敷を家康に譲り、自身は京都新城へ入った。家康の巨大屋敷が大坂城の中心部にできた。

西の丸は本丸のすぐ脇なので、たいへん重要な場所であった。そしてあろうことか、家康は

大坂城本丸と西の丸

そこに自分の天守を建ててしまった。これを西の丸天守と呼ぶが、大坂城天守よりやや小ぶりではあっても、天守がふたつ存在するという城郭の二重構造ができ上がってしまった。流石にこれはひどいと思う。もはや家康による豊臣政権打倒の決意表明といってよい。

　しかし、なぜ福島正則、加藤清正といった秀吉子飼いの豊臣恩顧の大名たちは家康の野心に気づかなかったのか、もしくは黙っていたのか。これはやはり文禄・慶長の役が原因ではないだろうか。無理な対外侵略戦争によって、どの大名も財政はひどい状況であった。しかも最終的には撤退であったから、何の恩賞もなかった。豊臣恩顧の大名たちの不平不満が高まっていたのである。

　秀吉は合戦で勝ちつづけて、極貧の身分から天下人にまで成り上がった。合戦で手柄をあげた武士には恩賞を与えて成り立っていた政権だった。天下統一を達成して新たに与える領土がなくなると、人をつなぎとめる理屈が崩壊してしまうのを秀吉は恐れたのである。

　秀吉は長浜《ながはま》城から大坂城、聚楽第、伏見城へ、合戦で勝つたびに豪華絢爛な巨大城郭を築き上げてきた。秀吉の成長サイクルを続けられなくなったときが豊臣政権の分岐点だった。おねの不思議な選択はある意味、豊臣家のそうしたやり方に引導を渡した行動だったのかもしれない。歴史の鍵を握った西の丸は、現在、大阪迎賓館などがある大阪城西の丸庭園となっている。ここから庭の向こうにそびえる天守の景色を眺めると、豊臣から徳川への歴史を想わずにはいられない。

戦国時代から江戸時代へと時代が移っていくなかで、それを牽引していく役割を果たしたのが、信長や光秀・秀吉の織豊系城郭だった。その移り変わりは彼らの居城をたどることでわかりやすくつかむことができる。そして、その織豊系城郭の考え方や技術は、今、わたしたちが見られる全国の近世城郭が受け継いでいった。

5 城から見た徳川家康

名古屋城と家康

家康が関わった城は、よく知られる江戸城をはじめ、岡崎《おかざき》城、浜松《はままつ》城、駿府城、二条城、伏見城のように、時代に応じてたくさんあった。家康の研究は古文書や編纂物といった文字史料から行うのが定石で、研究の歴史も長い。しかし家康の城をたどると、改めて新しい視角から家康を捉えられる。

家康の城を見ることによって、多くの発見が期待できる。たとえば家康を支えた三河武士団はよく知られ、小説やドラマでは三河武士団と家康との強い絆を描く。もちろんそうした信頼関係は史料からも確認されるが、それをうるわしい君臣の関係としてのみ捉えてよいか、城と家臣屋敷の配置を分析すると見えてくるものがあるだろう。

それは城のかたちが単純な軍事的要請にもとづいて、大名が一方的に貫徹させたものではなく、築城主体の政治権力と家臣や地域との社会的関係を反映してできたものだったからである。つまり城のかたちを読み解くことで、築城主体と社会の特質をわたしたちは分析できる。ただ戦いを読み解くものとして城を捉えるのは適切でない。

家康が天下人となって最終的に日本を再統一し、戦国時代から江戸時代へと大きな転換を遂げた。そして今日の主要な日本の都市は、江戸時代の城下町に由来した。江戸も、名古屋も、大阪も、福岡も直接の都市の起源は近世の城下町にあった。まさに二一世紀につづく日本社会の骨格を生み出したのが家康の時代であり、日本の歴史の上でも、日本都市史の上でも大きな役割を果たした。

そして家康の城もしくは徳川の城を考えることは、ある大名の城を解明するというだけでなく、近世幕藩体制を城から理解する意味をもつ。つまり城から近世社会を捉え直す試みでもある。

まず家康が最後に指揮して築いた名古屋城から考えたい。名古屋城は一六一〇年（慶長一五）に、豊臣との最後の決戦である大坂の陣を念頭に、濃尾《のうび》平野の戦略拠点として家康の肝《きも》いりで築城した。工事にあたっては、西国の諸大名が土木工事を担当して、堀の掘削と石垣の普請を行った。有名なのは加藤清正で、独力でみごとな大・小天守台石垣をつくった。

名古屋城内には現在、清正の銅像がふたつもある。ただし家康の銅像はひとつもない。もと城主だった信長の銅像もない。さらに尾張徳川家の歴代城主の銅像もない。城にはしばしば銅像が林立するので、銅像が少ないに越したことはない。しかし城主でもなく、土木工事を分担しただけの武将がこれほど愛されつづけるのは全国でも稀《まれ》である。一瞬であっても強さと情熱で歴史に名を残した典型例だろう。「死なうは一定、しのび草には何をしよぞ、一定かたり遺すよの」だとすれば、わたしたちは何をしようか。

名古屋城の堀と石垣が完成した後の建築工事（作事）は、徳川氏が直営で行った。家康が重用した大工棟梁の中井正清は、名古屋築城の当初から関わり、家康の家臣たちが練り上げた平面設計（縄張り）を精密設計図に仕上げることから担当した。工事の各段階で正清は家康の指示を仰いだ。家康の意向に忠実に従って名古屋城をつくったのが、中井家の史料群からわかる。

また茶道で名高い小堀遠州《こぼりえんしゅう》も建設工事に関わり、狩野探幽《たんゆう》ら狩野家が一門をあげて本丸御殿をはじめとした御殿の障壁画を描いた。このように当代一流の技術者・芸術家が家康の指揮のもとに結集して、尾張徳川家六二万石の拠点が完成した。

この名古屋城には、注目すべきところが多くある。そうした点のひとつに「馬出し」があった。一六〇九年（慶長一四）頃の図と考えられている「なこや御城惣指図」（中井正知氏・正純氏蔵）は、名古屋城の当初設計図であった。それを見ると基本的な設計は現在、特別史跡になっている名古屋城跡と、大きくは変わらない。しかし大天守・小天守周辺の当初設計は、現在とまったく異なったと判明する。

名古屋城から考える馬出しの意義

本丸から南側に堀を渡って出ると、四角く堀の切り込みで区画した広場が堀の外側に本来はあった。本丸の東側にも同様に、四角く周りを堀と石垣で囲んだ広場を、堀の対岸に設けていた。城郭研究で、門の前の堀を越えた対岸に設けた特別な広場を馬出しと呼ぶ。門から堀を渡って出た先に、あらかじめ反撃の拠点となる空間を設けたのが馬出しで、城からの反撃力を高めた、くふうした出入口の一種であった。

馬出しは、正面ではなく側面に外とつながった出入口を備えたのが鉄則だった。だから馬出しから外へつながる出入口に近づく敵に対して、城内側から効果的な側面防射（横矢《よこや》）を掛け

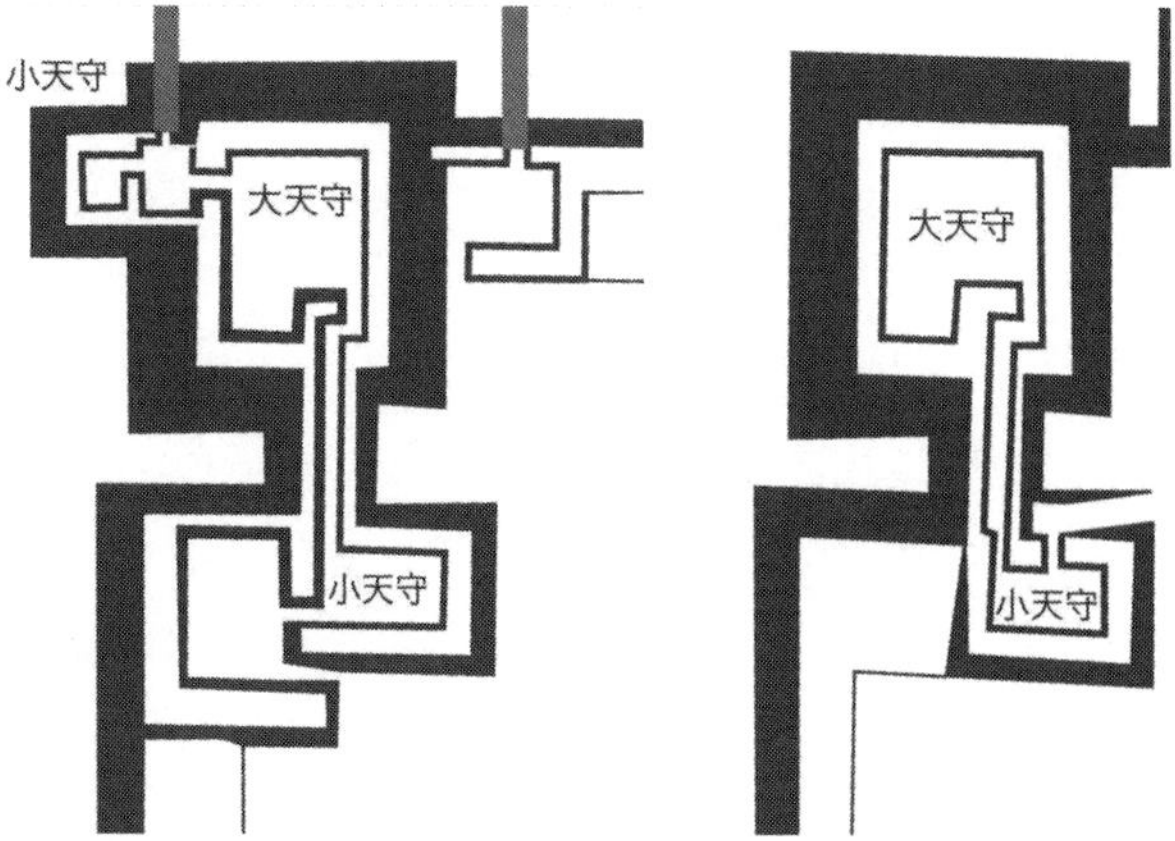

左：名古屋城当初設計(1609年)、右：名古屋城最終設計(1612年)、千田嘉博作図

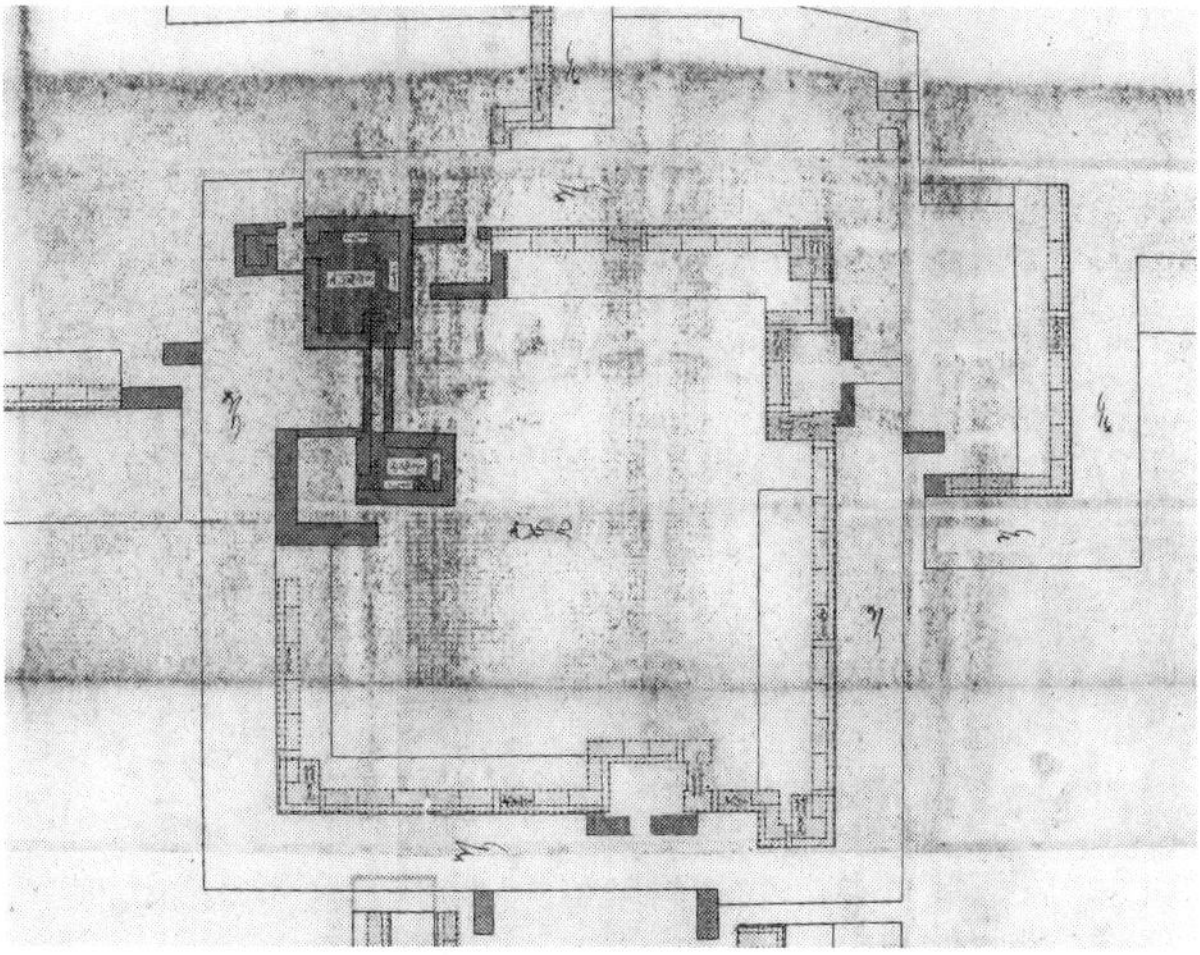

重要文化財　中井家関係資料のうち「なごや御城惣指図」(部分、中井正知氏・正純氏蔵、大阪市立住まいのミュージアム寄託、撮影／京極寛)

名古屋城の航空写真（国土地理院空中写真をもとに作成）

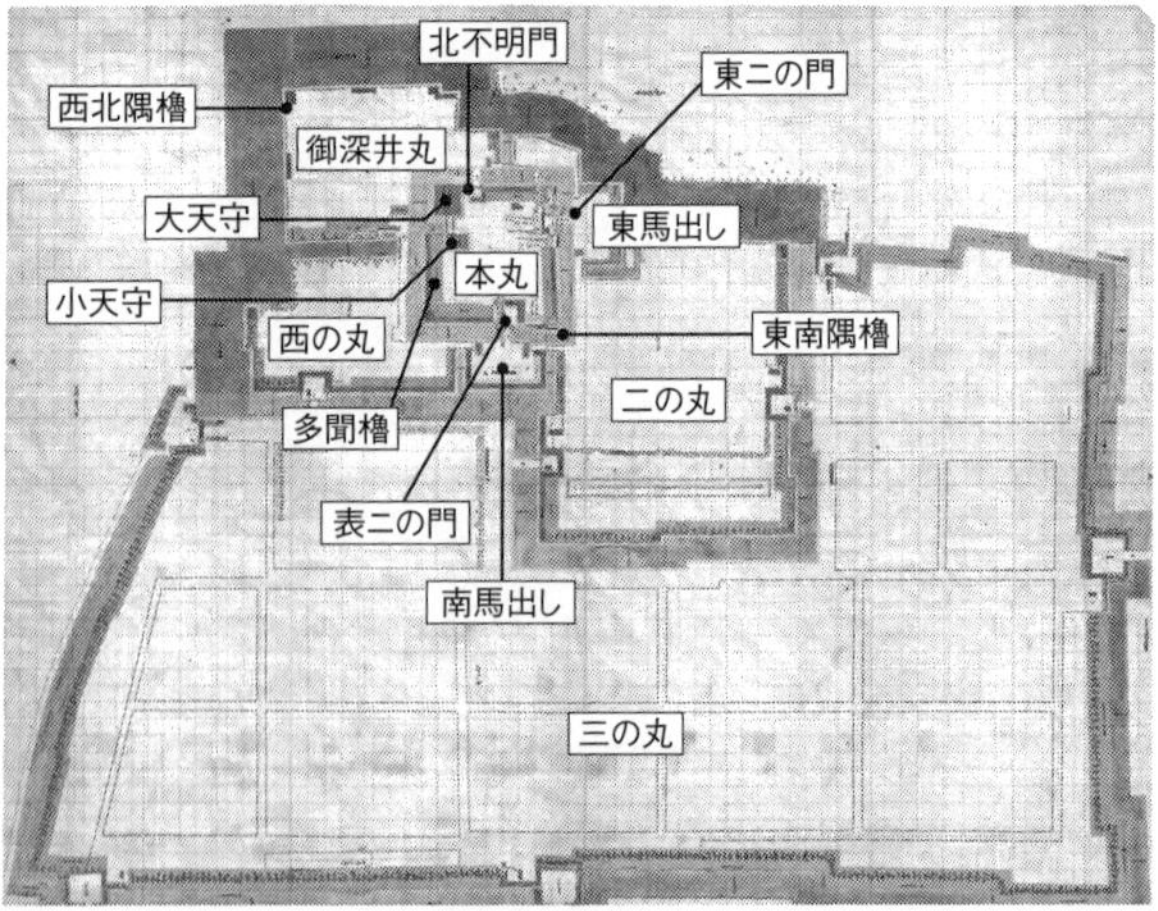

「元禄十年御城絵図」（名古屋市蓬左文庫蔵）

ることが可能になり、馬出しからの反撃を助けただけでなく、城そのものの防御力も高めた。だから馬出しは、外枡形とともに究極の城の出入口プランになった。馬出しは日本では戦国後期から近世の城にかけて用い、北海道の五稜郭にも認められた。

ヨーロッパの城では紀元前から築いていて、地球上で人類が生み出した城が到達した高効率の出入口として普遍性をもった。つまり家康の城をはじめとした日本の城は、極東の特異で孤立した城郭プランと評価されるのではなく、人類史上の普遍性をもった城と位置づけられるのである。

残念ながら名古屋城の本丸南馬出しは、明治時代に宮内《くない》省の離宮として用いていたときに、天皇ならびに皇族方の馬車通行に不便であるとして西側の堀と石垣を破壊し、馬出しとしての形態を失ったまま今日に至る。馬出しは名古屋城の防御と反撃の要の役割を果たしたから、本丸南馬出しが壊れたままなのは惜しまれる。天守を木造で再建するだけが城の整備ではなく、城を城として構成した本質的価値をいかに保護し、再現するかが大切だと思う。城＝天守という考えがいくつもの城を破壊してきた。名古屋城の史跡としての本質的価値が正しく認識されるのを期待したい。

名古屋城も備え、世界の城も備えた馬出しの防御機能を詳しく分解して見ていこう。本丸には立体復元した本丸御殿が建つが、名古屋城は本丸に入るためには必ず馬出しを経由した。先に指摘したように、馬出しには正面から入れず、側面から出入りした。だから馬出しの広場を経由した前後で城道は必ず屈曲した。

　馬出しに入るには、馬出し側面に回り込んだ堀にかけた土《ど》橋《ばし》を渡ったが、そのとき堀の内側の馬出しからと、馬出し後方にあって、堀によって隔てられたより上位の曲輪（名古屋城の場合は本丸）から進入者は狙い撃ちされた。なんとか進んだとしても、馬出しの出入口の門（名古屋城の場合は西側の門は失われている）は閉じていて足止めされた。

　しかも名古屋城の馬出しの、外に向けた出入口は外枡形の形態になっていて、くい違った石垣の切れ目に建った門は、後方の本丸側に門の大戸を向けた。これは馬出しの出入口として最も発達した形態だった。だから馬出しへの進入者は、門の大戸に正対すると背中を後方の本丸に向けざるを得ず、堀越しに本丸側から無防備な背中を狙われた。もちろんそれだけでなく左脇の馬出しの塁線上からの反撃も受けたから、いわゆる十字砲火にさらされた。ここまで記述して、とても馬出しの出入口を突破できたとは思えないが、突破したとして先を読み解く。

　馬出しの外に向けた出入口を突破して馬出し空間内に進入者が到達しても、内部は基本的に広場で、身を隠すところはなかった。名古屋城の本丸南馬出しの場合は、馬出しの周囲は一段高い石塁になっていてその上には多聞櫓をすき間なく建てた。多聞櫓は馬出しの外に接近した敵を撃退する防御拠点になったが、内部に向けても防射は可能で、進入者は馬出しに入ったからといって、よい状況になるわけではなかった。

さらに進入者にとって悲劇だったのは、堀を隔て一段高い城壁を備えた本丸石垣上の多聞櫓からも、堀を越えて馬出し内への火縄銃の射撃が可能だったことである。馬出しはより上位の空間側には防御施設を設けないようにしたので、後方の曲輪から馬出し内は完全に見通せるようになっていた。だから進入者は馬出し周囲の多聞櫓からと、後方の曲輪からの十字砲火をここでも一身にあびたことになり、幸せは遠かった。このように馬出しがどう機能したかを分解して読み解くと、この道の屈曲と広場を組み合わせた防御施設が、きわめて効率的だったとわかる。

そして城から攻め出すときは、馬出しに反撃するための将兵が入り、本丸側の後方の門を閉じた。こうすれば後方の曲輪の防御は万全で、万が一、反撃のために馬出しから出た部隊が全滅しても、その連鎖反応で後方の曲輪（たとえば本丸）まで危機にさらされるリスクを最小にできた。もちろん先に指摘したように、馬出しから攻め出すときは後方の城内側から最大限の援護射撃を行って敵を下げ、味方の進路を切り開いたので、効率的に出撃できた。このように馬出しは守りにも反撃にも優れた施設で、その軍事的意義は明らかだった。

馬出しを連結させた岡崎城

こうした理解を踏まえて岡崎城を見ると、中心部の本丸から北に出たところに門があり、その前の土橋を渡ると広場になっていた。この広場は左右に分かれて外とつながっていて、単純な広場ではなく城からの反撃の要として機能した馬出しと評価できる。このような馬出しを岡崎城はいくつも備えた。

岡崎城の中心部分は、馬出しを連続させて守りを固め、効率よく反撃できるようにしたすぐれた設計だった。そうしたかたちは岡崎城天守が展示する復元模型からもよくわかる。たとえば持《じ》仏堂《ぶつどう》曲輪は曲輪のひとつだが、ここも馬出しとして機能した。実際に現地を歩くと、持仏堂曲輪は北側に向けて鋭角に張り出した土塁を備え、土塁外側には深く幅の広い空堀をもった。

持仏堂曲輪の東は、細長く伸びた帯《おび》曲輪に接した。本丸に向かう土橋を越え、南に曲がって進む帯曲輪もゆるやかにその幅を広げて空間になり、ここも馬出しとして機能したと読みとれる。この周辺には北側の堀に向けて石塁があり、石塁の上に登った階段「雁木《がんぎ》」も認められる。石塁の上には本来は塀を備え、城兵がいち早く石塁の上に登って効率的に守備したようすがわかる。

地形を活かしつつ、馬出しを連続させて組み立てた技巧的な岡崎城中心部を、実際に現地で体感できるのはうれしい。しかし現在の岡崎城にはそうした城のかたちから読みとれる意味を

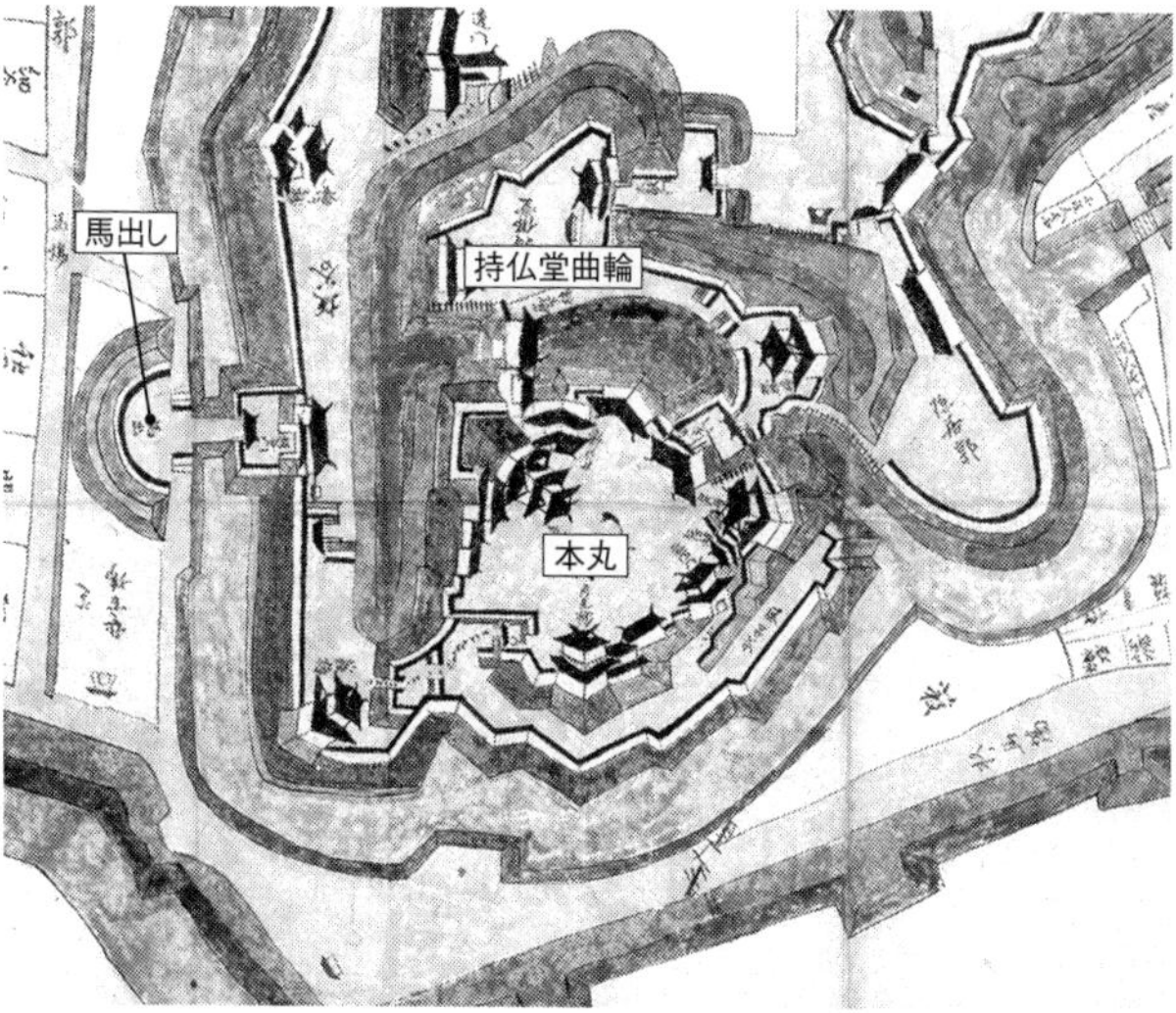

「岡崎城絵図」(部分、和田家文書、提供:岡崎市美術博物館)

説明する解説板は皆無で、中心部の遺構の歴史的魅力を活かしているとはいえない。岡崎城に残る遺構の本質的価値をどう活かすのか、岡崎市はしっかり考える必要があると思う。

　持仏堂曲輪から帯曲輪、馬出しと連続したみごとな設計を、ただの本丸への通路と捉えたのでは、岡崎城の城としての価値を見落としてしまう。岡崎市の改善を期待したい。

特別な持仏堂曲輪の馬出し

　持仏堂曲輪が馬出しとしての役割を果たしたのを先に見てきたが、この持仏堂曲輪の馬出しに天守から直結した特別な廊下橋を備えていたのもきわめて重要な岡崎城の

岡崎城復元模型（提供：岡崎城）

特性だった。最初に検討した名古屋城の当初設計では、大天守の西側の空堀内にもうひとつの小天守を設け、大天守と西小天守の間から堀を渡る橋を架けようとした（「なこや御城惣指図」中井正知氏・正純氏蔵）。

これは北の御深井丸《おふけまる》を天守群専用の巨大な馬出しとして機能させる意図にもとづいて、天守群を「最後の切腹の場」ではなく、強力な反撃拠点と位置づけた家康の構想があったのを物語る。

名古屋城の当初設計との対比から、岡崎城天守から馬出しとして機能した持仏堂曲輪に直結する橋を架けた意図も、鮮やかに浮かび上がる。名古屋城では最終的に断念した天守群直結の馬出しを、岡崎城では実現して超攻撃的な城を実現したと読み直せる。岡崎城が天守から持仏堂曲輪への橋をいつ架け、こうした戦略的な城の設計をどの段階で実現していたかが問題になるが、名古屋城の当初の構想の前提に、岡崎城があった可能性を指摘できる。そして家康自身が馬出しを熟知し、独創的な手法で馬出しの高度利用を進めたことも見えてきた。

岡崎城ではここで検討した中心部だけでなく、二の丸やさらにその外郭《がいかく》にも馬出しを設《もう》けた。岡崎城は馬出しを重ねていくことを基軸にした一貫した縄張りをもった。城内を国道一号が貫通して市街地化が進んだこと、岡崎市による史実とまったく異なった大手門の復元などの適切性が疑われる整備によって、周辺の曲輪が備えた馬出しは滅失して見られない。しかし馬出しの巧みな活用という点で、岡崎城は特筆すべき城だった。

そうした岡崎城の馬出しは、絵図で確認できる近世初頭にはすでに確認される。それがさらにさかのぼって戦国期にまで遡上《そじょう》するかは、大きな問題といえる。結論としてわたしは、城への馬出しの導入は戦国期にさかのぼったと考えている。それを証明するために、家康領における戦国期の馬出しの実像を次に究明していこう。

家康が熟知した戦国期の馬出し

よく知られているように、一五六〇年（永禄三）に起きた桶狭間《おけはざま》の戦いの後、家康は織田信長と同盟を結び、旧今川領へ領土を拡張していった。その過程で旧今川領に南進して分国を拡

長篠城跡（提供：新城市教育委員会）

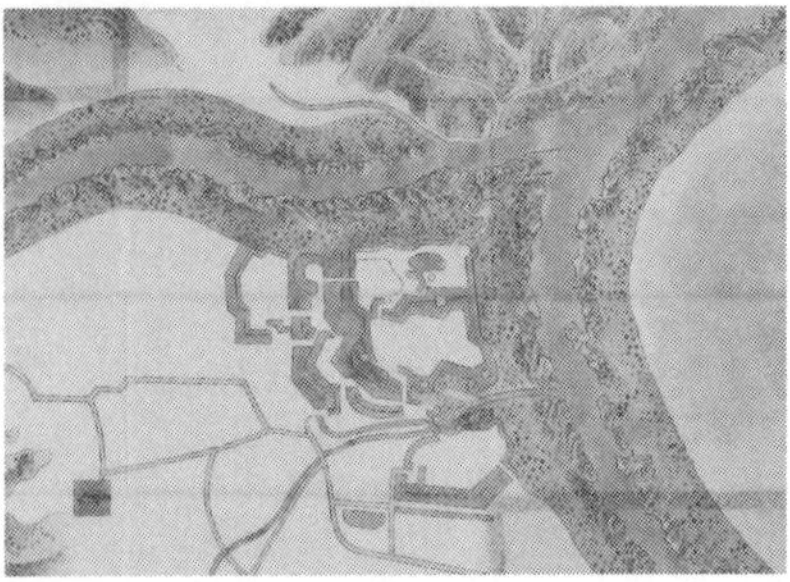
長篠城（浅野文庫「諸国古城之図」より「三河設原　長篠」部分、広島市立中央図書館所蔵）

張した甲斐《かい》の武田信玄《しんげん》・勝頼《かつより》と激戦をくり返した。武田氏は全国の戦国大名のなかでも独自の築城技術を発達させ、分国境界に強力な軍事と政治の拠点になった境目の城を構築した。

　そうした家康と信玄・勝頼との戦いの舞台になった城のひとつが、愛知県新城《しんしろ》市の長《なが》篠《しの》城だった。史跡長篠城跡として中心部を保護しており、豊《とよ》川と宇連《うれ》川の断崖に面した城の構造はよくわかる。新東名高速道路の開通によって、長篠城や長篠の戦いの古戦場はずいぶんと訪ねやすくなった。

　長篠城の発掘で、長篠城址史跡保存館が建つ本丸手前の曲輪に、丸馬出しを発見した（七原二〇〇四）。形態は典型的な馬出しで、この本丸の馬出しは、長篠の戦いの前から設けていたと発掘成果から確定できる。この馬出しの成立は、長篠城の菅沼氏が一五七二年（元亀三）までに

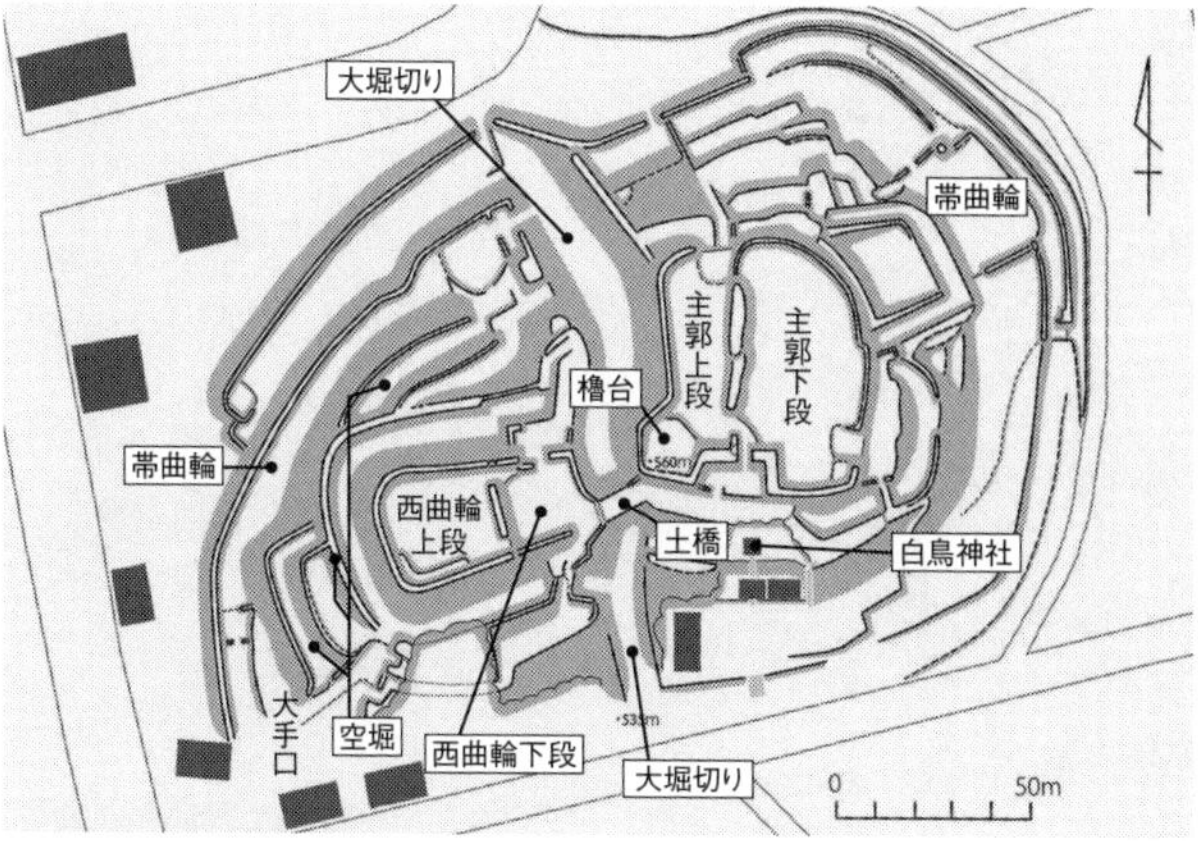

古宮城（千田嘉博作図）

武田氏に従った際に、武田流の丸馬出しを追加したか、一五七三年（天正元）に家康が長篠城を奪取し、奥平貞能《おくだいらさだよし》・貞昌《さだまさ》親子を城に入れて徳川方の境目の城として城を再整備した際に付加してできた可能性がある。いずれであっても、家康はこの段階までに馬出しを熟知したのは確実となる。

そして一五七五年（天正三）の長篠の戦い段階には、長篠城はみごとな馬出しを備えて、勝頼の猛攻に耐えた。同じく新城市にある古宮《ふるみや》城は、丘全体を城にした壮大なつくりで、武田氏が東三河に進軍する際に拠点にした。信玄や勝頼が入城し、軍勢を整えた古宮城は、東三河における武田氏の境目の城で、軍事行動の策源地になった。

古宮城は丘陵の中央を南北に人工の堀で切断し、東側を本丸に西側を二の丸にした。そして二の丸は全体が馬出しとして機能し、武田氏の城づくり

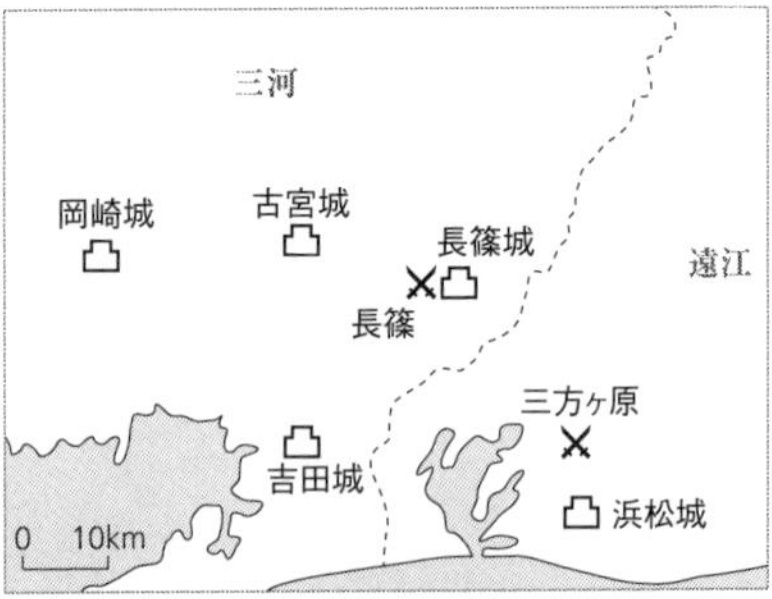

古宮城周辺図

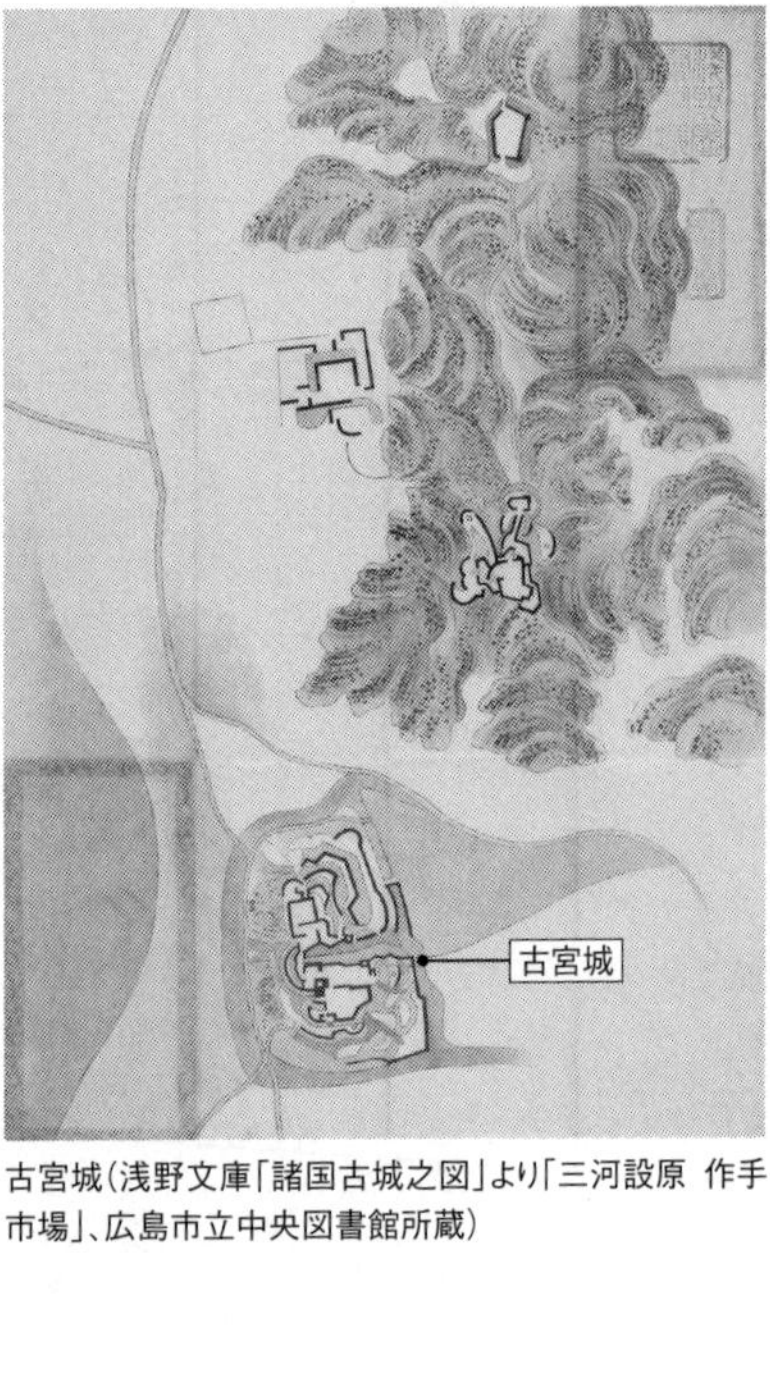

古宮城（浅野文庫「諸国古城之図」より「三河設原 作手市場」、広島市立中央図書館所蔵）

の達成を示した高度な構造だった。同様に戦国時代に武田氏が一五七三年（天正元）に築いた静岡県の諏訪《すわ》原《はら》城も、半円形の丸馬出しを複数備えた（大型の馬出しは、その後、家康が付加した可能性が高い）。

　このように家康が厳しい戦いをくり広げた武田氏は、一五七〇年代に馬出しを発達させた。家康は武田氏と戦うなかで、馬出しを知り、城の攻防において馬出しがどう機能するかを熟知した。家康領の境目の城になった長篠城が、長篠の戦い段階に馬出しを備えたことが証明するように、効率的な守りと反撃を実現した馬出しを、家康は徳川の城に導入していた。

天正初期の岡崎城のかたちを描いた絵図はなくその全貌は不明だが、家康が三河支配の最大の拠点であった岡崎城に馬出しを取り入れた蓋然性は高い。武田勝頼は、三河と遠江《とおとうみ》の家康領を分断する作戦を、長篠の戦い前に実行しており、当時の家康にとって岡崎城の防衛強化は喫《きっ》緊《きん》の課題だった。この頃までに家康は馬出しを使いこなしていたと想定してよいだろう。

織田の城に馬出しはあったのか

それに対して、織田信長の城での馬出しの導入状況はどうだったのか。そうした視点で信長の城をたどると、信長が直接関わった城で明確な馬出しを設けた事例を確認できないことに気がつく。信長は小牧山城以降に石垣の城を志向し、堀を用いた土づくりの城で発達した馬出しではなく、石垣で遮断し、出入口の石垣を互い違いにした「くい違い出入口」から進化した外枡形を採用していった。武田氏と戦った信長も、馬出しを知っていたと思われるが、自らの城にそれを積極的に用いることはなかった。

信長の死後の一五八三年（天正一一）に、羽柴秀吉と柴田勝家が争った賤ヶ《しずが》岳《たけ》の戦いで、柴田勝家が本陣にした福井県・滋賀県にまたがった山城・玄蕃《げんば》尾《お》城は、本丸の南と北にそれぞれ

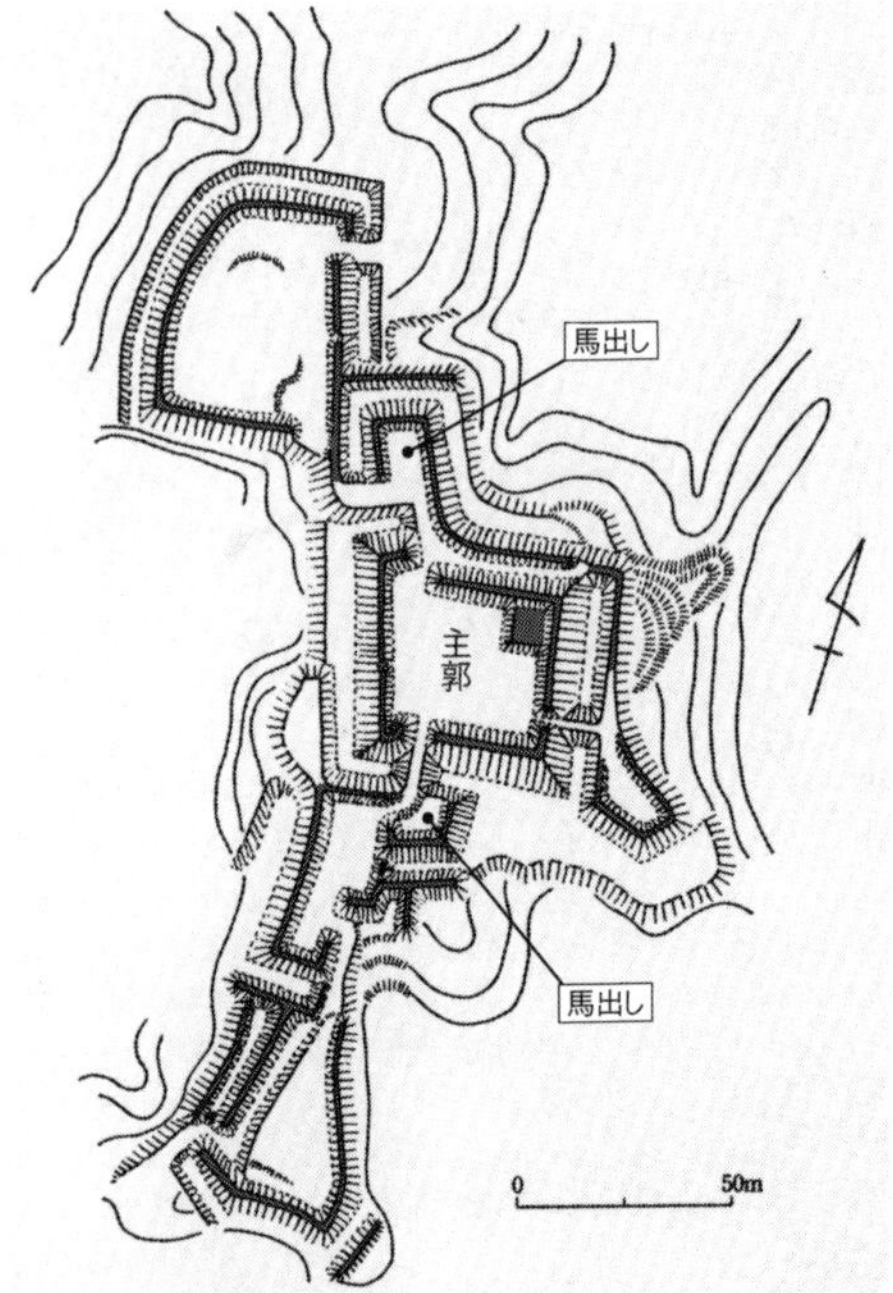

玄蕃尾城（千田嘉博作図）

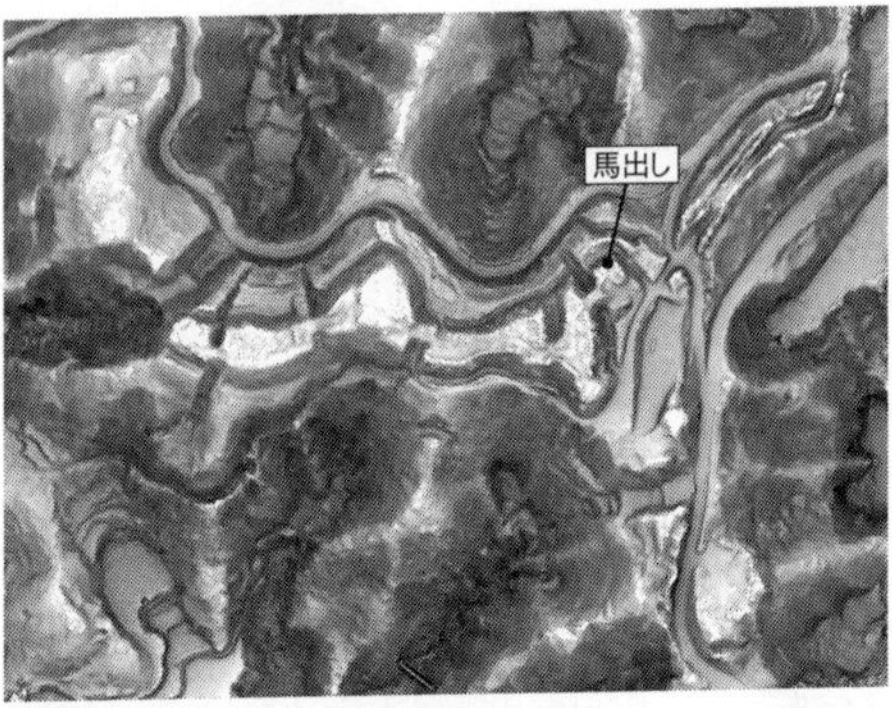

松根城の航空レーザー測量図（金沢市提供）

馬出しを設けた。

やはり信長の家臣たちも馬出しを知っていたのだが、玄蕃尾城の馬出しは、堀が馬出しを全周せずに出入口部分を段差で区切ったり、馬出し後方の土橋を幅広にしたりして、出入口空間を堀の対岸に伸ばした、外枡形と馬出しを折衷《せっちゅう》した様式を示した。すでに武田氏や関東の北条氏の城で定形的な馬出しは確立していたが、天正一〇年代に、信長の旧臣たちの間で、外枡形から馬出しが改めて成立していった状況を観察できる。

また石川県金沢市と富山県小矢部市にある松根《まつね》城は、佐々《さっさ》成政《なりまさ》が、一五八四～八五年（天正一二～一三）にかけて築いた。このとき家康は織田信雄と連携して羽柴秀吉と対決した小牧・長久手《ながくて》の戦いをくり広げていた。そのときに成政は家康に味方して秀吉方の前田利家領だった加賀《かが》を攻めた。電撃的な成政の加賀進攻を利家は食い止め、両者は加越国境の峠を挟んで築いた城郭群で対峙した。

松根城はこのときに成政が築いた城のひとつだった。そして松根城の馬出しも、出入口部分に堀がなく、外側と段差でつづく構造上の特性をもった。こうした馬出しの姿は、勝家の玄蕃尾城の馬出しと完全に共通しており、信長旧臣たちの馬出し理解と技術の水準を明確にするものだった。信長の旧臣が天正一〇年代初頭に築いた城の馬出しと、家康の城の馬出しを比較すると、明らかに家康の城の馬出しが進んでいたのを確認できる。

家康の三河防衛策と馬出しの城

一五八四～八五年（天正一二～一三）にかけた小牧・長久手の戦いは、織田信雄が羽柴秀吉と単独講和によって尾張と伊勢・伊賀の戦闘は終了した。

しかし家康は秀吉と和議を結んでおらず、秀吉領最前線になった尾張・美濃に接した家康領の三河には、秀吉軍進攻の危機が迫った。家康の身近に仕えた一族の松平家忠が書き残した『家忠《いえただ》日記』などの同時代史料には、家康が三河防衛のために要所の城の改修を進めたことが見える。

そうした三河の城の絵図を多く収めた絵図集に浅野文庫「諸国古城之図」（広島市立中央図書館蔵）がある。それを熟覧すると、愛知県安城市の安祥《あんじょう》城や桜井《さくらい》城をはじめとして多くの城が馬出しを備えたのを読みとれる。

実際に馬出しを確認できる城として豊田《とよた》市の槙本《まきもと》城があげられる。この城は主要部の東側に馬出しを備えた（千田一九九一）。槙本城の馬出しは、もともとの出入口を改造して馬出し化したものと思われ、こうした改修を行ったのは、馬出しのかたちから考えて一五八五年（天正一三）の軍事的緊張が原因と分析できる。秀吉はくり返し家康の成敗と三河領進攻を宣言した。一五八五年一一月の天正大地震がなければ、秀吉軍の三河進攻は実現しただろう。

結果として天正大地震で三河攻めの後方拠点であった大垣《おおがき》城が大損害を受けて兵粮《ひょうろう》などを失い、尾張の被害も深刻であったため、秀吉軍の三河進攻は回避された。一五八六年（天正一四）に秀吉の妹の旭《あさひ》（朝日）姫が家康に嫁《とつ》ぎ、秀吉の生母の大政所《おおまんどころ》が岡崎城に入るという秀吉側の譲歩を受け、家康は聚楽第に上洛して秀吉に臣従の礼をとった。このため三河の馬出しを備えた城が実際に戦うことはなかった。

三河に馬出しを備えた土づくりの城が集中した背景に、五カ国領主時代の家康が馬出しの城のネットワークで秀吉の攻撃に対抗しようとした歴史が隠されていた。城郭考古学から見ると家康は、三河一帯を要塞にして、秀吉の進軍を阻もうとしたと思われる。

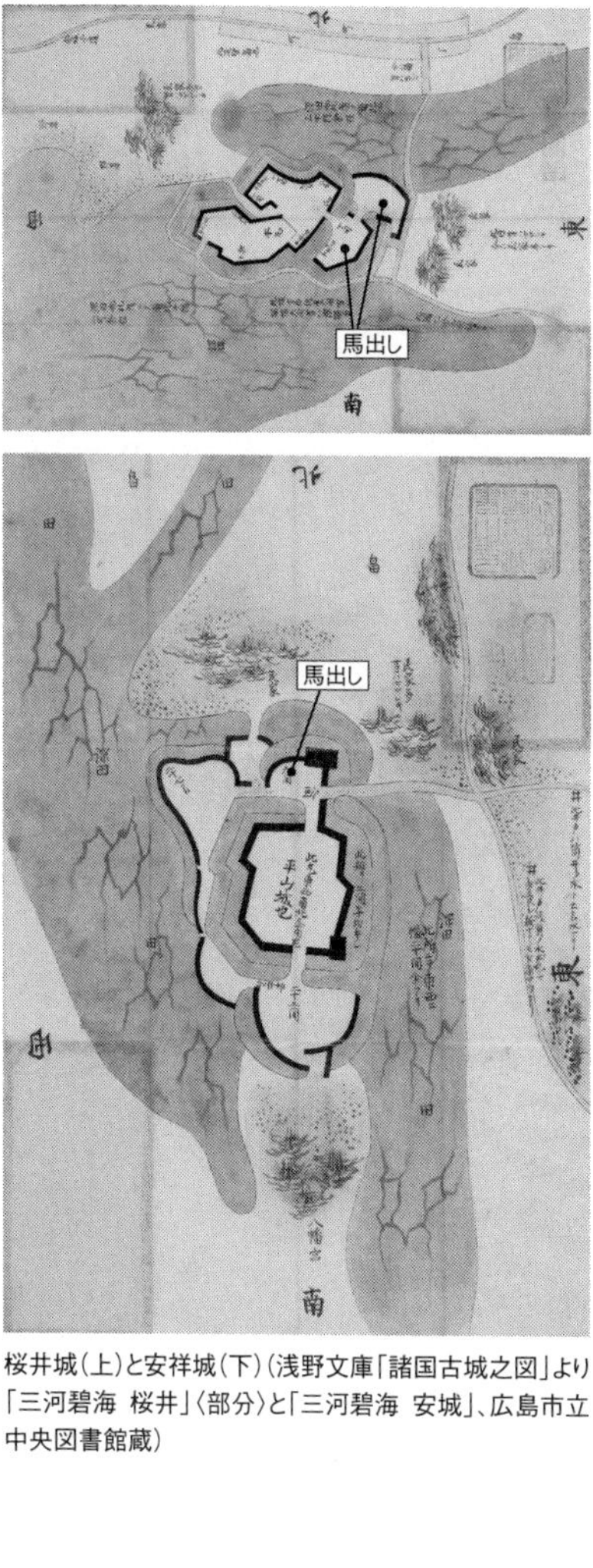

桜井城（上）と安祥城（下）（浅野文庫「諸国古城之図」より「三河碧海　桜井」〈部分〉と「三河碧海　安城」、広島市立中央図書館蔵）

石垣を用いた家康の浜松城

一五七〇年（元亀元）に岡崎城を嫡男信康《のぶやす》に譲り、家康は静岡県浜松市に浜松城を築いて移った。家康はこの城から同年の姉川《あねがわ》の戦い、一五七二年（元亀三）の三方ヶ原《みかたがはら》の戦い、先に見た小牧・長久手の戦いに出陣した。浜松城は現在、国の史跡に指定する準備のため発掘がつづく。現在の天守は一九五八年に鉄筋コンクリートで復興したもの。天守を望む城域内にスターバックス コーヒーがあるなど、多様な活用を行っている。

江戸時代の浜松城は、本丸を江戸幕府の将軍の宿館《しゅくかん》とし、城主は二の丸御殿を用いた。浜松市役所北側にあった二の丸からは、発掘によって御殿の礎石や井戸、曲輪を区分した石垣が見つかっている。ただし家康城主時代には、いま天守が建つ天守曲輪か本丸に御殿があったことは間違いないと思う。

浜松市による発掘によって、現在は平らになっている天守曲輪（詰丸《つめのまる》）直下の南から西にかけた帯曲輪内に、本来は空堀をめぐらして、天守曲輪を厳重に守ったことも判明した。天守曲輪から一段低い東側に本丸があり、現在は本丸の大部分は削平《さくへい》されているが、もともと広い曲輪を構成した。

一般に本丸を城内における至高の空間に位置づけたことが多かったが、本丸よりもさらに高い位置にあって、本丸の上位空間に位置づけたのが詰丸だった。こうした城のつくり方は、家康の城だけではなく、信長の安土城や秀吉の豊臣大坂城と共通した。信長の安土城は、本丸よりも一段高く詰丸を置き（近世以降に誤って二の丸という名称がつけられて混乱している）、天主は、本丸の一段上の詰丸に建った。本丸よりも高い位置にあった詰丸は、信長が家族とくらした奥御殿の空間であり、天主も奥御殿の一部の機能を分有した。その一方で本丸にも巨大な御殿を備え、こちらは家臣などとの謁見などを行った表御殿の機能を担った。

　秀吉の豊臣大坂城も、本丸のさらに上位空間として、石垣で囲った詰丸を置いた。詰丸には秀吉が家族とくらした奥御殿があった。その詰丸の北東隅に天守が建った。本丸御殿は詰丸より一段下の本丸にあって、この御殿は「千畳敷」と伝えられる広大な対面所を備えたように表御殿として機能した。つまり、詰丸＝天守＋奥御殿、本丸＝表御殿という機能区分があったと整理できる。家康時代の具体的な御殿は明らかではないが、浜松城も、安土城や豊臣大坂城と共通したつくりだったと推測される。

　浜松城では天守曲輪（詰丸）の櫓門であった天守門を復元した。門の両脇は高い石塁になっているが、発掘の結果、この塁線の上には多聞櫓や隅櫓が建ち並び、いずれも瓦葺きであったとわかった。構築時期は家康が江戸へ移った後の堀尾《ほりお》吉晴《よしはる》時代と考えられている。しかし浜松城内には天正期と時期比定できる石垣が認められ、家康時代から中心部に石垣を用いたのは間違いない。今後の調査で、家康城主時代の浜松城の実像がさらに解明されるのを期待したい。

家康への一元化に抵抗した三河武士団

家康時代の浜松城の周辺に、家臣たちがどのように屋敷をつくったのかが浜松市の研究でわかってきた（浜松市二〇一五）。それによると有力な家臣の屋敷は家康の浜松城を核にして同心円的にあったのではなく、それぞれがよいところを選んで分散的に住んだと判明した。このことは、当時の家康の権力や家臣との関係を考える上で、たいへん示唆的な事実である。江戸時代の城では、大名が一番守った本丸に住み、家臣は本丸を頂点に石高に応じた階層性をもって、同心円状に屋敷を配置したのが原則だった。信長がそうした城と城下の構造を、小牧山城から志向しはじめ、岐阜城、安土城と移転したなかで、そうした階層的な構造を生み出していった。それを近世城郭は受け継いだ。

これに対して、戦国時代の多くの大名の城では、信長の城のような求心的な城郭構造をとらなかった。信長が若き日に城主になった清須城は、平地に四角い館がいくつも集まって構成し、全体構造は明らかに分立的だった。

兵庫県姫路市の置塩《おじお》城は、守護の赤松《あかまつ》氏の戦国期の拠点であった。発掘成果によれば、高い山の上の城に並立的に核を構成した三つの武家屋敷があり、その周囲に直属家臣の屋敷が副次的な曲輪群として付随した（夢前町教育委員会二〇〇二）。置塩城はきわめて戦国的な山に占地した拠点城郭だったが、城の構造は分立的な屋敷の集合体の再生産の域を出ていなかった。

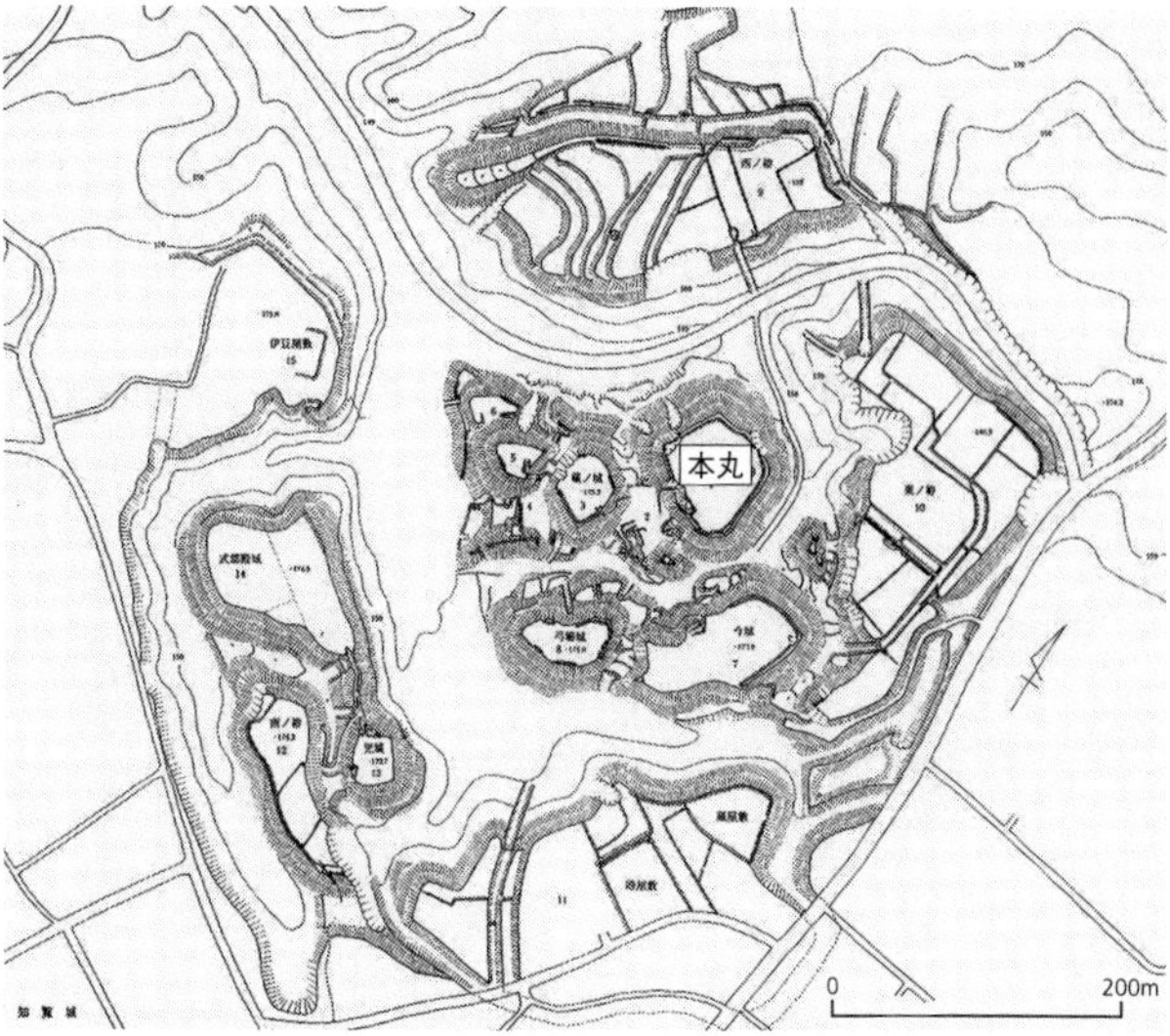

知覧城（千田嘉博作図）

鹿児島県南九州市の知覧《ちらん》城は、国史跡に指定された南九州を代表する巨大な城だった。この地域の土壌は火山灰に由来したシラスで、斜面が安定した垂直の崖と谷・堀が城を守った。知覧城は本州の城でいえば城下にあたった屋敷群を城内に取り込んで、驚くほどの規模だった。そして本丸をはじめとした曲輪はすべて横並びで、にわかにはどこが本丸かがはっきりしないほど並立的なつくりだった。このように各地の戦国期拠点城郭を俯瞰すると、江戸時代の城では本丸、二の丸、三の丸のような序列をもった空間構成が一般的であったのに対し、戦国の城では、そうではなかったことが見えてくる（千田二〇〇〇）。

このように全国の城と比較しつつ、浜松城下の家臣配置を分析すると、家康の浜松城は、家臣配置に関して戦国的な要素を色濃くもったといえる。詰丸を頂点とした近世的な求心構造を城の中心部がもった一方で、家康を頂点とした家臣の編成には苦慮したようすが浮かび上がる。

家康を支えた三河武士団は精強で結束が固く、それが家康を天下人に押し上げたと伝えられる。しかし浜松城の分析からは、強力な家臣たちはそれぞれの分立的な権力を備え、家康への一元化に抵抗した、もうひとつの面が読みとれる。家康はかなり家臣のコントロールに苦慮したのではないか。こうした強力な家臣と家康の分立的な権力構造は、家康の駿府城への移転、そして最終的には江戸城への移転によって解消された。

五カ国領主時代の駿府城

『家忠日記』の記述によれば、一五八五年（天正一三）八月に家康が駿府城の築城をはじめた。この時期は小牧・長久手の戦いの最終段階にあたっており、織田信雄が秀吉と単独講和をした後の戦略構想のなかで、家康は新たな拠点の建設を決断したと考えられる。『家忠日記』は、一五八七年（天正一五）二月一三日には、松平家忠が城普請のため「石をとり候」と記して、家康五カ国領主時代の駿府城が石垣を用いた城だったとわかる。

さらに記述をたどっていくと、同年三月三日には「石かけの根石《ねいし》をき候」つまり石垣の根石（基礎の石）を置いたと記し、同年九月、一〇月にも堀普請等の記述がつづいた。翌一五八八年（天正一六）正月にも駿府城普請を分担し、二月二日には「石とり候」と、家忠は石垣石材を調達した。さらに五月一二日には「てんしゅのてつたい普請あたり候」つまり天守台石垣の手伝い普請にあたったと記した。これにより家康の五カ国領主時代の駿府城が、石垣の天守台を備え、天守を建てようとしたのを確認できる。

一五八九年（天正一七）正月二八日には駿府城の普請に出発し、二月二日には石垣普請を担当し、二月一一日には「小傳主てつたい普請當候」、つまり駿府城の小天守台石垣の手伝い普請を行った。二月一九日の「石くら根石すへ候」の記述は、一一日の記述に見える小天守台石垣に関わると読みとれ、これより駿府城の小天守は石蔵（穴蔵とも呼ぶ石垣で囲んだ地下室）を備えたものだったと判明した。

『家忠日記』から駿府城の築城を見てきた。この結果、家康の五カ国領主時代の駿府城が、一五八五年（天正一三）から中心部を石垣で固めた最先端の城であったこと、駿府城の本丸には大・小天守が並び建ち、少なくとも小天守は石蔵を備えた（おそらく大天守も石蔵を備えたと推測できる）本格的な天守構造をもったとわかった。天守周辺の石垣普請は一五八九年（天正一七）四月頃には完了したとみられ、一五九〇年（天正一八）までには大・小天守や殿舎が完成したと考えてよい。

『家忠日記』の記述から考えて、家康は家臣に工事を分担させて巧みに石垣を積み、城の中心には大・小天守が連携して建った当時最新式の城郭構造を実現したのを疑う余地はない。そうしたなかで二〇一九年には駿府城の発掘を進めている静岡市が、家康時代の小天守台を発見したと発表した。すでに発見していた家康の大天守台石垣とともに、まさに『家忠日記』の記述と合致した発掘成果であり、五カ国領主時代の家康が、大・小天守がそびえた石垣の駿府城を築いたのは、学術的に確実といわなくてはならない。

発掘された駿府城は「秀吉の城」か

これまで静岡市は、発掘で見つけてきた大天守台石垣をはじめとした家康の五カ国領主時代の駿府城の遺構を、誤って家康の後に駿府城主になった中村一氏《かずうじ》時代のものとし、「駿府城は秀吉の城」と宣伝してきた。さらに秀吉が一氏に石垣の駿府城を築かせ、天守などの屋根に金箔瓦を葺かせて、江戸に移転させた家康を秀吉の金箔瓦城郭で包囲した「金箔瓦包囲網」という、驚くべき解釈を説いた。

しかし「秀吉の城」と評価することは、同時代の一次史料である『家忠日記』を否定あるいは無視するという、著しい学術的な研究手順の過誤を伴って適切ではない。また「金箔瓦包囲網」解釈は、金箔瓦を葺いた城の分布図の一部を切り出したらそう見えるという以上のものではなく、考古学があつかう分布論の基礎的資料操作として適切さに欠けている。

静岡市がどうしてこれほど不確実な前提にもかかわらず「秀吉の城」評価に突き進んだのか、組織としての検証が必要だと思う。そして何より静岡市民に真摯に説明すべきであろう。いずれにせよ正式な発掘報告をまとめる前に、政治的意図と市民向けのセンセーショナルな発表を重ねて、学術的に証明できていないことを、それが発掘で証明されているかのように「秀吉の城」とくり返した行為は、旧石器捏造事件を深く反省した日本考古学の精神に反している。

城が人気になり、行政の長が天守の復元を選挙公約にして当選するという、これまでに経験したことがない状況に、いま城の調査と整備はある。発掘成果に真摯に向き合って、考古学からの読みとりを組み立て、信頼できる文字史料や絵図・地図資料と総合して、一つひとつ確実な評価を積み上げていくしか、適切な城の整備はできない。すでに巨額の予算をつぎ込んだ駿府城の調査の先の整備が、学術的根拠をもたないものになったり、政治的な意図によって不適切なものになったりすることは、避けるべきである。駿府城の行く末を強く案じている。

「金箔瓦包囲網」解釈に関わって、当時の政治状況を整理しておこう。本能寺の変の後、羽柴秀吉（のちの豊臣秀吉）は信長の後継者として歩みはじめた。徳川家康は秀吉の家臣になるのを拒んだが、秀吉が一五八五年（天正一三）に関白に、翌八六年に正親町《おおぎまち》天皇から豊臣の姓を

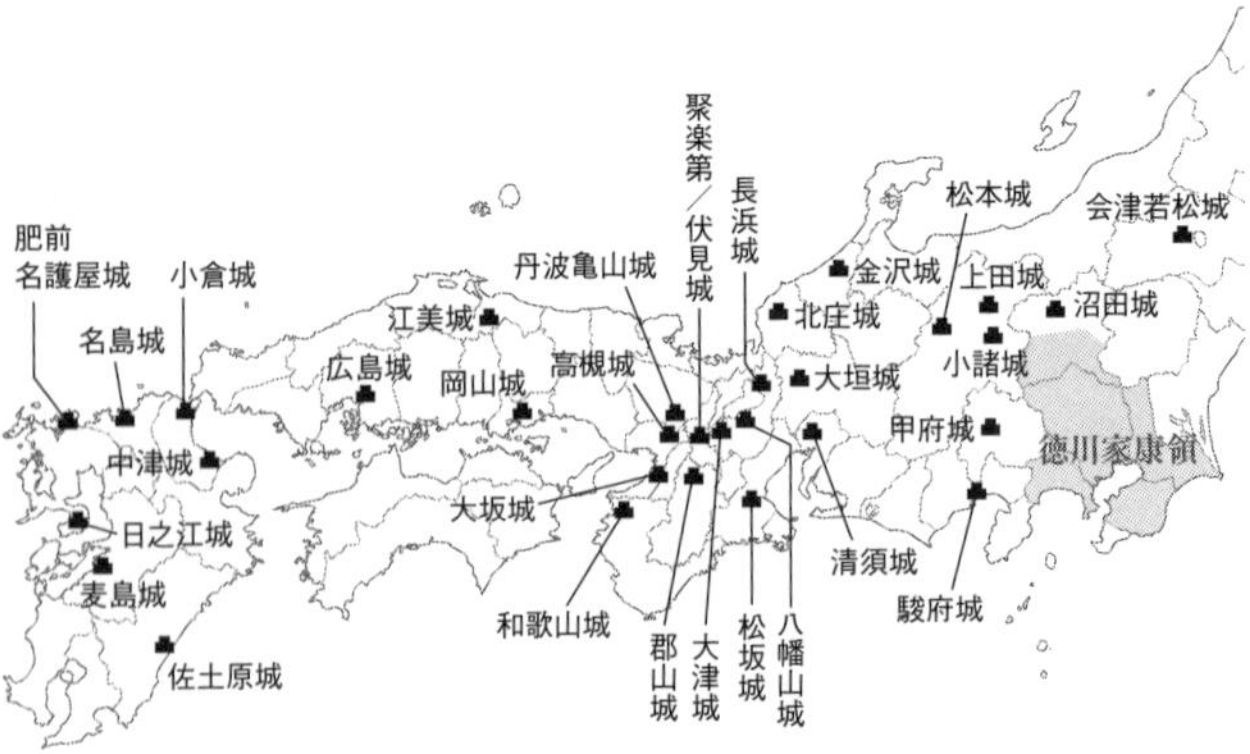

豊臣政権下における金箔瓦の主な城

賜《たまわ》って名実ともに天下人となったのを受けて、ついに先述したように秀吉に臣下の礼をとった。

　秀吉も家康を重視した。家康の官位を上げ、一族に遇する栄誉を示した羽柴姓を与えた。家康も秀吉の信任に応えて、一五九〇年（天正一八）には豊臣軍の主力として北条領へ攻め込んだ（小田原の戦い）。そしてこの戦いののち、家康は北条氏の旧領に転封《てんぽう》し一〇〇万石の加増を得た。家康は信長時代から東を志向した大名だったから、この転封を通説のように「左遷」と考える必要はない。

　それにもかかわらず静岡市は、秀吉は家康の転封に伴って、自分の意を特に受けた大名を関東の家康領周囲に配置し、秀吉の権威を示すため、城の瓦の先端を金箔で装飾した金箔瓦の城郭網を整えたと説いた。これが「金箔瓦の城による家康包囲網」解釈である。

安土城跡出土金箔瓦（滋賀県蔵）

聚楽第跡出土金箔丸瓦（公益財団法人京都府埋蔵文化財調査研究センター提供）

しかしそもそも家康は家臣を引き連れて関東に移った。だから家康旧領に秀吉が配置した大名は、秀吉政権に従っていたほかの大名でしかあり得なかった。つまり関東の家康領の周りに領地を得て城を築いた大名が、秀吉の命によって家康の反乱に備えたと解釈するのは論理に無理がある。

そして家康は信長の同盟者であって、信長の安土城も訪ねて金箔瓦は見知っていたから、豊臣政権に従ったほかの大名が居城に金箔瓦を葺いて、家康がそれを見て恐れおののいた可能性は皆無であった。つまり金箔瓦の城で家康を包囲して恐れさせたというのは、のちに家康が豊臣家を滅ぼした結果から着想した解釈にすぎず、解釈の前提に誤りがある。それぞれの大名が金箔瓦で権威を見せたのは、家康ではなく家臣や領地の住民だった。

さて、金箔瓦は一五七六年（天正四）から信長が築いた安土築城で本格的にはじまった。安土城の金箔瓦は、軒平瓦や軒丸瓦の紋様の間の凹んだ部分に金箔を貼り付けた。それに対して秀吉の金箔瓦は、瓦の紋様が突出した部分に金箔を施した。つまり信長の金箔瓦は瓦の凹部に、秀吉の金箔瓦は凸部に金箔を貼るのが原則だった。

二〇一八年に静岡市が駿府城から金箔瓦を発見したと発表した。そしてこの金箔瓦は秀吉の命で家康転封後に駿府城主になった中村一氏が葺かせたもので、先述したように駿府城は「秀吉の城」だったとした。しかし発掘された瓦を実見すると、中村時代とした金箔瓦は凹部に金箔を貼っていて、信長スタイルの金箔瓦であった。

静岡市の発表では、一氏は秀吉の命で家康を包囲するために金箔瓦を葺いたのに、わざわざ信長風の金箔瓦を用いたことになる。秀吉の権威を金箔瓦で見せつけたと説明するのに、わざわざ秀吉流の凸部金箔の瓦でなく、凹部に金箔を貼った信長流の瓦では、論理矛盾もはなはだしい。家康は一五八五年（天正一三）から一五九〇年（天正一八）まで駿府城を居城にしており、先述したように江戸へ移る一五九〇年までには大・小天守が完成したと考えられる。

凹部に金箔を貼った瓦は、秀吉と対決していた家康が、信長の安土城形式の金箔瓦を取り入れることで、秀吉との格の違いを示したと考えるのが、最も整合的だと思う。そして『家忠日記』の記述を無視してまで、一氏が築いたと静岡市が発表した石垣は、いずれも家康が独力で築いたものと修正できる。

発掘で見つかった天正期石垣を、秀吉や秀吉の家臣でなければ築けないものと評価する人もいると聞く。驚くべき理解である。そもそも城の石垣は『家忠日記』も記したように、ひとりで築いたものではなく、数多くの家臣が分担して築いてできた。だから同一築城主体、同一時期につくった石垣でも、工事の分担による差異を必ずもった。

たとえば秀吉が一五九一年（天正一九）から築かせた佐賀県唐津《からつ》市の肥前名護屋城の石垣は、九州の諸大名を中心に分担して築いたと判明している。実際に石垣を観察すると、野面積み石垣や割石の石垣が入り混じり、隅石を算木積みで積むか、重ね積みで積むかなど、多様な差異を含んでいた。つまり秀吉が命じて、秀吉の家臣がつくった真正「秀吉流の石垣」は、これほどの多様性をもった。

そうした城石垣の実態を無視して、ある単一の「秀吉流の石垣」があり、駿府城の天正期石垣は秀吉と秀吉の家臣にしか築けないと考えるのは、あまりに城郭石垣の研究が明らかにしてきた成果から逸脱している。そうした基礎的な史実も、一次史料の記述も無視して、家康に石垣は築けなかったと主張するとすれば、それは学問なのだろうか。資・史料が指し示す天正期の駿府城は「家康の城」である。

「江戸始図」から読み解く家康の江戸城

二〇一七年に島根県松江市の松江歴史館が「江戸始図《はじめず》」を発表した。松江歴史館は松江松平家ゆかりの史料を伝え、「江戸始図」を含む『極秘諸国城図』もそのひとつだった。『極秘諸国

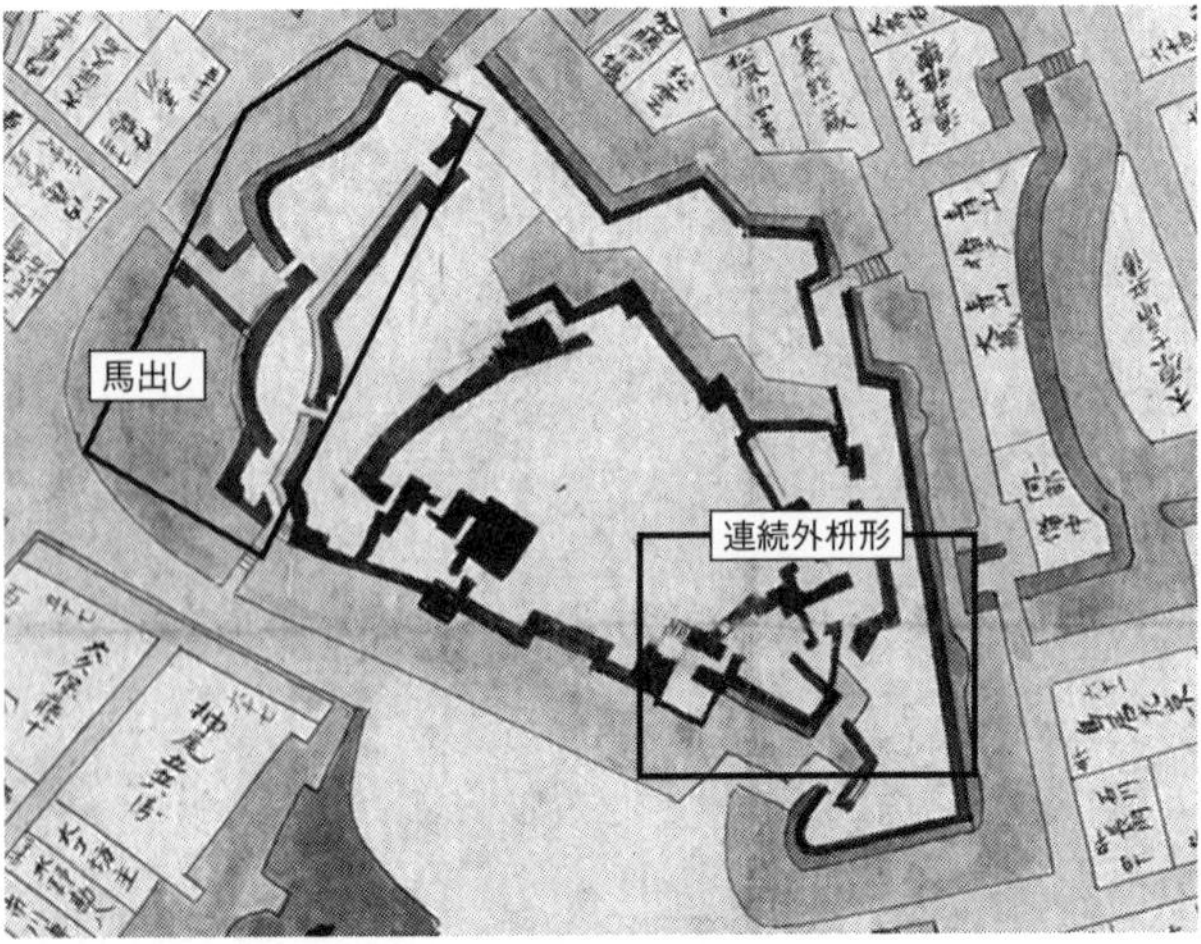

『極秘諸国城図』より「江戸始図」（部分、松江歴史館蔵）

城図』は全国の七四城の絵図集で、付属文書に「元禄五辛午《ママ》 正月吉日 極秘諸国城図入」とあり、一六九二年（元禄五）までに編纂されたとわかる。つまり『極秘諸国城図』は、近世初頭の貴重な城絵図集と位置づけられる。

この「江戸始図」の再発見には秘話がある。発表の一年前、二〇一六年のNHK大河ドラマは『真田丸』だった。『極秘諸国城図』には真田《さなだ》信繁《のぶしげ》が築いた真田丸の絵図も収録されていて、わたしはその絵図を調べるために松江歴史館を訪ねた。その調査のなかで「江戸始図」を一瞥《いちべつ》して驚嘆した。「江戸始図」は、まぼろしの家康の江戸城を解明する決定的な絵図だと確信したからである。一生に何度もない史料との出会いといえるだろう。

家康の江戸城を描いた絵図には、これまで

「慶長江戸図」（東京都立中央図書館特別文庫室所蔵）

「慶長江戸図」（東京都立中央図書館特別文庫室所蔵）が知られていた。この絵図も「江戸始図」と同系統に属した貴重な絵図だが、描写にゆがみがあり、石垣と建物の表記を区別しないので、細部の判定は研究者によって揺れがあり、解釈はできても評価を詰め切れないという課題があった。

それに対して「江戸始図」の描写は正確で、軍学系絵図であったから、御殿などを意図的に描かなかったが、石垣や堀、出入口といった城郭構造は完全に判読できた。「江戸始図」から家康の江戸城に迫る扉が開けた。なお「江戸始図」は当然元禄期までに成立して、松江松平家とその周辺

姫路城

に伝来した史料のひとつであり、その間に絵図を閲覧した者がいたのは間違いない。近代以降は藩庫を出て、一旦市中にあり、それが松江市の所蔵になって、松江歴史館開館以前には松江城天守内で保管・展示してきた。この間に絵図を実見した人も多かっただろう。

なお「江戸始図」を学界にはじめて紹介したのは内藤昌氏で、内藤昌編著『城の日本史』（角川書店、一九九五年）に「江戸始図」の白黒写真を紹介した。しかし不思議なことに「江戸始図」を掲げつつ、絵図と対になるはずの本文は「慶長江戸図」にもとづいて記述した。つまり「江戸始図」の分析は、されないままだったのである。天守曲輪周辺だけでも「江戸始図」と「慶長江戸図」には差異があり、「江戸始図」を読み解いて慶長期の家康江戸城を検討することは、これまで実質的にされてこなかったといわなくてはならない。さらに江戸城本丸南側の連続外枡形の評価なども「江戸始図」ではじめて明確に検討できるようになった点である。

「江戸始図」が描いた江戸城本丸には、黒く塗りつぶした巨大な四角形がいくつも連なった。

江戸城天守の復元画（富永商太画・千田嘉博監修）

黒い表記は石垣を示したのでそれを読み解くと、大天守と小天守を多聞櫓によって結んだ連立式天守を構成したと評価できる。連立式天守とは、ひとつの大天守に三つの小天守が多聞櫓によって接続した最も複雑な天守形態で、大天守と小天守が中央の空地を囲んで独立した要塞をつくった。現存する天守では、兵庫県姫路市の姫路城天守、愛媛県松山市の伊予松山城天守が連立式天守に分類される。

　連立式天守の形態をとったことで江戸城は、たとえ本丸が落ちてもなお天守群で戦える強力な軍事機能をもった。家康は江戸城を最強の軍事要塞として築かせたのだった。関ヶ原の戦いに勝利し、征夷大将軍となった家康は、まったく油断していなかった。将軍の公の城として強大な江戸城を完成させ、諸大名に徳川の力を見せつけ、江戸城の工事を分担させて豊臣恩顧の大名の財力を奪った。

　天守の意匠については、文字史料の手がかりがある。近世初頭の建築技術書『愚子《ぐし》見記《けんき》』は、家康の江戸城大天守の柱間は七尺で、棟までの高さが二二間半と記した。一間＝七尺は、二・一メートルなので、それぞれ換算すると江戸城の大天守は一階から最上階の棟の高さまでが約四七メートル、天守台石垣は高さ二一メートルで、合計で六八メートルと復元できる。姫路城大天守は石垣と合わせた総高が四七メートルで、家康の慶長期江戸城大天守の巨大さが実感される。

集大成としての江戸城

　天守以外にも注目すべきところがあった。本丸南側の大手口は、鉤《かぎ》の手形に石垣を屈曲させた「外枡形」になっていた。その外枡形をひとつだけでなく、五つも連ねた。外枡形は織田信長の安土城、豊臣秀吉の豊臣大坂城の主要門が採用した天下人の格式を備えた出入口だった。連続した外枡形を用いた城の代表例には、三重県松阪市の松坂《まつさか》城、奈良県高取町の高取《たかとり》城、熊本県熊本市の熊本城があげられる。

　外枡形は出入口が城の外側に一歩張り出した形態で、防御よりも攻撃力を重視した門であった。主に東海地方から畿内の戦国時代の城で外枡形は発達した。家康はふたりの天下人・信長・秀吉の城を踏まえながら、守るだけでなく攻め出す意志を強く示す江戸城を諸大名に見せつけた。

江戸城本丸から北に出た出入口は、まったく異なる設計を用いた。本丸を出て堀を渡ると半円形の広場があり、広場を経由して左右に分かれて進むプランにしていた。このように城門前の堀を渡った先に広場を置き、左右に分かれて外へと接続した出入口を馬出しと呼ぶ。江戸城本丸の北側の出入口は、馬出しを三つ連ねた三連続馬出しになっていた。

戦国時代に馬出しを発達させたのは甲斐の武田氏や関東の北条氏で、東日本の戦国の城で発達した守りのくふうであった。家康はこれまで見てきたように一五七〇年代には馬出しを見知って城に取り入れたと考えられ、馬出しを巧みに駆使した家康の城づくりは、江戸城に結実したと評価できる。江戸城は、西国の城づくり（外枡形・石垣）と、東国の城づくり（馬出し・土づくり）の両方のすぐれた要素を取り入れた城だった。

このように家康の江戸城は、姫路城と同じ大天守と小天守が要塞を構成した連立式天守をもち、出入口は本丸南側では外枡形を重ねて熊本城などと並び、本丸北側では東国の戦国の城で発達した馬出しを連続させて強力な反撃力を備えた。家康の江戸城は、城の設計から見てもまさに天下統一を達成した城といえ、日本列島の東西の城づくりを統合した集大成の城と位置づけられる。

家康は江戸築城後に、愛知県名古屋城を築かせた。当初、家康は大天守の南側だけでなく西側の堀のなかにもうひとつの小天守を建設しようとした。これは先に指摘したように、西に張り出したもうひとつの小天守によって本丸に迫る敵を撃退し、天守群から直結した馬出しを設けて、天守群を最後の守りの施設ではなく、攻撃の要にするきわめて攻撃的な設計だった。

江戸城のような連立式天守は強い軍事機能を発揮した。しかし軍事的緊張時以外は使えない軍事空間が本丸に大きく食い込んで、本丸御殿の面積を規制しつづけた弊害があった。そこで家康は名古屋城で小天守のひとつを堀に押し出し、天守群の強さと本丸面積の確保の両立を図ったとみられる。

しかし家康は最終的に名古屋城大天守西側の小天守建設を中止した。豊臣氏との戦いに勝利する確信を得た家康は、戦いよりも平和な時代に政治拠点として機能する城を選択した。これによって名古屋城は一辺二〇〇メートルにもおよぶ端正な矩《く》形《けい》に整った広大な本丸空間を確保した。戦う城から政治の城へ、その後の江戸城がたどった変化を家康は見通して、その方向を指し示した。

家康の城を活かす

今、全国的に城に注目が集まっている。岡崎城も学術的な成果にもとづきながら、整備を進めると聞く。そうしたなかで二〇一六年、岡崎城南側の乙《おと》川に面して全長四〇〇メートルの石垣が築かれていて、「直線に続く城の石垣としては国内最長」と岡崎市教育委員会が発表した。この報道に接して、わたしは耳を疑った。

たとえば熊本城は、城が接する坪井《つぼい》川に沿って石垣を築いていて、その全長は一五〇〇メートルにもおよんだ。坪井川はゆるやかにカーブして全長は確かに「直線」ではないが、直線部分だけを抜き出して計測してもおよそ七〇〇メートルはあって、岡崎城の直線石垣四〇〇メートルを凌駕《りようが》した。「直線」と川に沿ってゆるやかに曲がった石垣に、本質的な違いも認められない。さらに指摘した熊本城の石垣は、特別史跡熊本城跡の構成要素なのだから、岡崎市教育委員会が知らなかったという言い訳もできない。

福岡県福岡市の福岡《ふくおか》城三の丸の北側石垣は、途中に出入口をはさみながら東西におよそ九六〇メートルつづいた。福岡城も国史跡だから、城好きなら知らない人はいない。また現在は改変が進んだが、三重県桑名《くわな》市の桑名《くわな》城本丸・二の丸・三の丸西側を画した石垣は、ほぼ一直線に伸びて長さは六〇〇メートルもあった。これも国立公文書館が所蔵する「正保《しようほう》城絵図」を一瞥すれば、明らかである。

江戸城西の丸東側にあった広大な大名屋敷跡、現在の皇居前広場一帯の東京駅側に向いた曲輪の堀の外側石垣は、直線で九〇〇メートル以上伸びている。広大な緑地に楠木正成銅像が立つ景観を知らない日本人はいないのではないか。このように、いくつでも例をあげられるのだが、岡崎市教育委員会による岡崎城の「直線に続く城の石垣としては国内最長」という発表は、それでも適切といえるだろうか。

また城が河川を堀として用い、そこに城壁と護岸《ごがん》をかねて石垣を設けたというのも珍しいことではなく、わざわざ「直線」といった条件をつけて、「国内最長」と発表するのも望ましいとは思えない。河川の石垣護岸であれば、京都府の宇治《うじ》川に沿って秀吉が建設した「太閤堤《たいこうつつみ》」がいったい何キロにおよんだか。岡崎城の「国内最長」石垣はまったくかなわない。

だから岡崎市教育委員会の発表を、わたしは感心できない。もし話題性を優先して学術的検証を怠ったとすれば、強い危惧を覚える。仮に誰かが言ったからといってそれを鵜呑《うの》みにしたのであれば、調査成果を岡崎市教育委員会として点検して発表する手順に大きな欠陥があるのは明らかである。信頼される調査成果にもとづく整備であることは、城の整備において絶対担保すべき重要事項である。岡崎城の調査の進め方も、整備に向けた意識も、たいへん憂慮すべきことなのではないか。

改めて伝えたいのは、そうした詭弁をろうさなくても岡崎城の学術的価値は高く、しっかりと城を究明し、学術成果に立脚して整備していけば、岡崎城は市民と全国の人びとに感銘を与える城に必ずなることである。未来の岡崎城に期待したい。

慶長期築城の歴史的意義

多くの人びとを魅了する近世城郭のほとんどは、一七世紀初頭の慶長期の築城か、改修によって今日見るかたちが完成した。天守がそびえた本丸を頂点に階層的な構造をもち、石垣をめぐらした城郭は慶長期に全国に広まった。世界史的に見ても、これほど広域におよんで強い共通性をもった城が一斉に出現したことは特筆される。さらに、慶長期に成立した日本の近世城郭が備えた複雑な出入口であった枡形、馬出しは、世界の城に見られた守りのくふうであった。慶長期の城は日本の城としての特色をもっただけでなく、人類史上の城としての普遍性をも備えた。

近世城郭は戦国期拠点城郭の延長線上に生み出された。近世城郭の成立過程は、戦国大名が近世統一政権の求めた近世大名へといかに転換し、織田信長・豊臣秀吉、徳川家康の城づくり（織豊系城郭）をどう受けいれたかを物語る。一六世紀前半までの戦国期拠点城郭の多くは、館か館を基本にして防御力を強化した館城であった。守護大名の本拠では、一辺が一〇〇メートルを超えた守護の館の周囲に、多くの武士たちの館が群在して都市の中心部が成立していた。

織田信長の清須城（愛知県）は、まさにそうした館城のひとつであった。信長の清須城も、家臣の館も規模は違っても館もしくは館城としての本質的な違いはなく、信長と家臣の館はゆるやかな階層性をもった横並びの関係で構成した。信長の権力と軍事力が、信長と有力家臣との連合的性格をもったことに対応した城郭のあり方であった。ところが信長はその後、小牧山城（愛知県）、岐阜城（岐阜県）、安土城（滋賀県）と城を移すたびに、信長の居所を頂点とした階層的な城郭構造を一貫してつくり出していった。

　そして安土城では、いく重にも築いた石垣で最も守られた安土山の最高所に天主を建設し、天主を御殿の一部として用いた。家臣たちは山腹から山麓に身分に応じた屋敷をもっていて、それらすべてを見下ろした安土城の天主は、まさに家臣と城下の人びとの頂点に立つ信長を象徴した。慶長期城郭の原形は、信長の安土城で確立した。

　豊臣秀吉は信長を受け継いで天下統一を完成させた。秀吉の大坂城（大阪府）は、信長の城づくりを直接継承した。さらに聚楽第・伏見城（京都府）を豊臣政権の「公」の城として築き、諸大名を城下に集住させた。諸大名は京都・伏見屋敷の建設、さらには文禄・慶長の役（壬辰・丁酉倭乱）の肥前名護屋城下の陣の建設、あるいは朝鮮半島での倭城の造営によって、織豊系城郭の築城技術を身につけた。

　諸大名は慶長期にかけて、天下人の城を手本にした階層的な城郭構造と、石垣や瓦、天守を備えた近世城郭を、自らの居城に取り入れていった。階層的な構造をもった城郭が各地に成立したことは、各地の大名が戦国的な家臣との横並びの権力構造を脱却して、大名を中心にした近世的な大名権力を確立したことを示した。

ところで天守や石垣、瓦を用いたことが近世城郭としての要件とする考え方が一部にある。しかし慶長期以降の近世城郭であっても、石垣をもたなかった城は多い。たとえば石材に恵まれなかった関東の城などは、近世城郭であっても土づくりのものが少なくなかった。これらを不完全な近世城郭というべきだろうか。また当初は天守を建設しても落雷などで失い、江戸時代に再建しなかった城は枚挙にいとまがない。もし天守を備えたことが近世城郭の本質的な要件だとすると、江戸城ですら一七世紀半ばに本質的な要件を失ったことになってしまう。

わたしは石垣や瓦、天守ではなく、大名の居所であった本丸を頂点とした階層的な構造が城下にまで貫徹して、城郭が一元的な都市核になった点に、近世城郭の本質的な要件があったと考える。つまり慶長期に日本列島に一斉に成立した近世城郭は、各地における大名を中心にした近世的な社会構造の成立と一体であったからこそ、きわめて強い共通性をもってつくられたのであった。こう考えると、慶長期の日本で起きた猛烈な築城ラッシュは、単に城郭の軍事的発達の要請であったのではなく、日本列島の近世化を具現化した社会変革の表れだった。

第四章

比較城郭考古学でひもとく日本と世界の城

日本の城と西洋の城

日本の城と西洋の城の比較は難しい。西洋の城とひと口にいっても、紀元前四〇〇〇年頃のギリシャ・ディミニ遺跡や紀元前一八〇〇年頃のスーダンのブヘン城といった太古《たいこ》の城や、ローマ軍の城、中世の騎士の城、十字軍の城、近代の要塞といったように多様で、それぞれ異なった。だから西洋の城といっても何をイメージするかで、比較の結果は大きく変わった。

日本の城も同じで、三世紀頃に最も整備が進んだ佐賀県吉野ヶ里遺跡など弥生時代の環濠集落、古代の城柵、鎌倉時代の館、戦国時代の山城、石垣を備えた近世城郭など、時代ごとの変化は大きく一様ではなかった。また同時代であっても沖縄のグスク、本土の近世城郭、北海道を中心としたアイヌのチャシのように、日本列島の歴史と文化・政治と社会を反映した城の姿には固有性を備えた。

つまり日本の城といって「本土の城」だけを思い浮かべる歴史観や、「本土の城」だけを日本の城の代表だと考えて疑問を感じない意識そのものにも問題がある。多くの日本の城の研究者は、城の出入口を「虎口《こぐち》」と呼んで疑問を感じないようだが、わたしは本土の城の出入口を指した用語である「虎口」を用いずに普遍的な用語である「出入口」を使う。本書でも「虎口」は使わない。

それは城の研究が「本土の城」を暗黙の基準にして何の疑問も感じないものでよいわけはなく、沖縄の人びとが築いた城とアイヌの人びとが築いた城、そして世界の人びとが築いたさまざまな城を、等しく重要なものと考え、そこから歴史を解明しようと考えるからである。このように日本列島のなかの城を等しく理解していくことも、実は簡単ではない。

従来の比較は、日本の城と西洋の城の違いばかりを指摘してきた。しかし単純に城を比較するのではなく、城の発達の法則性を比較する視点に立てば、世界の城の共通性を指摘できる。

西洋の城の出入口は、単純な城壁や堀の開口部から、くい違い出入口、枡形へ、あるいは馬出しへと発達した。これは日本の城と同じであった。また西洋でも、土の城の最終段階に斜面などの城外空間に堀と土塁を並べ築いた畝状空堀群が出現した。これも一六世紀の戦国期の日本が山城に畝状空堀群を生み出した直後、石垣の城へと変化したのと共通した。

しかし異なった点も、もちろんあった。西洋の城の石垣は、石をモルタルなどで接着した「剛構造」になっていた。それに対して日本の石垣は石一つひとつを接着せず、揺れたときに石がわずかずつ動いて力を分散した「柔構造」にしていた。地震に対応した最適な構造だった。

このように日本と西洋の城を比較していくと、日本の城の普遍性と特性の両面が見えてくる。これからの城郭研究にとって、世界的な視野をもって日本の城を捉える比較城郭考古学の視点は重要である。

世界のなかの日本の城

日本の中・近世城郭は魅力にあふれている。武将と城との関わりは、さまざまなドラマに彩られている。武将がいかに城を築き、守り、攻めたか、その一つひとつの決断に、現代のわたしたちが学ぶことは多い。城そのものに注目しても、日本の城はスリリングである。土の城から石垣の城への劇的な変化、土や石垣と木造建築を組み合わせた巧みさ、急激に発達した複雑な防御施設、豪華絢爛な御殿といった日本の城の特徴は、世界に誇るべきものである。

日本では信長や秀吉の居城を手本にした織豊系城郭が、天下統一の過程にあわせて各地に広がった。そして一七世紀はじめにきわめて共通性の高い近世城郭が、列島の広い範囲にわたって一斉に出現した。こうした日本の城がもつ鮮やかな政治史的な特徴は、世界史的に見て特筆される。

第二次世界大戦後の城郭研究は民間学として出発した。そのため個別城郭の把握と検討には目覚ましい成果をあげてきた。しかし日本の城を世界の城と比較して、日本の城の個性や、世界の城と共通した普遍性を明らかにする視点には欠けていた。現在、世界のほとんどの国や地域の現地調査が可能になり、また各国の城郭研究の成果を知ることも容易になった。

概念的な比較研究ではなく、日本の城を世界の城と実証的に比較研究して、人類が地球上に生み出したさまざまな時代の多様な城郭のなかに、日本の城を位置づけ、日本の城の特性と普遍性とを明らかにする意義は大きい。そこでここでは世界の城と日本の城の構造を具体的に比較して、日本の城の特質と普遍性を世界視点から考えてみたい。

出入口の国際比較

一六世紀から一七世紀にかけて日本の城では出入口が急激に発達した。信長や秀吉の居城を手本にした織豊系城郭では、出入口が単純に開口した「平入《ひらい》り」から、城壁がオーバーラップして城道を屈曲させた「くい違い」を生み出し、次に城道の屈曲と城門とを組み合わせた特別な広場を備えた「外枡形」へと進化した。そして織豊系城郭では「外枡形」が堀の対岸側まで伸びてつなぐという過程を経て、「馬出し」を出現させた。「平入り」から「外枡形」「馬出し」の成立まで、およそ六十年間のスピードで到達したのであった。

こうした日本の織豊系城郭がたどった出入口の発達過程は、ロング・ターム（長期間）の歴史視点で見ると、世界の城と共通したと理解できる。たとえば紀元前三八〇〇年頃のギリシャ・ディミニ遺跡は、神殿を中心に同心円状の城壁をめぐらせて防御した集落であったが、出入口は「平入り」であった。それに対して、シュリーマンの発掘でも知られた紀元前一二五〇年頃の城郭都市ミケーネやティリンスは、「くい違い」に進化していた。

紀元前七世紀〜紀元前一世紀頃にかけたイギリス鉄器時代の城郭都市・ヒルフォートでも、

イギリスの鉄器時代のヒルフォート・メイドゥンカッスルの三重の堀と土塁

立体復元したローマン・フォート ドイツ・ザールブルク

同様な出入口の発達過程を確認できる。ヒルフォートの出入口も単純な「平入り」にはじまり、紀元前五五年にローマ軍を率いてブリテン島に上陸したシーザー（カエサル）と戦う頃には、「外枡形」「馬出し」という複雑な出入口に進化していた。ローマ軍がヨーロッパや中東の各国での軍事行動に際して築いた陣地や砦、ローマン・キャンプ、ローマン・フォートの出入口にも「外枡形」「内枡形」は広く確認できる。

日本と日本海を挟んだ大陸側では、たとえば日本に来訪した渤海使《ぼっかいし》も出港したと考えられる紀元後八世紀頃の渤海国の港湾拠点・ロシア沿海州のクラスキノ土城《どじょう》（塩州《えんしゅう》城）は、みごとな「外枡形」をすべての出入口に備えた。わたしが調査した紀元後一一世紀頃の契丹《きったん》（遼《りょう》）国の最西端軍事都市、モンゴル・チントルゴイ城郭都市も、城門は「外枡形」と楼門《ろうもん》で整えていた。

このように世界の城郭の出入口の発達は、時代を問わず「平入り」から最終的に「外枡形」「馬出し」に到達したとまとめられ、「外枡形」「馬出し」の出入口形態は、防御と出撃のバランスを高度に達成した人類が見つけ出した最適で普遍的なかたちであったと評価できる。日本の中世から近世にかけた城郭出入口の発達は、城を築いていった日本社会の変化を示すとともに、それが世界史的に見て驚異的な発達スピードであったことを物語る。

堀の国際比較

敵の進撃をくい止めるために堀を掘るという行為も、人類に普遍的なものであった。ヨーロッパの城というと城壁のイメージが強いが、多くの城では城壁と堀とを組み合わせていた。さて日本の戦国時代の山城を特徴づけた堀に、畝状空堀群があった。畝状空堀群は城域の外縁部に、山の斜面に沿った竪堀と竪土塁をいくつも並べ築いた特殊な防御施設であった。畝状竪堀群、畝堀と呼ぶ人もいるが、学史的には畝状空堀群と呼ぶのが正しい。さまざまな主義主張があるのはわかるが、城郭研究は学問である以上、気に入らないからといって同一のものに別の学術名称を個々がつけては、学問の原則に反する。

畝状空堀群はながらく、世界のなかで日本の戦国時代の山城に特有なものと信じられてきた。ところがわたしが実際にドイツ、イギリス、オーストリアなどの城を調査すると、日本の畝状

ドイツ・オウグスブルクのブッシェルベルク城に残る畝状空堀群

空堀群と同様の防御施設がヨーロッパの各地にあることがわかってきた。古いものは紀元前一世紀頃に遡り、新しいものでは紀元後一〇～一一世紀に再び使用したことが判明した。

ドイツのミュンヘン周辺には比較的まとまって畝状空堀群を備えた城が分布した。形状は日本の畝状空堀群と大きさ配置方法ともまったく変わらないものから、日本ではまれな城域外縁部の水平な地形に、市松模様のように堀と土塁を並べ築いた応用例も認められた。ヨーロッパで畝状空堀群が発達したのは、紀元前・紀元後一〇～一一世紀とも、土づくりの城郭が最も高度に発達した時期にあたっていた。つまり土による城づくりが頂点に達した段階に、城郭外縁部にまで防御施設を効果的に拡張した施設として、畝状空堀群は出現したと位置づけられる。

そうした始点で日本の山城にみられた畝状空堀群を見直すと、まさに近世の石垣づくりの城に移行する直前段階、つまり土による城づくりが極相《きょくそう》に到達した戦国後期の山城で、畝状空堀群が出現したと捉えられる。ヨーロッパと日本の畝状空堀群は発生した時代も地理的位置も異なったが、それぞれが出現した城郭の発達段階には明確な共通性があったといえる。つまり畝状空堀群の出現は、土による城郭づくりの到達度の高さを示した指標であり、そうした高度な城郭を実現したのは、知る限り戦国期日本と、ヨーロッパの鉄器時代、中世に限定されたのである。

人類共通の普遍性を見いだす

地球のさまざまな国と地域は、それぞれの歴史に結びついた多様な城を築いた。日本の城郭が武士や侍のイメージと強く結びついたように、世界の城はそれぞれの国や地域の歴史と関わって語られる。それはあたりまえのことで、わたしたちはそこに疑問を感じることはない。もちろん城を通じて、それぞれの国や地域の歴史を読み解くことは重要である。しかしわたしたちは城がもった資料性を、国や地域史を解明する手がかりとして還元するだけでなく、比較城郭考古学の立場から巨視的に捉え、国や地域を超えた共通性や法則性を見いだし、城から歴史を考えるのも重要ではないか。

日本の城郭は第二次世界大戦のなかで、「武士道精神の精華であって、独自のものであり、守るためではなく攻めるためのもの」といった極端な評価が行われた。たとえば戦時中から戦後にかけた城郭研究や天守の復元研究・設計に活躍した建築史家の城戸久は、日本の城郭は防御のためではなく、武士道による攻撃精神に満ちた特別なもので、それが戦争を進めている皇国の兵士の武勲に受け継がれているとした（城戸久『城と要塞』朝日新聞社、一九四三年）。

日本の城郭が防御のためではなかったという城戸の評価の根本に、大きな誤りがあるだけでなく、日本の城郭はその構造に侵略戦争につながる精神的源流を内在するという城戸の説は、戦時中という特殊な状況だったとしても、認めることはできない。今日ではこのような皇国史観にもとづく城郭評価をする人はいない。しかし城戸の考え方に連なる国粋主義的な意識は、城郭研究にとって完全に過去のものとはいえない。

「最大」や「最強」といったフレーズで地域の城を立派なものとして語る行為は今なお認められる。城を地域の誇りと思うことはすばらしいが、往々にしてそれがお国自慢となり、地域のナショナリズムと結びついて絶対化が進むと、正しい評価を妨げる。そうした言説の多くが学術をまとったように見せかけて、多くの市民を惑わせる。たとえば学問領域にあって史実にもとづく史跡整備であるべきものが、「信長公居館」のように偉人顕彰と混じると、ときに偉人が学術成果を凌駕して、史実よりも顕彰を優先してしまう。

一般法則を念頭にした研究は、一九八〇年代以降に歴史研究の一分野としてはじまった城郭研究に欠けていた視点であった。比較城郭考古学の視点をもたなければ日本の城郭研究は、日本の城の発達が特異なものであったか、普遍的なものだったかを評価できない。世界の城と日本の城を物質資料として比較することで、日本の城のなかに人類共通の普遍性を見いだせる。

そして各地の戦国武将や信長・秀吉・家康の城が実現したことを世界の視点で捉え直せる。理念的ではなく実証的に比較研究することによって、日本の城を世界の城のなかで相対化できれば、ナショナリズムと結びついて城が危うい象徴になることを食い止められる。

日本の城の発達を日本の空間的枠組みのなかで考えるだけでなく、アジアや世界の城と比較することで、これまで無批判に日本の城の独自性と捉え、あるいは日本の政治史的視点から説明してきたことも、別の視点から捉え直せる。これまでも歴史研究はアジアやヨーロッパとのさまざまな比較研究を行ってきた。そうした研究が果たした役割は大きかった。

しかし理念的な事象の比較だけを重要なものと意識するのではなく、物質資料の比較研究を実態に即して進めることが重要だと思う。城跡は世界にあった。だから「民俗学」的に日本のこととして城郭を研究する視点だけを正しいとするのではなく（もちろん民俗学の重要性はいうまでもないが）、世界の城のなかで日本の城を捉えて評価する「民族学」ないしは「文化人類学」的な城郭研究が、城郭考古学として必要である。

この点、考古学は言語にしばられず、物質資料（遺跡・遺構、遺物）をもとに研究するので、国・地域の壁を越えた比較研究に適している。ここではこうした意識を踏まえて検討を進める。そこで次に実証的な現地調査にもとづき、モンゴルの一一世紀の契丹（遼）時代の城郭都市を、ヨーロッパや日本の城郭と比べて人類史的な位置づけを考えたい。

最先端だったモンゴル中世城郭

モンゴルの契丹（遼）時代の土城をいくつか俯瞰してみよう。ハルブヒン・バルガスは阻卜《そぼく》に備えた契丹の北方防御の拠点で、紀元後一一世紀から一二世紀に機能した。東西八〇〇メートル×南北七〇〇メートルの規模で方形に囲郭をめぐらした。囲郭は堀＋城壁の組み合わせであり、城壁には馬面（横矢を掛けるための城壁の張り出し）を備えた。出入口は甕《おう》城（外枡形）となっており、整った複雑系出入口となっていた。

中国では世界史的な視点で見てもいち早く外枡形（甕城）の原理を発見していた。紀元前四五〇〇〇年頃の陝西省《せんせい》西安《せいあん》市の半坡《はんぱ》遺跡では、堀を鍵の手形に張り出して設けた環濠の出入口があった。原理としては外枡形の祖型にあたった。紀元前二三〇〇年頃の陝西省石峁遺跡は石積みの城壁をめぐらした城郭都市で、その外城《とじよう》東門では、石を積み上げて築いた外枡形と内枡形の連続体を備えた。日本の城でいえば、一六世紀末から一七世紀初頭に出現した織豊系城郭の連続外枡形と同じ発想と位置づけられる。

こうした定形的な複雑系出入口は、その後も連綿と受け継がれ、契丹（遼）国の中心であった遼上京《りようじようきよう》、中京《ちゆうきよう》や祖州《そしゆう》城なども連続した張り出し櫓とともに、出入口には外枡形を用いた。だから外枡形は、モンゴルにおいて独自に獲得されたというより、伝播的に獲得されたものと位置づけられる。

　モンゴル国ボルガン県に所在するチントルゴイ・バルガスは一〇〇四年に契丹国が設置した鎮州《ちんしゅう》城に相当した城郭都市と比定され、東西六五〇メートル×南北一二五〇メートルの大きさで、南北に二城が並ぶ形態をとった。囲郭は堀と城壁の組み合わせで、城壁には張り出した櫓台、馬面を規則的にもった。出入口はいずれも外枡形を備え、先のハルブヒン・バルガスと共通した防御施設で設計されたことがわかる。

チントルゴイ・バルガス（千田ほか2010）

ハルブヒン・バルガスの城壁

　同じくボルガン県にあるウランヘレム・バルガスはやはり紀元後一一世紀〜一二世紀にかけて、阻卜に備えた契丹国の北方防衛の拠点城郭と位置づけられる。その点では先のハルブヒン・バルガ

ウランヘレム・バルガスの城壁

ウランヘレム・バルガスの帯曲輪と堀

ス、チントルゴイ・バルガスと変わらない。しかし防御施設の組み立ては、ふたつの城と大きく異なっていた。まず囲郭は主城壁直下に帯曲輪を組み合わせた点に違いがあった。つまり堀が主城壁の直下にあるのではなく、帯曲輪を挟んだ先に設置していた。これは堀と主城壁の間の帯曲輪を置くことで、敵が突入してきたときの進退を阻害し、主城壁から弓矢や弩、投石などを用いて効率的に敵兵を殺傷するためのくふうであった。

そして主城壁の馬面は、この帯曲輪に向かって張り出したから、馬面上からの攻撃は大きな効果を発揮し得た。また外枡形は、帯曲輪を越えてその先の堀まで大きく突出していた点も重要な変化であった。外枡形が大きく張り出したことで、外枡形が出入口を守った拠点としてだけでなく、それぞれの城壁に迫る敵に対して側射する陣地としても機能して、重要な防御拠点にもなっていた。一般化して理解すれば、外枡形が出入口防御の施設から、城壁防衛の要であった門塔へと進化したといえる。外枡形が堀底へ横矢を掛けた位置まで突出したことで、主城壁の馬面からの横矢と合わせた二重の横矢システムとなり、高い効率を果たしたと分析できる。

ウランヘレム・バルガスが達成した防御施設は地球規模の視点から見て、どのように評価できるだろうか。たとえばヨーロッパでは、一一世紀頃はローマ帝国崩壊後の騎士の拠点として現れたモット・アンド・ベーリー型城郭から、十字軍以降の中東の城づくりに影響を受けた新形式の城郭へと変化していく時期にあった。

　この過程でヨーロッパの城では主城壁直下の殺傷空間としての帯曲輪（Zwinger：ドイツ語）が成立し、また一三世紀に

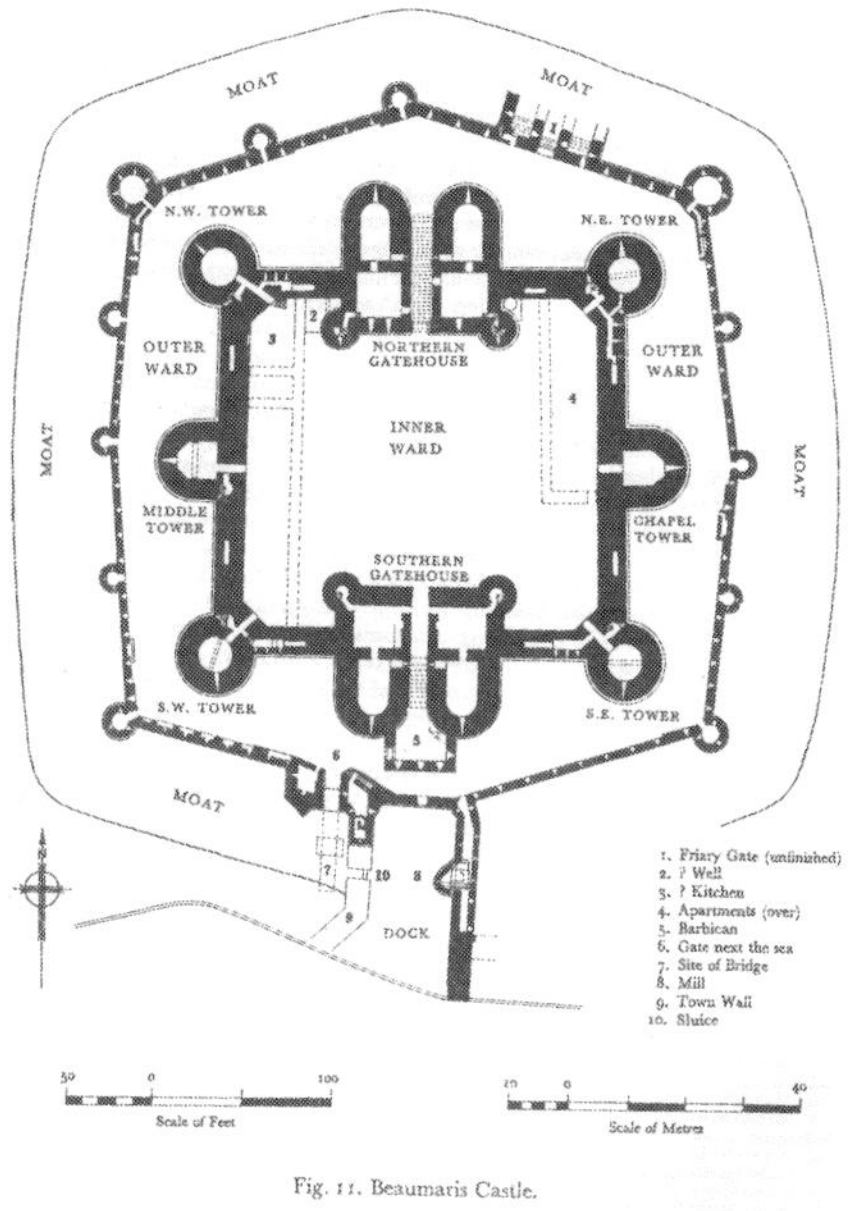

イギリスのボーマリス城（Taylor1986）

エドワードI世がウエールズに築いたボーマリス城のように、城壁の防御拠点としての門塔が機能するようになっていた。つまり一一世紀のモンゴル高原における契丹城郭は、ヨーロッパの城郭に匹敵する当該期の最先端の城郭構造をもったのである。

世界と日本の城郭比較

日本の城でモンゴルの中世城郭にみられるように、出入口に鍵の手形の張り出し城壁を設けた外枡形が一般化したのは、先にもふれたように一六世紀第三四半期になってからだった。一五七六年（天正四）から織田信長が築いた滋賀県近江八幡市の安土城、豊臣秀吉が一五八三年（天正一一）から築いた大阪府大阪市の豊臣大坂城などが典型例であった。

それら天下人の居城が諸大名の城の手本になったため、近世初頭には信長・秀吉の城を規範とした城郭（織豊系城郭）が日本列島に広く成立した。これは古墳時代に前方後円墳が首長層に共有の墳墓《ふんぼ》形式として取り入れられたことと対比して捉えられ、近世の政治体制は城郭考古学の立場からは「織豊系城郭体制」ということができる。

モンゴル中世城郭は中国を源流とした城郭形式を色濃く受け継いだものであったのに対し、日本の城は、自然地形を活かした不定形の山城を多用し、一六世紀にはそれが主流になった。また日本の城は、アジア世界はもとより世界から見ても、外枡形のような複雑系出入口導入が遅れ、またそれを伝播ではなく独自に獲得した点に特性があったといえる。

外枡形などの枡形を備えた出入口形式は、人類史上の城のなかで、防御と出撃のバランスに最もすぐれた最適解であった。だから人類史上の城において、出入口の進化は最終的に外枡形あるいは馬出しに収れんして、さまざまな時代の世界の城に広く共通した。

世界の城の出入口の歴史を俯瞰すると、紀元前四五〇〇年頃に初源的な外枡形がアジアで成立し、中国では紀元前二三〇〇年までに石造りの外枡形連続体という究極の形態に到達した。定形的な外枡形の成立におよそ二千年かかったことになる。

ヨーロッパでは地中海世界を中心に防御集落が成立し、紀元前三八〇〇年頃のギリシャ・ディミニ遺跡では防御都市に石積みで守った平入りの出入口を確認できた。そして紀元前三〇〇〇年のギリシャ・カストリ遺跡では石積みを施した防御都市の出入口に、連続張り出し櫓とともに外枡形が現れた。定形的な外枡形の成立におよそ千年かかった計算になる。紀元前一三〇〇年頃の城郭都市ギリシャ・ミケーネやティリンスは、くい違い出入口（ミケーネ、ライオンゲート）や外枡形で防衛し、ティリンスは石で築いた多聞櫓まであった。

イギリスの防御都市クリックリー・ヒルでは、紀元前三〇〇〇年には単純な平入りの出入口だったものが、紀元前五〇〇年の第二次のヒルフォートでは、石で城壁を積み上げた定形的な外枡形を完成させた。複雑系出入口は紀元前一世紀にローマ軍と戦ったイギリスのヒルフォートで複数確認された。たとえば紀元後六五年から七〇年にかけて戦ったイスラエルの要塞都市マサダを包囲したローマン・キャンプでは、キャンプC、キャンプF1などに、ローマ式の外枡形・クラビクアを備えた。

ローマン・キャンプはローマ軍の統一した築城型式に従って築いたので、同様の外枡形はヨーロッパから中東にかけて広く確認できた。調査が進んでいるイギリスを事例に紹介すると、

ギリシャ・ティリンスの大手道の城壁

マサダ　ローマン・キャンプF1(Richmond1962)

ノースヨークシャー州のカウソルン・フォートのフォートA・B・Cに明確な外枡形が認められ、カンブリア州のトラウトベック2フォートにも外枡形が残るように、紀元前一世紀から紀元後三世紀にかけて多数の外枡形を備えたローマン・キャンプが存在した。そして日本の軍学が「一文字土塁」と呼んだ出入口開口部の前に直線の堀と土手を備えた出入口も、ローマ軍は広く用いた（Welfare・Swan 一九九五）。

その一方でローマ軍と戦った鉄器時代のイギリスの人びとが拠った防御都市ヒルフォートのひとつ、デーンベリでは定形的な外枡形を、メイドゥンカッスルでは馬出しを確認できる。鉄器時代のブリテンで起きたローマ軍とヒルフォートの戦いは、きわめて高度な城を生み出した。

わたしたちが一般にイメージするヨーロッパの城は、一〇世紀以降に現れたモット・アンド・ベーリー型式の城が発達して生み出された。一一世紀以降の十字軍の遠征はヨーロッパに中東の城郭様式の知見をもたらした。数多くの籠城戦／攻城戦が起きた十字軍の戦いは城の発達を促し、定形的な外枡形など複雑系出入口が改めて出現した。一二世紀のイスラエルのベルボワール城は、外枡形を外郭と内郭の出入口に用いた。一二世紀にシリアのクラック・デ・シュバリエ城は、建物内で長大な外枡形を二重に重ね、一三世紀にシリアのアレッポはシタデルへの大手道に上城門要塞を整え、外枡形が城塞内で連続したプランを達成した。これらは日本の熊本城と対比すべき連続外枡形の発想であった。

クラック・デ・シュバリエ城

アレッポ

ヨーロッパは十字軍の経験を活かして外枡形や馬出しを取り入れ、イギリスのボーマリス城などは外枡形を、フランスのカーン城、アンジェ城、イギリスのロンドン塔、サンドル・カースルなどは馬出しを備えた。

日本の城における外枡形は、紀元後二〇〇年頃の佐賀県吉野ヶ里遺跡の北内郭で一旦確認された後、七世紀の古代山城では岡山県総社《そうじゃ》市の鬼ノ城西門のように、門の前での城道屈曲を伴うものや、香川県高松市の屋嶋《やしま》城は内枡形の出入口を備えて堅い守りを実現した（高松市教育委員会二〇一六）。こうした古代山城の出入口の著しい発達は、朝鮮半島の技術の伝播によるものと考えられる。

その後、複雑系出入口を備えた城の知識は日本列島では一旦失われ、一四世紀以降に各地に出現した中世城郭に端を発し、先述したように一五七〇年代に定形的な外枡形や馬出しが出現した。一四世紀の中世山城の出現から定形的な外枡形の成立におよそ二百年で到達したことになる。一六世紀後半に確立した複雑系出入口は、一九世紀の江戸時代の終わりまで維持された。

そして地球上で最も遅く外枡形が出現したのは、紀元後一八〇〇年代のニュージーランド・マオリ族の防御都市であった。一八三〇年にイギリス軍と戦ったタカハンガ・パは、典型的な外枡形を備えた。

フランス・アンジェ城

フランスのアンジェ城の模型。現在は失われているが、15世紀には馬出しを備えた

モンゴルの中世城郭を理解することは、アジアの城だけでなくヨーロッパをはじめとした世界の城を考える重要な手がかりである。ここではモンゴルの中世城郭を軸にして地球上の東と西、あるいは南の城と比較してきた。一見それぞれの国や地域の歴史に結びついて固有なものと認識してきた城のかたちが、そうした視点の評価だけでは見

落とす歴史性をもったことが明らかにできたと思う。

ロング・タームの歴史から城を見れば、たとえば外枡形や馬出しなど普遍的な出入口の形態へ向かっていく発達が、地球上で何度もくり返したこと、ときにある地域の城が交易や戦争といった交流を契機に、ほかへの影響を与えて世界の城を形成したことが見えてくる。日本の本州を中心とした「城」は、孤立的に発達して人類史上の普遍性をもつ城のかたちに到達したと評価できる。

その一方で沖縄のグスクは、東シナ海によった琉球と中国との交易を通じ、福建《ふつけん》省で一四世紀に構築されつつあった城の知識と技術の受容によって飛躍した可能性が指摘されている（山本二〇一九）。改めて日本列島の城を、日本のなかの閉じた視点で考えたのでは、十分でないといえるだろう。

遥かなる契丹（遼）の城

二〇一一年の夏もモンゴルの城跡調査に出かけた。この年はそれまでで最も大きな発掘を行った。モンゴルの研究者との綿密な協業はもちろん、奈良大学の院生・学生の的確な発掘によって調査は順調に進み、目指した一一世紀の遼時代の城門と、基壇《きだん》の石列の上で、原位置を保った建築材の全貌を明らかにできた。

二〇一〇年は乾燥した草原の地下に、湿《しめ》った状態の建築材が出土するとは予想しておらず、先導トレンチで建築材を検出したときは驚いた。すばらしい発見にみなよろこんだが、極度に乾燥した気候と容赦ない日差しは、千年前の貴重な建築材を急激に劣化させる恐れがあった。だから文化財保護の観点から一メートル分だけ発掘して状況をつかみ、埋め戻すことをすばやく決断した。だから二〇一一年の調査はまさに捲土重来《けんどちょうらい》、体制を整えなおした学術的挑戦であった。

それにしても、ふつうの大学の考古学研究室であれば、海外調査で大きな建築材をどう保護しつつ発掘するのか、悩んでしまうところだろう。ところが奈良大学の文化財学科には保存科学分野があり、モンゴルから奈良大学の大学院に保存科学を学ぶために留学している院生もいる。なんと心強いことか。前年から現地での保存処理方法について、さまざまな状況を想定したシミュレーションを行ってきた。処理に必要なＰＥＧ（ポリエチレングリコール）も、十分に揃えた。準備は万全だった。

ところが、ウランバートルの空港に到着した先発隊から緊急の連絡が入った。基礎化粧品などを国内で生産していないモンゴルでは、保湿成分の基本的薬品であるＰＥＧが一般に知られておらず、怪しい薬品として持ち込みが許可されないという。モンゴル科学アカデミーや、在モンゴル日本大使館など諸方面の援助を得て、さまざまな英文追加資料を急ぎ日本で整えて、ようやく木製品保護のためのＰＥＧを遺跡に持ち込むことができた。こうして無事、発掘で見つけた千年前の建築材を保存処置できたが心労が募った。

ふつうならこれでひと安心というところだが、なぜか胸騒ぎがしたので、本隊の隊長として出発する前に、すでにモンゴル入りした各国遺跡調査隊の情報を念入りに収集した。すると考古学的な遺跡だけでなく、化石や地下資源が豊富なモンゴルには、多分野の海外調査隊がこの年には殺到していて、空港のチェックはかつてないほど厳格だという。

ある国の考古学調査隊は、測量のために不可欠な機械を据え付ける三脚が問題となり、あろうことかすべての荷物が入国時に開封され、調査機器の持ち込みができなかったという。地下資源の不法調査と疑われたらしい。そして、わたしたちの調査隊も、あらぬ疑いをかけられる可能性がある。

恐るべき事態ではないか。わたしたちも三脚を持って行く。三脚がなくては城跡の測量ができない。どうしたらよいか。わたしは熟慮の末、スポーツ用品店に走った。測量機械の三脚はすでにケースに入れてあるが、野外で目立つようショッキングレッドのケースで、いかにも調査用品が入っていると主張する外観である。これではあまりにも調査隊を主張しすぎていて、厳しい検問を受けるのは必至である。そこでゴルフクラブ・バックの外に掛けるカバーを購入して、三脚ケースらしさをやわらげる作戦を思いついた。

しかし調査隊そのものの探険隊ファッションでは作戦は台無しである。そこでわたしは、調査隊とは決して悟られない「ドレス・コード」をメンバーに発令した。出国の朝、空港に各大学の先生や奈良大学の院生・学生が集まると、全員これからバカンスに行くとしか思えない服装に身を包んでいた。まるでちゃらちゃらした気持ちでモンゴルの城跡の発掘に行くように見えたかもしれないが、決してそのようなことはなかったと断言したい。

そして快適なフライトの後、ウランバートルの空港に到着した。いよいよ厳格を極めると聞く入国の荷物審査である。

わたしたちのスムーズに調査を進めたいという思いにはさらなる幸運が重なった。遺跡のデジタル解析研究を担当する奈良大学の正司哲朗先生が、遺跡を空撮するために、この年はラジコン・ヘリコプターを準備してこられた。そのラジコン・ヘリコプターは検査で厳格なチェックを受けたが、どこからどう見ても、モンゴルの大草原でおもいっきりラジコンを飛ばしたいとやって来た日本人に見えただろう。

ついに三脚もそのほかの調査機材も没収されなかった。

モンゴル到着の翌日、すべての必要な機材を四輪駆動車に積み込んで、わたしたちは草原のチントルゴイ・バルガスを目指した。その後、城門を発掘する過程で重要な発見が相次いだ。こんなにときめく発掘を院生や学生、すばらしい日本とモンゴルの研究者と共有できたのは、

チントルゴイ・バルガスの発掘のようす

発掘したチントルゴイ北城の東門の基礎石と土台木

教員としても研究者としても幸せだった。この感動を多くの方と共有するために、モンゴルの草原に残る遺跡を冒険するツアーを、いつか実現できたらと願っている。もちろん風呂・トイレなし、電気は発動発電機でちょっとだけ。お泊まりはプライバシーゼロの究極ワンルームのゲル連泊。三食は毎日ひつじの茹で料理で！

第五章

考古学の現場から見る城の復元

二一世紀の城人気

今、城は大人気である。二一世紀初頭に起きている城人気の大きな特色は、近世城郭だけでなく中世城郭にまで人びとの関心が広がった点にある。少し前まで城といえば近世城郭であり、天守や石垣をもたない中世城郭は一般的に城とは認められず、それを調べ・楽しむのはごく限られた専門的なマニアに限られてきた。

中世城郭はどこにあるかわからず、大きさやかたちも知られていなかった。苦心惨憺《さんたん》、深山《しんざん》幽谷《ゆうこく》に分け入って発見したとしても、地面のでこぼことしてのみかたちを留める中世の城跡には、近世城郭のような派手な部分は少しもない。だからそのままでは市民に親しまれる遺跡にはなれなかった。

そんな中世の城跡が注目されたのにはさまざまな理由があげられる。まず中世城郭の研究が民間学として開かれた研究分野であったからといえる。中世城郭の研究は戦後ながらく文献史学からも考古学からも本格的に取り組まれず、民間学として発達してきた。中世城郭はその建物を失っても、山城を中心として堀や土塁、曲輪と呼ぶ防御した平場が残り、そうした地面のでこぼこ＝土木工事の痕跡は地表面から容易に観察することができる。

地表面観察の意義は旧石器時代などの古い時代では小さいが、中世城郭研究ではたいへん大きな効果を発揮する。非破壊の地表面観察から研究できるということは、要領さえつかめば誰でも研究の先端を担えることを意味する。こうして中世城郭の研究は、発掘を主体とする研究より前に、地表面観察をもとにした膨大な成果を積み重ねてきた。一九七〇年代以降になるとそうした蓄積の上に、全国で中世城郭の発掘調査が行われていった。地表面観察では想像するしかなかった個々の建物や遺物群からの研究が可能になることで、城を立体的にとらえることが実現した。ようやく城の実像が見えるようになってきたのである。

　城跡の研究を活性化させるとともに、城跡の保護・整備・活用へと行政的な道筋をつけていったのが文化庁の補助事業として都道府県教育委員会が行ってきた中世城郭の総合調査である。都道府県ごとの城郭分布、位置と現状が明らかになり、それにもとづいてふさわしい城跡が国の史跡に指定されるしくみは合理的である。戦前の城跡の史跡指定は南朝ゆかりの城跡に偏《かたよ》り、また指定された城跡そのものも少なかったから、基礎調査から指定への明確な道筋がつけられ城跡の保護が着実に進むようになったことは、たいへん大きな意義をもつ。ただし各地に残る多様な城跡の実態から考えて、なお史跡としての指定は十分でなく、今後も中世城郭の史跡指定を進める必要がある。

　そして史跡指定を契機に整備・活用が具体化することで、今日では誰もがわかりやすく迫力のある中世城郭を体感できる城跡が増えてきた。城跡はそもそも中心性やシンボル性を備えていたから、整備・復元が進むにつれて市民の大きな注目を集めるようになったのである。しかし現状の城跡の整備・復元にはいくつかの課題も残されている。考古学の立場から考えてみたい。

平面プランと考古学

中世城郭の調査では全体のプランをつかむことが重要である。プランの把握は一般に測量図を作成することで行われるが、草木の生い茂った城跡では単純な航空写真測量を行うだけでは正確な遺構の図化は難しい。そこで本来役に立つのが城郭の地表面観察研究で鍛えられた観察方法と技術だが、考古学の研究者でそうした技能を身につけている人は本当に少ない。こうした問題は、大学教育で城郭の調査や研究に関する講義や実習がほとんど開講されていないこととも関連しているに違いない。

もちろん測量図や地表面観察からわかることには、さまざまな制約や限界がある。しかしこの時点で基本的な評価を誤ると、後々まで引きずられてしまうことが少なくない。また発掘区の設定にも落とし穴が潜んでいる。整備・復元を前提とした発掘では、どうしても建物をねらった調査になりがちである。建物の構成を明らかにすることは重要であるが、城の平場をどう守り、どう連結していたのかをはっきりと把握することは、同じだけ大切である。

城の平場の連結方法、つまり相互の空間をつないだ城道の設定を確定することは、空間分析の手法から権力や地域社会を検討する最も重要な手がかりであるとともに、整備・復元を通じて来訪者に城の守りを体感してもらう不可欠の要素だからである。城を城として成り立たせていた軍事性は、堀や塁線といった遮断装置と出入口をポイントにした城道設定のバランスによって生み出された。だから城郭の整備・復元では、正しくそれを復元する必要がある。

ところが、実際には疑問の残る整備もあるように思われる。ある城跡の整備では本来の出入口ではなく、脇の櫓台へ登る石段に城道を連結してしまった。

また別の城跡の整備では、一六世紀後半に急激に進化した出入口のひとつであった馬出しを見落としたために、不自然さの残る遺構解釈になっている。仮にそうした疑念が残る、あるいはいくつかの解釈があり得る整備・復元では、別の可能性についても示すことが必要ではないだろうか。城郭研究が急速に深化したことを考えると、再評価・再整備すべき城跡は少なくないのかもしれない。

建物の立体復元と考古学

城跡における立体・原寸大の建物復元は、建築史分野の研究者との協業になる。石川県の鳥《とり》越《ごえ》城は立体復元を巧みに取り入れた中世の山城の整備例で、迫力がある。熊本県の熊本城では

立体復元した鳥越城の本丸枡形門

いくつもの櫓や門がすでに復元され、現在、本丸御殿の復元も完成した。本丸御殿の床下を通って本丸へ出入りした通路も正確に再現されて、熊本城のイメージも一新された。二〇一六年の地震からの文化財修復はまだ途上だが、着実に熊本城はよみがえりつつある。愛知県の名古屋城では第二次世界大戦で失われた本丸御殿を復元した。城跡全体の整備方針を立てた上で、本丸御殿の復元計画が立案されたことは適切な手順を踏んだといえるだろう。

　こうした大規模な立体復元は、文化庁の補助金だけでなくさまざまな財源によって実施されている。別言すれば、立体復元は厳密な学術的制約とともに、補助事業としての金銭的制約を強く受けているといえる。特別な例を除くと補助要件の枠内で整備のメニューを考えるということになるからうっかりすると、どの城跡を訪ねても大同小異の整備方法になりかねない。立体整備を取り入れた個性的で史実に則った整備をより真剣に模索することが求められている。整備後のソフト面の充実はもちろんだが、そもそもカタログショッピングのように城跡整備を行ったのでは、人びとを引きつける魅力的な空間にはできない。

二〇二〇年に文化庁は史跡活用の新しい指針として「復元的整備」の考え方を定めた。従来、たとえば江戸時代の城郭建築であれば、考古学的な発掘調査によって建物跡を明確に把握できること、絵図によって存在がわかり、指図によって内部の柱配置等、建築構造がつかめること、幕末まで存在した建築物にあっては、古写真によって建築意匠を確認できることなどを軸にした条件をすべてクリアするよう厳格に求めた。

そのため国史跡になると天守などの城郭建築の立体復元は事実上不可能になり、本来、国史跡に指定されてしかるべきだった城が指定を逃れて、考証不十分や基本的な史跡整備や保護の観点を欠いたまま天守を復元するという逆転現象が認められた。

今回の新たな指針は、前述した三条件を完全にクリアしていなくても、客観的な証拠を積み上げた上で、学術的な考証を尽くしたものを「復元的整備」として建物の立体復元を認めようとするものである。現段階では、具体的な審議のあり方や、どの程度の証拠や学術的考証で十分と判断するかの詳細は示されておらず、動向が注視される。

各地で天守や御殿などの立体復元を求める声は大きい。これまで建物の復元を伴う整備計画が暗礁に乗り上げていた各地の城で、一斉に「復元的整備」の実現を目指す活動が出てくるだろう。史跡としての本質的価値を高めることに資する「復元的整備」は歓迎したい。しかし考証不十分で史実に反した建物の復元や、「復元的整備」によって本物の石垣や土塁を壊してしまうようなことはすべきではない。史跡におけるバリアフリー化の推進とともに、史跡整備の考え方は、いま大きく変わりつつある。

城跡整備の現状と課題

しばらく前まで「城好き」は特殊な趣味の人と分類され、家族や知人から尊敬を得られることはなかった。また城に熱中するのは中年以降の男性ばかりで、若者はもちろん、女性はとても少なかった。そうした時代にお城少年になって今日に至った私は、長い間変わった人と認識されていたと思う。

ところが今やたいへん多くの人びとが城に関心をもち、城を訪ねて充実した時間を過ごしている。テレビで活躍する芸能人も城好きを公言して恥じ入るどころか、かえって知的イメージが増進するようになった。驚くべきことではないか。日本城郭協会が主催して二〇一六年から開催している「お城ＥＸＰＯ」は、クリスマス頃という最も個人的な趣味に時間を割きにくい期間の開催にもかかわらず、毎年二万人ほどの参加者を得て好評である。会場には多くの若者や女性が全国から駆けつけてくださっている。もう城はブームではなく、ひとつの趣味として定着した。

市民に開かれた歴史探求としての城歩きが実現した理由には、城への関心をもつきっかけが多様化したことがあげられる。私がお城少年だった頃、中世の城が整備されるのは夢のようなことだった。どの城も草木に埋もれ、ジャングルをかき分けて探険するのが当たり前で、それが城歩きだと思っていた。そもそも発掘調査の対象として中世城郭は十分意識されておらず、つぎつぎと破壊されてもいた。しかし文化庁が補助事業として進めた中世城郭の分布調査を契機に、埋蔵文化財包蔵地《ほうぞうち》として遺跡地図に示して周知化し、考古学的な城の究明が進んだ。

そして各都道府県の主要な城を史跡に指定し、保存管理計画あるいは保存活用計画にもとづいた計画的な調査によって、平面表示や立体復元した城が全国に出現していった。城の構造と歴史的な特徴をわかりやすく示した城を訪ねれば、誰もが五感で歴史を体感できる。もうヘビに遭遇したり、くもの巣に引っかかったりせずに、楽しく城を探険できる。適切に整備した城が各地に増えたのが、城歩き趣味が成立した大きな要因だと思う。

さらに従来の歴史小説に加え、ゲームやマンガ、ドラマ・映画・二・五次元の演劇などで、刀剣と武将が圧倒的な人気を得たのも、城への関心が高まった理由である。刀剣にせよ武将にせよ、その活躍の舞台となったゆかりの場所は、現実的には城になる。こうして刀剣・武将人気も、城歩きの人気に寄与している。

多くの市民が城への関心を高めたことで、城の整備を政治的な課題として意識した動きも目立ってきた。たとえば二〇一七年に実施した名古屋市長選挙では、名古屋城天守の木造復元が候補者の選挙公約になった。二〇一八年六月に国会で可決・成立した文化財保護法の改正では、文化財行政の首長部局への移管をうたっており、今後も首長発で城の整備を実施しようとする動きは、さらに活発になるに違いない。

しかし政治的な思惑で、城の立体復元が適切な学術調査や研究の手順を踏まずに行われるとすれば、きわめて深刻なことである。昭和時代に実際には天守も石垣もなかった中世の城を破壊して、整備と称してどれだけ鉄筋コンクリートの天守を建ててきたことか。

たとえば愛知県日進《にっしん》市の岩崎《いわさき》城は、一五八四年（天正一二）に起きた小牧・長久手の戦いで秀吉の軍勢に急襲されて落城した歴史をもつ。一九八七年に五重の天守と石垣をつくるまで、土づくりのみごとな城郭遺構が完存していた。しかしもともとの岩崎城にはなかった天守や石垣を新たにつくった「整備」によって、本物の城の遺構は大規模かつ壊滅的に破壊された。本物を徹底的に破壊した岩崎城の「整備」は、「城を活用したまちづくり」なのだろうか。愛知県日進市の岩崎城のような「整備」という名の破壊をくり返してはならない。

文化財をまちづくりと観光に活かすのは重要な課題だが、自治体にしっかりとした学術調査・研究組織を設置して、文化財としての城の整備を計画するときに、できること／できないことを自立的に判断できる仕組みを整えることが必要である。そうした仕組みがなくては、文化財を破壊して「活用」「整備」する問題に気がつけず、不適切な計画も止まらない。

特別史跡名護屋城跡並びに陣跡を調査・整備してきた佐賀県立名護屋城博物館や、史跡金沢城の調査と整備を推進している石川県金沢城調査研究所、特別史跡熊本城跡の整備・復興を担う熊本城調査研究センターが、城の整備と活用に際してすべきことの手本である。

技術の研究と継承

新しい調査技術が城の整備に与えた影響も大きい。特に注目されるのは航空レーザー測量である。先に記したように中世の城は草木に覆われてきた。このため従来型の航空写真測量では、城の遺構を適切に把握できず、別途現地での測量が不可欠だった。しかし見通しの悪く急傾斜も多い城を的確に把握するのは困難を極めた。しかし航空レーザー測量を城に用いるようになって、地表の遺構や地形を正確に把握できるようになった。さらにその成果を動画化したり、３Ｄプリンターで立体模型化したりして多様な活用が実現した。

ところが、こうした新しいデジタル測量の成果を使いこなす環境が、自治体の文化財部局に整っていない事態も各地で相次いでいる。たとえばある自治体は城の航空レーザー測量を専門の測量業者に発注したが、納品されたのはデータを収録したディスク一枚。結局、測量成果を見ることさえできなかった。またある自治体では、点群データとそれを展開するソフトの納品を受けたが、役所のパソコンは32ビットで動いていたため、64ビットのパソコン環境を要求す

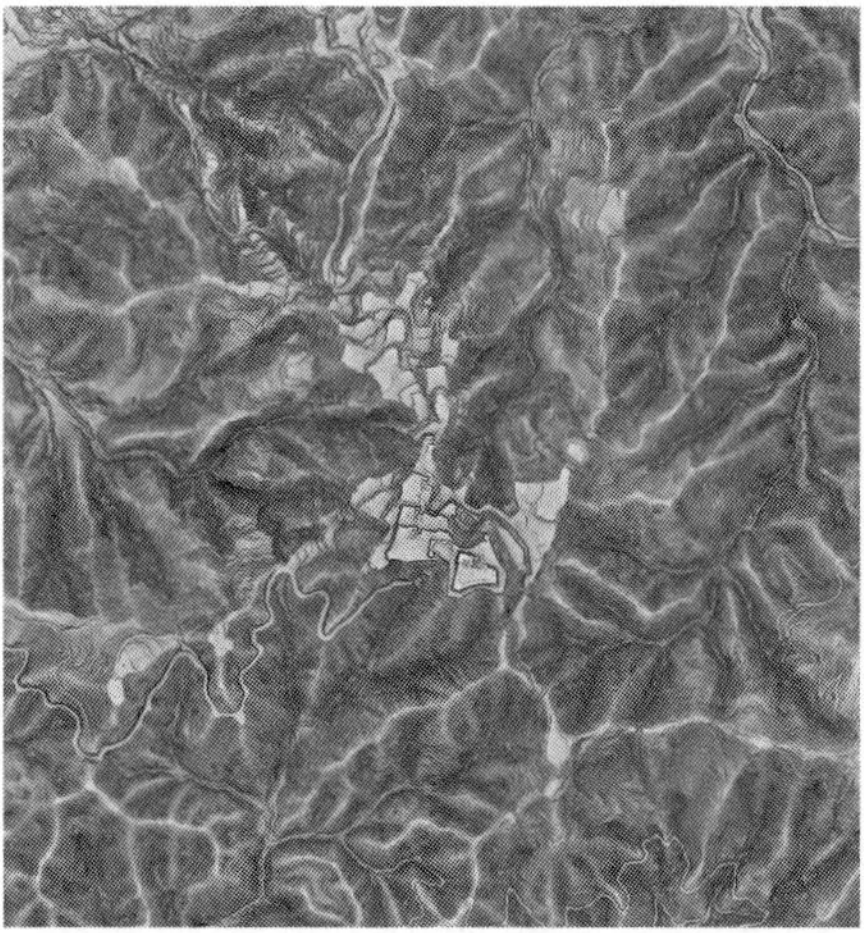

高取城の航空レーザー測量図（©奈良県立橿原考古学研究所・アジア航測）

るソフトを起動してデータを活用することはできなかった。

いずれも測量会社側にも役所側にも課題があったが、大規模な山城の航空レーザー測量の点群データは膨大な量になり、役所にあるふつうのパソコンでは展開すらできない。こうした問題は次第に解決していくと思われるが、大学における文化財関係教育でもデジタル測量の基本や運用を教えていく必要がある。

そして現在、城跡の整備の現場で最も大きな問題になっているのは石垣の調査と評価、それにもとづく具体的な保全措置や解体修理のあり方である。ひと昔まで、文化財石垣の修理は自治体が入札を行い、応札した業者が誰でもできる状態がつづいていた。しかし現在ではわが国の伝統的な石垣技術は、文化庁による選定保存技術とされており、姫路市に本部を置く文化財石垣保存技術協議会が、技術の研究と継承を推進している。文化庁も『石垣整備のてびき』をまとめて指針を示した。こうした取り組みによって、文化財としての石垣保全や解体修理の基本的な考え方には適切な基準ができてきた。

しかし各地の城郭石垣の解体修理において、修理の考え方や工事内容に大きな差異があるのが実態である。ある史跡の城では城石垣の大規模解体修理にあたって、根石レベルまで外してほぼすべての石材を積み直す修理を行った。確かに美しい石垣がよみがえったといえるが、ひとつの城には創建の近世初頭から幕末、あるいは近現代に至る多様な時代の石垣をもつのがふつうであり、すべての石垣を近世初頭の姿に戻すような解体修理は、石垣が語る城の歴史を消してしまう行為ではないか。

また、ある史跡の城では、史跡としての本質的な価値をもつ幕末期までの石垣を改変した近現代の石垣を、幕末期までの石垣と同等の価値をもつとして、近現代の石垣改変のままに解体修理を終えた。どのような石垣に整備するかは、どのような城として史跡整備していくかという意識に直結する。石垣の保全と修理を石垣の問題として技術的な枠組みだけで捉えるのではなく、城の歴史を石垣からどう示すかを熟慮し、その城の石垣を守り伝える整備を一層実現していくべきだと思う。

さらに二〇一一年の東日本大震災、二〇一六年の熊本地震を契機として顕在化したのが、石垣の安全確保の問題である。絶対的な安全を城石垣に求めると、これからの城歩きは石垣の崩落に備えたコンクリート・シェルターか、金属や樹脂《じゅし》ネットと石材転落防止柵に囲まれた壁を

樹脂ネットを張った熊本城の石垣

見学する体験になってしまうかもしれない。文化財建物と復元建物の耐震強化とともに、石垣の安全確保の基準づくりは、これからの城の整備で避けられない課題である。

城のバリアフリー化

城の整備に関して、もうひとつ指摘したいのが、バリアフリーの達成である。城はそもそもの成り立ちがバリアであり、それゆえに史跡整備においてバリアフリーを最初から諦めた事例が多かったように思う。

しかし、私たちは二一世紀に軍事施設として城を復元しようとしているのではない。国民共有の財産である文化財として城を整備し、わが国のすぐれた文化と歴史を誰もが体感できるように税金を投入して城の整備をしようとしているのではないか。文化と歴史を体感できる対象者を仮に健常者に限定するような城の整備があったとしたら、真摯に反省すべきではないか。

ドイツのコブレンツにあるエーレンブライトシュタイン要塞は、ヨーロッパ屈指の近代要塞だが、歴史的建造物ではこれまでなかったほどのバリアフリーを達成している。歴史的な要塞内部へのエレベーターの設置はもちろん、車椅子用の徹底したスロープの整備、視覚に障害を持つ来訪者のための触覚立体模型、点字案内板、音声・音響ガイドシステムの設置などによって、バリアを極めた軍事要塞を、その歴史性を最大限に保護・保持しながら、いかにバリアなしにすべての人に公開するかを実行している。

ドイツのエーレンブライトシュタイン要塞内に設けたエレベーター

金沢城二の丸 橋爪門続櫓内に設置したエレベーター

バリアフリーな城を実現することは障害のある訪問者だけでなく、感覚の制限をもつ人や、高齢者、幼児を連れた家族など移動に制限がある人にとっても有益である。二〇一九年の火災で中心部が焼失してしまったが沖縄県の首里城は、エレベーターやリフト、スロープなどバリアフリー化に努めた史跡だった。また石川県の金沢城は、木造で立体復元した二の丸の櫓や多聞櫓にエレベーターやリフト、スロープを設置して、身体の状況に関わりなく復元建物内を見学できるよう整えている。

福岡県の小倉《こくら》城天守は、耐震補強工事に合わせて最上階までエレベータで登れるように改めた。二〇一六年の熊本地震から復興する熊本城の大・小天守は、小天守から入ってエレベーターを乗り継いで大天守最上階まで誰もが登れるように改めた。わたしたちの時代の城の整備はあるべき方向へ確かに変わりはじめている。

二〇二〇年には東京オリンピック・パラリンピックを計画していた。新型コロナウイルス感染拡大防止のため、目下のところ二〇二一年に繰り下げて開催の準備が進む。世界から多くの人びとを迎えるにあたって、日本の城のバリアフリー化を一層強力に進める必要がある。世界の城の先進的な整備において、バリアフリーは当然のことである。ヨーロッパ屈指の近代要塞ドイツ・エーレンブライトシュタインにできて、日本の城の整備で、できないはずはない。そのバリアになっているのは、健常者だけが城を訪ねて歴史を体感できればよいと思い込む人の意識ではないだろうか。

崩れゆく城跡

わたしの住む奈良の地元紙『奈良新聞』は、二〇一六年から「やまと城めぐり」を連載してきた。この取り組みはこれまで光が当たらなかった奈良の城の魅力をていねいに紹介した内容で、心から敬意を表したい。連載を通じて身近な丘や田に、歴史を秘めた城が残っているのに驚いた読者も多かったのではないか。城を訪ねて現地に立てば、誰もが堀や石垣にふれて五感で歴史を感じられる。

天守がなければ城ではないという意識は、もう過去のものである。各地で天守も櫓も門もなく、堀や土塁、石垣だけになった城にも、すばらしい魅力があるのを多くの人が知っている。NHKが二〇一八年に放送した『日本「最強の城」スペシャル』では、全国の城のなかから、奈良県高取町の高取城を、いま訪ねるのを最もお勧めしたい城＝日本「最強の城」に選んだ。建物を失ってなお耀く城の魅力を象徴する出来事である。

深く土中に埋もれた古代の遺跡とは異なり、中世・近世の城は完全に埋まりきっていない。だから専門家が発掘調査をしなくても、歩くだけで概要がわかる。つまり古代の遺跡ではどうしても専門家の発掘と研究が不可欠だが、中世・近世の城跡は専門家が発掘をしていなくても、市民が城跡を訪ねてオリジナルの歴史資料（つまり城跡）に直接ふれて深く考察できる。

こうした城の特性をふまえて、全国の自治体では城跡を守り活かす文化観光に積極的に取り組んでいる。しかし奈良県では城を守り活かす行政の取り組みが著しく遅れている。奈良の歴史において古代の遺跡のもつ重要性はいうまでもない。しかしだからといって、中世・近世の城の保護や整備をおろそかにしてよい理由にはならない。

祝戸城本丸のようす

奈良は歴史を大切にしているとイメージされるが、それは本当だろうか？　少なくともわたしは、それを疑わしく感じている。しばしば各地の駅には奈良の歴史をアピールするポスターや、液晶モニターを使ったデジタルサイネージを目にする。立ち止まってそれを注視してみると、奈良がアピールしているのは、寺社や仏像限定であるのに気がつく。

読者のみなさんは、飛鳥を訪ねられたことがあるだろうか。高松塚《たかまつづか》古墳や石舞台《いしぶたい》古墳、飛鳥資料館や奈良県立万葉文化館などの充実した文化施設は、歴史を大切にしている奈良のイメージそのものといってよい。そうした飛鳥らしい場所として、国土交通省が運営する国営飛鳥歴史公園がある。石舞台古墳からほど近い祝戸《いわいど》地区公園は、飛鳥を一望する景勝地として多くの人に親しまれている。

ところが国営飛鳥歴史公園・祝戸地区内に中世の祝戸《いわいど》城があることは、ほとんど知られていない。歴史を守り活かすための国営歴史公園内にある城なので、さぞや大切にされていると誰もが思う。しかし恐ろしいことに、城の場所には解説板ひとつなく、そもそも戦国の歴史を伝える城がそこにあるとは誰も気がつかない。研究をしていてたとえそこが城と知っていても、十分な植生管理をしていないので、祝戸城を見学することはままならないことが多い。祝戸城は国営歴史公園が考える飛鳥の歴史を守り伝える歴史に含まれていないと考えるしかない。

それだけならまだよい。国土交通省が城も飛鳥を物語る大切な歴史のひとつといつの日か気がつけば、植生を管理し案内板を設置して、祝戸城を飛鳥の戦国時代を体感する場所として活かせるからである。ところが、あってはならないことに国営飛鳥歴史公園・祝戸地区の園路は、祝戸城を削って貫通していて、城として重要な遺構である畝状空堀群を大きく毀損してしまっている。国営歴史公園が文化財を破壊して、まったく恥ずかしそうにしていないというのは、悪夢ではないか。

古代だけではなく、戦国の飛鳥を考える城があり、国営歴史公園内という保護と整備に絶好の場所なのに、それを活かす意識はまったくない。あたかも中世の遺跡は奈良の歴史にとって価値はないと考えているとしか見えない。奈良にとって価値があり、大切にすべき歴史は、邪馬台国から古代国家の時代だけでよいのだろうか。

もちろん祝戸城だけでなく、奈良には数々の城が残る。そうした奈良の城を代表したのが高取町の高取城である。南北朝期から山城として確認でき、豊臣秀長《ひでなが》が大和・紀伊《きい》一〇〇万石の大名として大和郡山城を本拠にした際に、その支城として高取城の整備を進めた。天守をはじめとした建物は失っているが、幕末まで高取藩は山城を維持したため、全国的にも珍しい近世

高取城の崩れた石垣（石垣背後の栗石が露出している）

山城だった。四季折々の自然にふれ、雄大な景色を楽しめる手軽なトレッキング・コースとして、高取城は多くの人に親しまれている。

高取城は山城内に藩主屋敷や家臣屋敷など、壮大な武家屋敷群を含み込んだため、たいへん規模が大きかった。しかも主要部はすべて石垣で守り固めていて、「天空の城」として話題の兵庫県の竹田《たけだ》城よりも、城の面積も石垣の量も圧倒的に勝った。つまり高取城が「天空の城」として人気になっても少しもおかしくない。

ところが実際に高取城を訪ねてみると、あらゆるところで石垣の崩壊がすでに起き、あるいは崩壊寸前の状況にある。高取城に登っていくと、ところどころで高い山に登ったときに遭遇する、小石が露出した「ガレ場」のような場所に遭遇する。実はこれは、すでに石垣が崩壊し、背後にあった栗石《くりいし》（裏込《うらごめ》石《いし》）が表面に現れた状態なのである。つまり考古学的な記録もないまま石垣が崩壊して、将来の学術的精度をもつ積み直しすらままならなくなっているのである。惨状といわずに、どう表現したらよいだろう。

高取城では史跡指定範囲内の必要な樹木管理を長年にわたって実施しておらず、石垣があってもなくても、いたるところに木が生え、曲輪内に立ち入れなくなったところも少なくない。石垣のなかから何本もの巨木が生えている状況は、史跡の本質的価値を保護する観点から見れば、著しく手遅れといわざるを得ない。

全国の史跡の城跡を訪ねたなかで、高取城ほど基本的な管理を放棄している例を見たことがない。史跡高取城を適切に保護する管理団体である奈良県の責任はきわめて重大である（高取町は管理団体ではないので、高取町に苦情を伝えるのは適切ではない）。

驚いたのは本来、石垣の基礎として土中に隠れているはずの根石が雨水の浸食で地表に現れている箇所があることである。石垣根石まわりの土砂の流出はつづいているので、このままでは大規模な石垣崩壊が懸念される。そうした箇所のなかにはハイキング道に接した地点もあって、石垣崩壊は人命に関わる問題に直結している。くり返すが事態は深刻である。

ようやく二〇二〇年から奈良県は高取城の問題を検討する委員会を発足させたが、具体的な保全や修理の活動がはじまるまでには、なお月日を要する。これ以上手遅れになる前に適切な保護策が進展するよう、個人的にも努力したい。

ぼろぼろな奈良の城

奈良にとって、奈良時代以降の歴史は守る価値のないものなのか。奈良の文化財とは古代のものだけを守り活かせばよいのか。ぼろぼろな奈良の城に接すると、奈良が捨ててきた歴史資産の大きさを痛感する。京都は古代の京都、信長・秀吉・家康の京都、近世・幕末の京都のように、総合的な歴史の魅力で多くの人をひきつけている。奈良も中世・近世の遺跡をふつうに保護してうまく活かせば、奈良の歴史の魅力はさらに深まるではないか。

奈良の歴史の魅力は古代の遺跡だけではない。中世・近世の城を保護・整備して奈良の歴史の新たな魅力を全国に発信すれば、戦国史や城のファンも奈良をめざす。県内には四〇〇カ所を超える城が残っていて、奈良の中・近世の魅力を埋もれたままにするのはもったいない。そうしたなかで行政ではなく地域の人びとが積極的に城を守り活かしていこうという新しい動きがさかんになってきた。

たとえば、松永久秀が築いた平群町の信貴山城は、信貴山朝護孫子寺のお山として守られて、全国屈指の戦国期拠点城郭がほぼ完全に残る。山中につぎつぎと現れる巨大な武家屋敷跡をめぐると、久秀が家臣を大切にして大和の政治を進めていたようすが浮かび上がってくる。そうした信貴山城を活かしていこうと、信貴山城址保全研究会が地元の平群町や信貴山朝護孫子寺と連携して、久秀の屋敷跡と伝わる「伝松永屋敷」などの環境整備を進めている。

この活動によって、立ち入るのがはばかられるほど草木に覆われていた信貴山城の「伝松永屋敷」は、見違えるように美しく、わかりやすくなった。城を壊すことがないよう可能な限り配慮した園路整備や案内板の設置によって、今では信貴山朝護孫子寺から気持ちよく散策しながら久秀の屋敷を訪ねられる。すばらしいではないか。先日、奈良大学の学生とともに信貴山朝護孫子寺の千手院《せんじゅいん》の宿坊《しゅくぼう》に泊まって、信貴山城を探険する臨地実習を行った。宿坊体験や護《ご》摩《ま》焚《た》きへの参列を含めて、まさに信貴山城でなければできない特別な実習ができた。

信貴山城址保全研究会によって環境整備が進んだ信貴山城「伝松永屋敷」

城を訪ねることは、野山を歩いて体を動かし、四季折々の自然にふれながら歴史を考えることである。しかも本格的な登山と異なり、城の多くは身近な里山にあったから、遭難や身体的な危険も少ない。つまり老若男女すべての人にお勧めできる知的な活動が城の探険といえる。信貴山城のように、大規模な発掘や莫大な費用をかけた天守や櫓の立体復元でなくても、城の魅力を発信できる。

歴史的に見れば、奈良は古代以来、仏教が華開いた地であった。しかし奈良はキリスト教にとってもポイントになる土地だった。奈良県宇陀《うだ》市の沢《さわ》城は、松永久秀の家臣として一五六〇年（永禄三）に高山友照《たかやまともてる》が入城して今の姿に改修した。キリスト教を信仰した友照は、山城の沢城内に教会を建て、そのみごとさは遠くヨーロッパにも伝えられた。そして友照の息子・右近は、一五六四年（永禄七）に沢城内の教会で洗礼を受けた。戦国時代のキリシタン大名・高山右近誕生の瞬間だった。

　右近は生涯にわたって信仰を貫いて殉教した。二〇一六年にバチカンは、右近をカトリック教会で「聖人」に準じた崇敬対象「福者《ふくしゃ》」に認定した。二〇一七年には右近を福者として宣言する列福《れっぷく》式を執り行った。その福者高山右近が洗礼を受けた教会は、沢城の木々のなかに今も埋もれている。発掘調査して整備すれば、日本ではじめて戦国時代の教会の全貌が明らかにできる。

　ところが沢城は県史跡にすらなっていない。歴史性や城の保存状態、規模といったいずれの観点から考えても、沢城は国史跡に指定される価値がある。沢城が史跡になって発掘が進めば、大航海時代のイメージを具現化する発見があるだろう。

　このように奈良の城は、一つひとつが地域に根付いたきらめく物語を秘めている。草木に覆われたぼろぼろな大和の城を再発見し、守って活かすことは、「歴史を大切にしてきた奈良」が見落としてきた課題である。

おわりに

日本の各地で城を探険していると、声をかけていただけることが多くなった。中学生の頃に城を歩きはじめた頃は、木々に覆われた城跡ではひとりだった。だから声をかけていただけるのは、とてもうれしい。城を訪ねることはもうブームではなく、ひとつの趣味として定着したのを、強く感じている。

忘れられた城を訪ねるのは、今も昔も冒険だと思う。払った枝がバネのように戻って来て顔面を直撃したり、地図では読みとれなかった崖に遭遇して進退きわまったり、進みたい先に大きなヘビが鎮座していたり、目の前に現れた堀や土塁、曲輪に感嘆するだけでなく、城歩きはいつでもスリリングな経験に満ちている。

歴史を考えるのに、本から学ぶのは大切である。しかし自分自身で城を訪ねて、本物の城から五感で考えるのも、とても大切である。誰もが本物の考古資料である城跡に接し、専門家でなくても実物から直接考えられるというのは、歴史研究では城の分野以外考えられない。

だから城の冒険は誰にも等しく魅力的で、どこまでも深めていける。そうした城の魅力は世界に広がる。世界の城を知ることは、日本の城をより深く理解することにつながっていく。城郭考古学の冒険はなんと楽しいのだろう。近年では城郭考古学の専門学芸員の公募も多くなってきた。すぐれた研究にもとづいた城の整備はさらに進むだろう。

本書が刊行できたのは、ひとえに幻冬舎の鈴木隆さんのご尽力による。日常に流された深い森の中で、いつも方向を見失うわたしを常に導いてくださった。心から感謝申し上げたい。

二〇二〇年一二月

千田嘉博

引用・参考文献

天野忠幸編　二〇一七『松永久秀』宮帯出版社
岡寺良　二〇二〇『戦国期北部九州の城郭構造』吉川弘文館
奥野高広・岩沢愿彦校注　一九六九『信長公記』角川文庫
北垣聰一郎　一九八七『石垣普請』ものと人間の文化史58、法政大学出版局
城戸久　一九四三『城と要塞』朝日新聞社
岐阜市教育委員会・岐阜市教育文化振興事業団編　二〇〇九『岐阜城跡』
熊本県立美術館編　二〇一四『信長からの手紙』展覧会図録、熊本県立美術館
滋賀県教育委員会編　二〇〇九『特別史跡安土城跡発掘調査報告書Ⅱ』
小島道裕　一九九一「岐阜円徳寺所蔵の楽市令制札について」『国立歴史民俗博物館研究報告』第35集
小島道裕　二〇一八『城と城下　近江戦国誌』吉川弘文館（初版一九九七年、新人物往来社）
坂本俊・千田嘉博・エンフトル編　二〇一五『チントルゴイ城跡の研究４』奈良大学・モンゴル科学アカデミー
千田嘉博　一九八七「安土城総構の再検討」『近江の城』第二三号、滋賀県中世城郭分布調査委員会・近江の城友の会
千田嘉博　一九八九「小牧城下町の復元的考察」『ヒストリア』第一二三号
千田嘉博　一九九〇「戦国期城郭・城下町の構造と地域性」『ヒストリア』第一二九号
千田嘉博　一九九四「戦国期の城下町プランと大名権力」『守護所から戦国城下へ』名著出版
千田嘉博　一九九四「守護所から戦国期拠点城郭へ」『文化財学論集』奈良大学文化財学論集刊行会

千田嘉博　二〇〇〇『織豊系城郭の形成』東京大学出版会
千田嘉博　二〇一三『信長の城』岩波新書
千田嘉博　二〇〇九『戦国の城を歩く』ちくま学芸文庫（初版二〇〇三年、ちくまプリマーブックス）
千田嘉博　二〇一四「中・近世城郭からよみとる支配方式とは」『考古学研究60の論点』考古学研究会60周年記念誌、考古学研究会
千田嘉博　二〇〇二「戦国期拠点城郭から安土城へ」千田嘉博・小島道裕編『天下統一と城』塙書房
千田嘉博　二〇一〇「天下人の城」服部英雄編『史跡で読む日本の歴史』第八巻、吉川弘文館
千田嘉博　二〇一〇「日欧城郭比較論」『武士と騎士』人間文化研究機構連携研究報告、思文閣出版
千田嘉博　二〇二〇「光秀の城」『現代思想』第47巻第16号・総特集 明智光秀、青土社
千田嘉博講師　二〇一六『NHKテレビテキスト趣味どきっ！　お城へ行こう！〜名将の素顔をお城が〝語る〟〜』NHK出版
杉山清彦　二〇一二「清代の北京と紫禁城」『東京大学史料編纂所研究紀要』第22号
高木淑子ほか　二〇〇〇『信長文書の世界』特別展図録、滋賀県立安土城考古博物館
竹内理三編　一九八一『増補續史料大成 家忠日記』臨川書店
長岡京市教育委員会編　二〇二〇『勝龍寺城関係資料集』長岡京市歴史資料集成1
中川貴皓　二〇一七「松永久秀と信貴山城」天野忠幸編『松永久秀』宮帯出版社
七原恵史　二〇〇四『長篠城址試掘調査報告書 第1次試掘調査 第4次試掘調査』鳳来町教育委員会
松尾法博ほか編　二〇〇九『肥前名護屋城と「天下人」秀吉の城』特別展図録、佐賀県立名護屋城博物館
松田毅一・川崎桃太訳　二〇〇〇『完訳フロイス日本史』第2巻、中公文庫

松田毅一・川崎桃太訳　一九七八『日本史』第4巻、中央公論社
宮武正登　二〇二〇『肥前名護屋城の研究』吉川弘文館
山本正昭　二〇一九「グスクの石積み遺構に係る若干の考察」『沖縄県立博物館・美術館博物館紀要』第12号、沖縄県立博物館・美術館
夢前町教育委員会編　二〇〇二『置塩城跡総合調査報告書』
I. A. Richmond 1962, "The Roman Siege-Works of Masàda, Israel" The Journal of Roman Studies, vol.52
Humphrey Welfare and Vivien Swan, 1995 "Roman Camps in England", Royal Commission on the Historical Monuments of England, HMSO.

初出一覧

第一章

・城の歴史と変遷①②③④――『一個人』No.124、ＫＫベストセラーズ、二〇一〇年九月号をもとに改稿

第二章

・戦いの考古学――『考古学ジャーナル』第六八九号、ニュー・サイエンス社、二〇一六年一〇月号
・城の「鑑賞術」①②③④――「城を攻め解く」『日本経済新聞』二〇一七年一二月六日、一三日、二〇日、二七日付

第三章

・天下人が成し遂げた城革命、城郭研究は地域の歴史に光を当てる学問――「天下人の城」『歴史ＲＥＡＬ』洋泉社、二〇一七年七月
・物質資料から考える信長・秀吉の時代――『日本考古学協会二〇一五年度大会研究発表要旨』所収、「城郭考古学から歴史を考える」、日本考古学協会、二〇一五年をもとに改稿
・天下を見据えた小牧山城――「城に歴史あり」『中日新聞』二〇一五年一月一五日付をもとに改稿
・岐阜城の山城御殿と山麓御殿、岐阜城と豊臣大坂城との比較――「岐阜城のふたつの御殿」『城と都市』岐阜市歴史博物館編、城と都市展実行委員会、二〇一〇年をもとに改稿
・安土城が語る信長の目指した世界、よみがえった安土城天主の懸け造り、ウィンゲのスケッチが語る安土城天主、

・安土城石垣技術の画期性、信長は何を目指していたのか――「最新学説が解き明かす安土城の謎」『歴史発見』Vol・2、学研プラス、二〇一四年三月号をもとに改稿

・記録のなかの安土城、フロイスが記した「特別のひとつの石」、越前から切石を運ばせた理由、安土城は織田政権の絶対的な城だったか、権力表象としての瓦葺き、公的空間と私的空間との境界にあった厩、安土城完成の祝い、安土城炎上の謎――「記録のなかの安土城」『文化財学報』第三六集、塩出貴美子先生退職記念論集、奈良大学文学部文化財学科、二〇一八年

・光秀が伝えたセイソ散、最先端だった光秀の水城、城が示した光秀のビジョン、戦国の働き方改革――『医師協Times』大阪府医師協同組合、二〇二〇年をもとに改稿

・明智光秀の「天主」に迫る――「千田嘉博のお城探偵」『産経新聞』二〇二〇年六月八日、七月六日付をもとに改稿

・信貴山城と多聞城、畿内屈指の文化サロン、家臣の心情を思いやる久秀、久秀を物語る信貴山城の戦い――『月刊大和路ならら』九月号、なら文化交流機構、二〇二〇年をもとに改稿

・秀吉の願いと無力化の謎――「千田嘉博のお城探偵」『産経新聞』二〇二〇年八月一一日付をもとに改稿

・名古屋城と家康、名古屋城から考える馬出しの意義、馬出しを連結させた岡崎城、特別な持仏堂曲輪の馬出し、家康が熟知した戦国期の馬出し、織田の城に馬出しはあったのか、家康の三河防衛策と馬出しの城、石垣を用いた家康の浜松城、家康への一元化に抵抗した三河武士団、五カ国領主時代の駿府城、発掘された駿府城は「秀吉の城」か、「江戸始図」から読み解く家康の江戸城、集大成としての江戸城、家康の城を活かす――「家康の城」『三河時代の家康を考える』岡崎市美術博物館編、二〇一七年、「千田嘉博のお城探偵」『産経新聞』二〇一九年七月九日付をもとに改稿

・慶長期築城の歴史的意義――『芸術新潮』第六六巻第六号、二〇一五年六月号

第四章

・世界のなかの日本の城、出入口の国際比較、堀の国際比較、人類共通の普遍性を見いだす――「ディープな城郭論」『歴史発見』Ｖｏｌ・3、学研プラス、二〇一四年五月号をもとに改稿

・最先端だったモンゴル中世城郭――『草原の古代文化―モンゴル高原の考古学―』札幌学院大学総合研究所、ブックレットNo.2、二〇一〇年をもとに改稿

・遥かなる契丹（遼）の城――『奈良学友会たより』二〇一一年

第五章

・二一世紀の城人気、平面プランと考古学、建物の立体復元と考古学、城跡整備の現状と課題、技術の研究と継承、城のバリアフリー化――「城郭と復元―考古学の現場から」『文化遺産の世界』Ｖｏｌ・23、文化遺産の世界、二〇〇七年、「城跡整備の現状と課題」『文化遺産の世界』Ｖｏｌ・32、文化遺産の世界、二〇一八年をあわせて改稿

・崩れゆく城跡――「魅力あふれるやまとの城」『奈良新聞』二〇一八年一〇月三一日付

・ぼろぼろな奈良の城――『imajin21』第二七号、共同精版印刷、二〇一四年

【写真・資料協力】

「大坂冬の陣図屏風」デジタル想定復元（171p、175p）
制作：凸版印刷株式会社
監修：千田嘉博（奈良大学文学部教授）、東京藝術大学、徳川美術館、佐多芳彦（立正大学文学部教授）
協力：大阪城天守閣、京都市立芸術大学芸術資料館、東京国立博物館
※JSPS科研費JP17102001（立正大学）の助成を受けた研究成果を活用しています。

著者提供
22p、24p、36p上下、37p、40p、49p、52p上下、55p左右、56p、61p、63p上下、64p、79p、85p、86p上、87p、105p、106p左右、108p、116p、144p上下、151p上、174p、192p、197p上、207p、210p、217p、244p上下、246p、251p上下、252p上下、253p、256p上下、258p上下、259p上下、264p上下、270p、279p上下、282p、284p、287p

著者略歴

千田嘉博《せんだよしひろ》

一九六三年、愛知県生まれ。城郭考古学者、大阪大学博士（文学）。
名古屋市見晴台考古資料館　学芸員、
国立歴史民俗博物館　考古研究部　助教授などを経て
現在、奈良大学　文学部　文化財学科　教授。
日本と世界の城を城郭考古学の立場から研究。
特別史跡熊本城跡の文化財修復委員や特別史跡名古屋城跡石垣部会委員をはじめ、
日本各地の城跡の調査と整備・活用の委員を務めている。
二〇一五年に第二八回濱田青陵賞を受賞。
二〇一六年にはＮＨＫ大河ドラマ「真田丸」の真田丸城郭考証を務めた。
著書に『信長の城』（岩波新書）、『石垣の名城　完全ガイド』（編著、講談社）、
監修書に『日本の城事典』（ナツメ社）、
『地図で旅する！　日本の名城』（ＪＴＢパブリッシング）などがある。

幻冬舎新書 609

城郭考古学の冒険

二〇二一年一月二十五日 第一刷発行
二〇二一年七月 十五 日 第四刷発行

著者 千田嘉博

発行人 志儀保博
編集人 小木田順子
編集者 鈴木 隆
発行所 株式会社 幻冬舎
〒一五一-〇〇五一 東京都渋谷区千駄ヶ谷四-九-七
電話 〇三-五四一一-六二一一(編集)
〇三-五四一一-六二二二(営業)
振替 〇〇一二〇-八-七六七六四三
ブックデザイン 鈴木成一デザイン室
印刷・製本所 中央精版印刷株式会社

検印廃止

Printed in Japan ISBN978-4-344-98611-4 C0295
せ-4-1
幻冬舎ホームページアドレス https://www.gentosha.co.jp/
＊この本に関するご意見・ご感想をメールでお寄せいただく場合は、comment@gentosha.co.jp まで。